LAMENNAIS

TYPOGRAPHIE FIRMIN-DIDOT ET Cie. — MESNIL (EURE)

1782-1854

LAMENNAIS

D'APRÈS SA CORRESPONDANCE

ET LES TRAVAUX LES PLUS RÉCENTS

PAR

LE R. P. MERCIER, S. J.

« Si j'avais à prendre un emblème de
« ma vie, ce ne serait pas le roseau qui
« plie au vent, mais le chêne brisé par
« l'orage. »

(*Œuvres inédites*, II, 351.)

PARIS

LIBRAIRIE VICTOR LECOFFRE

RUE BONAPARTE, 90

1895

AVERTISSEMENT

Le dix-neuvième siècle, que le déclin des années emporte rapidement vers sa fin, restera dans l'histoire comme une époque où les questions religieuses ont constamment tenu la première place. Combien de fois, en effet, depuis le concordat de 1801 jusqu'à nos jours, le mouvement religieux n'a-t-il pas dominé tous les autres intérêts, sociaux ou politiques, dynastiques ou nationaux, qui ébranlent les peuples et entraînent les événements! Or la part que prit Lamennais dans ces manifestations contemporaines est vraiment considérable.

« La vie de Lamennais, observe M. Janet, se partage en deux parties bien tranchées. Dans la première, il s'appelle l'abbé de Lamennais; il est l'apologiste passionné de la religion et le défenseur déclaré de l'autorité pontificale au spirituel et au temporel; il fait cause commune avec les royalistes et même avec les ultra; il collabore avec M. de

Chateaubriand et M. de Bonald au *Conservateur;* il est l'allié de Joseph de Maistre dans sa tentative de restauration ultramontaine. — Dans la seconde, il ne s'appelle plus que F. Lamennais tout court; il passe au service de la démocratie, il arbore le drapeau révolutionnaire, se fait pamphlétaire, combat avec les armes les plus violentes le gouvernement de Louis-Philippe, et se met à la tête du parti républicain; en même temps il se sépare de l'Église et passe du côté de la philosophie. — Mais, entre ces deux périodes, il y en a une intermédiaire qui sert de transition de l'une à l'autre; c'est encore l'abbé de Lamennais, mais un Lamennais libéral, réconcilié lui-même et cherchant à réconcilier l'Église avec les principes de la liberté moderne : c'est le rédacteur du journal l'*Avenir* et l'initiateur du mouvement considérable appelé depuis le catholicisme libéral (1). »

Lamennais apparaît donc comme le défenseur des trois doctrines qui remplissent l'histoire religieuse du dix-neuvième siècle. Il a d'abord été le propagateur des théories ultramontaines, puis le maître des catholiques libéraux, enfin le précurseur de ce qu'on nomme improprement le socia-

---

(1) *La Philosophie de Lamennais,* p. 55.

lisme chrétien. Sa vie est comme un drame dans lequel se concentre tout un siècle.

On rencontre peu d'hommes qui aient exercé sur leur temps une action comparable à celle de Lamennais. Malgré la condamnation dont il a été frappé par l'autorité qui est la règle suprême des consciences, son influence se fait encore partout sentir. On aura beau réclamer, elle continuera de s'exercer au delà de ce siècle et s'étendra de plus en plus, à mesure que les questions religieuses intimement liées aux questions sociales prendront le pas sur toutes les autres.

On conçoit dès lors l'importance de l'étude que nous avons entreprise. La vie tourmentée de Lamennais, si on la suit à travers ses diverses péripéties et ses vicissitudes contradictoires, peut à bon droit compter parmi les plus instructives que nous offre l'histoire de la pensée au dix-neuvième siècle.

Lamennais, comme tous les hommes qui ont jeté un grand éclat pendant leur vie, s'est trouvé exposé à l'inconvénient d'être mal apprécié par ses contemporains : la foule, éblouie, consternée, le poursuivit longtemps de ses cris d'enthousiasme, d'anathème ; la haine et l'amour dictèrent la plupart des critiques et des éloges. Au lendemain de sa mort, on essaya, mais en vain, de se rendre compte de cette dramatique existence qui, après avoir commencé par les témoignages de respect que l'on prodigue aux saints, venait de finir au milieu des malédictions réservées à l'apostasie.

Comment s'en étonner! Pour instruire le procès, les documents faisaient défaut; il fallait d'abord connaître Lamennais, afin de pouvoir le juger sur pièces. On ne l'a bien connu que depuis peu, par la publication des nombreuses lettres échangées avec ses amis aux différentes époques de sa vie.

« Les lettres de Lamennais, observe un judicieux critique, sont admirables. Nulle part, plus que dans sa *Correspondance*, il ne s'est montré grand écrivain... A la faculté de se passionner sans cesse et à tout propos, il joignait une âme de feu, une imagination ardente, une netteté et un éclat de style incomparables; et tout cela il le mettait dans ses lettres. Rarement écrivait-il de simples billets. Presque toujours, emporté par sa fougue naturelle plus encore que par sa prodigieuse facilité de plume, il écrivait longuement... Les lettres de Lamennais sont des lettres de génie.

« Ce qui a nui à leur succès, c'est le pessimisme dont elles sont empreintes à chaque page... Il ne voit partout que des fripons et des bandits, des corsaires et des pirates. Victor Hugo se flattait, je le crois bien, d'avoir atteint dans son *Napoléon le Petit* les dernières limites de l'outrage, l'*ultima Thule* de l'hyperbole. Il se trompait. Lamennais, avant lui, dans sa *Correspondance*, avait, pendant trente ans, avec une violence inouïe, prodigué à tous les puissants du jour le mépris, l'injure et l'anathème... Si les deux poètes — car Lamennais aussi en était un — rivalisaient de colère et de haine, la supériorité reste à Lamennais, au point de vue littéraire... Sa phrase, comme sa haine, coule de source et vient de l'abondance du cœur. Il ne se bat pas les flancs, il ne s'agite ni ne se démène. Sa violence est naturelle, sa colère n'a rien de factice. C'est un pamphlétaire qui s'ignore, et c'est pour cela qu'il est peut-être le plus grand que nous ayons jamais eu. D'autant plus grand, d'autant plus admirable (au point de vue littéraire), qu'au milieu de tous ces vertiges, de toutes ces frénésies, il lui échappe à chaque instant des paroles ravissantes de douceur (1). »

Aujourd'hui que le nom de Lamennais est tombé dans le domaine de l'histoire, on peut en parler librement, sans haine et sans colère, l'apprécier d'une manière impartiale, au lieu d'admirer ou de maudire; la vérité doit se manifester tout entière,

(1) Edm. Biré, *Gazette de France*, 7 mars 1893.

et la justice s'asseoir sur sa tombe. Nous ferons donc trève à tous les bruits du dehors, pour nous retirer dans l'intimité de Lamennais, pour étudier sans préjugés ni passions cet homme, objet de tant de contradictions, tel qu'il se présente à nous dans sa correspondance.

En nous plaçant à ce point de vue, nous entrons dans la pensée de Lamennais lui-même. « Il y a plus de dix ans, écrivait le baron de Vitrolles à l'abbé Jean, le **27** mars **1854**, que votre frère, me parlant de ce que j'appelais ses variations, me dit qu'il ne voulait ni les excuser ni les expliquer; qu'il n'écrirait aucun mémoire de sa vie, mais qu'il voulait s'en rapporter à la publicité donnée à ses nombreuses correspondances de tous les temps (1). »

(1) Roussel, *Lamennais*, t. II, p. 428. — Lamennais mettait un prix tout particulier à ce qu'on sût bien qu'il n'avait jamais changé d'opinion et qu'il était dirigé par un seul principe dont sa vie n'était que le développement et la conséquence logique ; et voici le raisonnement qu'il fit un jour à M. de Vitrolles sur ce sujet.

« Dès que j'avais commencé à penser, je m'étais demandé : où peut être la vérité? Ce doit être dans le consentement universel. Or, l'Église catholique, qui appartient à tous les temps et à tous les lieux, est manifestement désignée pour en être l'expression et la dépositaire ; et si c'est en elle que réside la vérité, la direction des idées appartient à son chef, au Pape. » Mais le pape Grégoire XVI, continue M. de Vitrolles, ayant condamné plusieurs de ses idées, Lamennais fut bientôt amené à se dire que le chef de l'Église catholique se trompait et que, par conséquent, ce n'était pas, comme

C'est pour faciliter cette étude intime que Lamennais voulut avant sa mort recueillir sa correspondance, mine féconde où l'historien viendrait puiser des matériaux de bon aloi. Voici ce que nous lisons dans une note de sa main, datée du mois de juin 1851 : « Comme, attendu la part que j'ai prise aux choses de mon temps, mon nom me survivra peut-être, et que ma conduite et mes écrits, où se marquent le progrès de mon esprit, ses variations mêmes, si on préfère ce mot, pourront donner lieu à des appréciations très diverses, j'ai voulu qu'au moins mes pensées véritables, aux différentes époques de ma vie, fussent très connues, et d'une manière incontestable, afin de prévenir les suppositions et les conjectures erronées.

« A cet effet, secondé par l'obligeance de mes amis, j'ai pris soin de recueillir mes correspondances les plus intimes pour qu'elles puissent, après ma mort, servir au dessein que je viens d'expliquer. »

Ainsi Lamennais était frappé « des appréciations

---

il l'avait cru, dans l'Église catholique qu'il fallait voir l'expression du consentement universel : où fallait-il donc le chercher? Un instinct fatal lui répondit : dans le peuple. Il accepta cette idée, et, de ce moment, la croyance au peuple domina sa vie avec tout autant de conviction et d'excès que la croyance à la foi catholique en avait dominé la première partie. (*Univers,* 19 sept. 1893.)

très diverses » auxquelles devaient donner lieu les
« variations » mêmes de sa conduite et de ses
écrits, où se marquaient, suivant lui, « le progrès »
de son esprit. Et c'est pour expliquer les changements opérés dans ses convictions qu'il prit soin
de recueillir ses correspondances les plus intimes.

Quant à des *Mémoires* proprement dits, que ses
amis le pressaient d'écrire, il ne voulut jamais y
consentir. « Malgré la ténuité du fond, à ne regarder que moi, dit-il, ils auraient pu, en effet, n'être
pas dépourvus de quelque intérêt, ayant su et vu
beaucoup de choses durant la longue période
qu'embrassent mes souvenirs; lié surtout, comme
je l'ai été, depuis la fin de l'Empire, avec la plupart des hommes qui se sont fait un nom, et plus
ou moins mêlé moi-même au mouvement politique, philosophique et religieux.

« Peut-être aussi ceux que leur goût porte à l'observation du travail incessant de la pensée au sein
du monde social, que progressivement il transforme, auraient-ils aimé à suivre dans ses phases
le développement d'un esprit sincère qui, cherchant le vrai toujours et ne cherchant que le vrai,
va se modifiant à mesure que la réflexion, le spectacle des faits, l'étude de la nature, de l'humanité
et de ses lois, l'éclairent d'une nouvelle lumière

et ouvrent devant lui des horizons plus étendus.

« Deux motifs principaux m'ont empêché de céder aux instances qu'on m'a faites. Il aurait fallu, pendant des années, m'occuper de moi-même, y penser, en parler sans cesse. Or, s'il est quelque chose qui me répugne invariablement, c'est cela.

« En outre, contraint de dire la vérité, cette vérité n'eût pas été constamment favorable à tous; il en est qu'elle aurait, quoi que je pusse faire, montré quelquefois sous des côtés où nul n'est bien aise qu'on le regarde, et cela me répugnait encore. Sans blâmer ceux qui lèguent aux vivants l'histoire rigidement vraie des morts liée à celle de la société, je ne me sentais pas disposé à les suivre dans cette voie. Lorsqu'il s'agit de blesser, les morts, pour moi, sont toujours vivants : ils me semblent même avoir droit à plus de respects, à plus de ménagements, car attaqués ils ne sauraient se défendre. »

Privé du secours de mémoires authentiques, nous avons dû recourir pour l'enchaînement des faits aux souvenirs des amis de Lamennais et aux récits de ses biographes, mais sans nous écarter du cadre tracé par lui à quiconque essaierait un jour d'apprécier « ses pensées véritables ». Avant tout, nous avons cherché, dans les correspondances publiées jusqu'à ce jour, des données irrécusables, afin de suivre dans ses variations successives cet esprit libre et fier, qui ne connut jamais les tempéraments d'un juste milieu, ce caractère de Breton dur comme le chêne qui rompt et ne plie pas (1).

« Nous nous sommes souvent trompé, a-t-il dit dans la préface de ses *Troisièmes Mélanges*, et quelquefois gravement. » Voyageur inexpérimenté, il prit pour phares conducteurs des feux follets qui, fuyant toujours devant lui, l'égarèrent et l'entraînèrent à l'abîme.

Est-il vrai, comme l'affirme M. Spuller, qu'il soit encore presque impossible d'écrire une histoire de Lamennais, à cause des documents importants qui font défaut, ne serait-ce que la correspondance de Lamennais avec Montalembert (2) ? Pour comprendre et apprécier Lamennais, dirons-nous avec

(1) E. D. Forgues, *Œuvres posthumes de Lamennais*. — **A. Blaize**, *Œuvres inédites de Lamennais*. — De Courcy et de la Gournerie, *Lettres inédites adressées à Mgr Bruté*. — Arthur du Bois de la Villerabel, *Confidences de Lamennais*. — Eugène Forgues, *Lettres de Lamennais et du baron de Vitrolles*. — Alfred Roussel, *Lamennais d'après des documents inédits*. — A. Blaize, *Esquisse biographique*. — Mgr Ricard, *Lamennais*. — Laurentie, *Souvenirs inédits*. — Ropartz, *la Vie et les Œuvres de J.-M. de la Mennais*. — Janet, *la Philosophie de Lamennais*. — Spuller, *Lamennais, étude d'histoire politique et religieuse*. — Mercier, *Lamennais, étude psychologique* (Études religieuses).

(2) *Lamennais*, Avant-propros, p. VII.

M. Caro, il n'est pas nécessaire d'avoir toutes ses lettres, il suffit d'en avoir quelques-unes pour chaque période de sa vie. « A quelque période de sa vie politique et religieuse que l'on prenne M. de Lamennais, il est lui-même et le même dans toutes ses lettres; dans chacune d'elles, il se porte tout entier, avec l'intensité de ses passions intellectuelles qui ne se défendent presque jamais, avec l'âpreté sans mesure d'un style qui ne connaît pas les nuances, avec une persistance dans la plainte ou dans la colère qui révèle la violente unité du caractère dans la contradiction même des idées (1). »

Plusieurs écrivains, après avoir sondé la vie de Lamennais pour y chercher les causes de sa chute, ont déclaré une énigme insoluble le contraste frappant qui existe entre l'auteur du premier volume de l'*Essai* et le montagnard de la Constituante. Ils ont comparé ce que j'appellerai les extrémités de sa carrière, sans tenir compte des espaces intermédiaires. Là cependant est le nœud de la difficulté. Pour expliquer les variations de Lamennais en religion, en philosophie et en politique, il faut l'étudier d'abord dans ses origines et dans son éducation, en indiquant la nature de son tempérament, en constatant les manifestations de son cœur, de son

(1) *Nouvelles Études morales sur le temps présent*, p. 206.

intelligence et de son caractère. Il faut ensuite le suivre dans les divers milieux où s'est écoulée son existence, avec ses passions, ses colères et ses haines, avec ses rêves magnifiques, qui ne furent trop souvent que des utopies décevantes dont il fut le premier à souffrir. Et alors un simple exposé de ses travaux et de ses luttes suffira pour nous aider à bien saisir la physionomie de Lamennais, pour nous faire comprendre sa subite élévation et sa chute rapide.

C'est dans un espace de dix années, de 1825 à 1836, que se concentre l'intérêt de la lutte; mais cet intervalle relativement très court est singulièrement rempli. On y rencontre en un seul homme, observe M. Caro, plusieurs personnages différents qui, en ayant l'air de se continuer, s'altèrent et se modifient jusqu'à la contradiction la plus violente (1).

« C'est d'abord l'apologiste, j'allais dire le Père de l'Église, dans toute la gloire de la lutte victorieuse, l'auteur de *l'Essai sur l'indifférence* qu'il défend avec opiniâtreté, récidivant par des pamphlets éloquents en faveur de sa propre cause qu'il identifie avec celle de la religion, contre les doctrines hérétiques et libérales, sataniques et démocra-

(1) *Nouvelles Études morales sur le temps présent*, p. 230.

tiques, gallicanes et athées; c'est tout un pour lui.
Puis c'est le théocrate illuminé par le coup de
foudre de 1830, se portant encore à la défense des
institutions catholiques, mais, cette fois, avec les
armes et le langage de la liberté moderne, fondant
l'*Avenir* avec le double enthousiasme de son âme
renouvelée et de quelques jeunes intelligences qu'il
embrase du feu qui le dévore, créateur du *parti
catholique* qui doit lui survivre en modifiant et at-
ténuant le programme. C'est le pèlerin de Rome en
1832, qui, inquiété dans l'ardeur du combat par la
menace des censures ecclésiastiques, s'achemine
vers le Vatican, et, après un long séjour rempli
d'incidents dilatoires, revient désavoué, avec une
inguérissable blessure; c'est le solitaire de la Chênaie, s'exaltant dans ses méditations sous les *chênes
druidiques,* qui au lieu du calme espéré répandent
sur son esprit un trouble fatal, un vertige; abandonné bientôt de ses derniers disciples, seul, tout
seul, couvant sa plaie secrète et sortant de son
morne silence pour jeter au monde les *Paroles d'un
Croyant,* une menace, une prophétie, un rêve enflammé, une prière mêlée à une malédiction; enfin, comme il arrive, entraîné au de là de sa pensée, par le succès même de l'œuvre, bien décidé
d'abord à n'exercer sa liberté reconquise que dans

l'ordre de la politique, mais emporté par la situation mouvante qu'il a prise, contraint d'étendre de plus en plus cette sphère d'action jusqu'à ce que, les dernières illusions étant franchies, le fils respectueux de l'Église, un instant trop zélé pour sa cause, puis partiellement indépendant, éclate un jour en pleine révolte et qu'après avoir eu d'abord, selon une parole célèbre, le goût du schisme, il finisse par en avoir le (triste) courage. »

Toutefois, en racontant ces brusques changements, nous éviterons autant que possible ce qui pourrait blesser, nous rappelant ces généreuses paroles que nous citions tout à l'heure : « Les morts, pour moi, sont toujours vivants; ils me semblent même avoir droit à plus de ménagements; car, attaqués, ils ne sauraient se défendre. » Cependant l'impartialité même nous fait un devoir de ne pas reculer devant l'inconvénient de dire parfois une vérité qui ne soit pas agréable. « Il y a un frère et une sœur, disait Lamennais lui-même, que Dieu créa inséparables, la vérité et l'inconvénient; et je ne crois pas qu'à cause du frère il soit bon d'étrangler la sœur. »

LAMENNAIS

CHAPITRE PREMIER

1782 - 1808.

Naissance et famille de Lamennais. — Enfance et caractère. — Premières études. — Voyage à Paris et débuts dans le journalisme. — Essais littéraires. — Première communion. — L'abbé Jean et Féli à la Chesnaie. — Études superficielles et incomplètes. — Maladie et séjour à Paris. — Influence de M. Robert des Saudrais.

Félicité Robert de Lamennais, ou Féli, comme on l'appelait familièrement, naquit le 19 juin 1782, à Saint-Malo, dans la rue des Juifs, non loin de la rue Saint-Vincent, où Chateaubriand avait vu le jour treize années auparavant.

La ville de Saint-Malo, ceinte de hauts remparts comme une forteresse du moyen âge, est fièrement assise à l'embouchure de la Rance, sur un rocher battu par les flots. Les habitants, longtemps les premiers commerçants de France, pratiquaient au milieu des prospérités humaines toutes les vertus qu'inspire la foi chrétienne. A la demande des états de Bretagne, réunis à Rennes en 1786, la famille Robert, d'ancienne bourgeoisie, eut l'honneur de voir son chef anobli par Louis XVI, pour plusieurs actes de dévouement et de patriotisme (1). A son nom patronymique, Pierre-Louis Robert avait ajouté celui de la Mennais, métairie située dans la commune de Trigavou, arrondissement de Dinan (2).

Quatre ans avant la naissance de l'enfant qui devait illustrer ce nom nouveau, son grand-père maternel, M. Pierre Lorin, avait acheté une terre dont le nom est resté non moins célèbre. Aucun lieu, observe M. de la Gournerie, n'était plus propre à l'étude et à la méditation que la terre de la Chesnaie, dans la commune du Plesder, arrondissement de Saint-Malo, à huit kilomètres de Dinan. La maison avait été bâtie par le père de Mme de Lamennais, au milieu des bois, sur la lisière de la forêt de Coëtquen. Des landes où ne poussaient alors que des bruyères et des ajoncs, des champs à peine cultivés, un étang encaissé entre des rochers et dont les eaux profondes reflétaient les longues branches des hêtres et des chênes séculaires, don-

----

(1) Les lettres patentes de Louis XVI portent la date du 12 mai 1788. Les armoiries concédées à la famille Robert rappelaient l'origine de sa noblesse. C'était un écu de sinople au chevron d'or, accompagné en chef de deux *épis* du même, et, en pointe, d'une *ancre* d'argent.

(2) *Menez*, en breton, signifie « montagne ». Féli écrivit son nom tantôt d'une façon tantôt d'une autre : *de la Mennais*, avant 1834, *Lamennais*, lorsqu'il fut devenu démocrate. Nous avons adopté la dernière orthographe, la plus usitée de nos jours.

naient à la Chesnaie un aspect calme, mais un peu triste (1).

Félicité était né très faible de constitution; sans les soins assidus d'une vieille servante, la Villemain, il n'eût pas franchi les limites de la première enfance. Le sombre aspect des lieux qu'il habita devait exercer une mystérieuse influence sur son développement intellectuel et sa formation morale. Dès la première manifestation de ses pensées et de ses sentiments, on remarqua que l'enfant était naturellement triste. Barbey d'Aurevilly a très bien défini Lamennais : « une âme triste dans un corps malade. »

Il n'avait que cinq ans, lorsque mourut sa mère, « femme d'une haute raison, d'une instruction solide et d'une piété éclairée (2) ». Son jeune cœur, à ses premiers épanouissements, fut ainsi sevré d'une sollicitude vivifiante que rien ne saurait remplacer; son caractère, affermi sans être assoupli, fera sentir, tout le reste de sa vie, l'absence de l'amour maternel et de ses consolantes faiblesses; le foyer paternel lui semblera froid et terne, et un jour il écrira ces étonnantes paroles : « L'ennui naquit en famille, une soirée d'hiver. » L'ennui, « cet inexorable fléau de la vie humaine », comme parle Bossuet, a trop souvent pesé sur les jours désolés de Lamennais, pour que l'on puisse voir une simple boutade dans ce mot qui lui a été certainement arraché par sa sincérité.

(1) *Lettres inédites de J. M. et de F. de Lamennais.* Introduction.

(2) A. Blaize, *Essai biographique.*

Bientôt l'enfant grandit, et l'on vit poindre en lui le caractère de ses ancêtres, hommes d'énergique ténacité et de calme résolution. Sa physionomie accentuée exprimait assez exactement la vivacité de son tempérament. /« Il avait le front élevé et large, le visage ovale et maigre, les pommettes un peu saillantes, les yeux gris, les lèvres minces, le corps frêle (1). » Fantasque et rêveur, il se tenait habituellement à l'écart; s'il se mêlait parfois aux jeux des autres enfants, la moindre contradiction suffisait pour le jeter dans la plus violente colère.

L'intérieur de Saint-Malo est sombre et triste. Féli se promenait souvent seul sur les remparts du haut desquels l'œil embrasse un horizon splendide. Les côtes âpres et nues de la vieille Armorique, ses tempêtes, ses rocs de granit battus par les flots, ses écueils blanchis par l'écume, ses longues grèves désertes firent sur son âme une grande impression, et elle ne contribua pas peu à développer cette teinte de mélancolie que l'on trouve au fond de tout caractère breton.

Dans ses *Nouvelles Études morales sur le temps présent*, M. Caro a bien saisi cette influence du milieu sur l'âme encore tendre de Lamennais et dont elle porta toujours l'empreinte. « L'Océan, dit-il, a laissé à cette âme quelque chose de son infini et de sa tristesse. M. de Lamennais apportait dans la vie un fond d'impressions sombres, un goût d'amertume, une disposition à sentir plus vivement et plus profondément que

____

(1) A. Blaize, *Essai biographique*.

les autres ces blessures de la médiocrité haineuse ou
de la frivolité humaine, ces injures et ces brutalités du
sort auxquelles les hommes vraiment forts n'opposent
qu'un mépris hautain ou une résignation fière. Ajoutez
à ces dispositions innées une imagination d'une vivacité et d'une étendue peu communes, qui doublait
pour lui l'intensité des sensations et agrandissait démesurément toutes les perspectives. Plus vaste et plus
haute que forte, âpre et tourmentée, soulevée de
temps à autre dans ses mobiles profondeurs, mêlant
alors au flot troublé de la foi le sable et le limon de ses
passions irritées, puis retombant du haut de ses colères
dans un calme qui était moins un repos qu'une défaillance, et se traînant péniblement sur les rivages dévastés de sa vie avec le gémissement d'une lassitude
désespérée, telle fut cette âme, trop fidèle image de
l'Océan natal (1). »

Un jour que Féli contemplait en silence les vagues
furieuses qui venaient se briser à ses pieds, « il crut
voir l'Infini et sentir Dieu ». Cet enfant de huit ans, se
comparant alors à la foule qui l'environnait, se dit en
lui-même : « Ils regardent ce que je regarde, mais ils
ne voient pas ce que je vois. » Lamennais avouait plus
tard, en racontant ce fait, « qu'une telle pensée d'orgueil le faisait encore frémir (2) ». L'orgueil existait
donc déjà au fond de cette jeune intelligence. Ce n'était sans doute qu'un feu caché dont un souffle léger

(1) *Nouvelles Études morales sur le temps présent.* — *Lamennais d'après sa correspondance,* p. 208.
(2) A. Blaize, *Essai biographique.*

faisait jaillir des étincelles, mais qui ne jetait, faute de
matières combustibles, ni flamme, ni fumée. Toutefois,
on pouvait prévoir l'avenir, lorsque ce feu, attisé par
les passions impétueuses de l'âge viril, trouverait un
aliment dans les succès et la gloire humaine. C'est
aussi vers cette époque qu'il s'aventura seul en mer
sur une barque furtivement détachée du rivage. Dans
ses dernières années, il ne pouvait se rappeler sans
émotions « ce périlleux défi jeté à l'onde perfide ».

Ses biographes nous le montrent, sous la Terreur,
assistant la nuit en cachette aux messes de M. l'abbé
Vielle (1), prêtre non assermenté, l'oreille au guet pour
s'assurer que la police n'avait pas découvert ces nouvelles catacombes où l'Église était redescendue après
quatorze siècles de splendeurs. Nourri dans la foi catholique et monarchique, l'enfant conçut alors cette
haine vivace qu'il nourrit si longtemps contre le dix-
huitième siècle et la Révolution (2).

M. Robert de la Mennais, absorbé par les intérêts de
son commerce, ne pouvait se consacrer à l'éducation

(1) M. l'abbé Vielle, jeune prêtre de Noyon, avait trouvé asile
dans la famille de la Mennais, au moment où il se préparait à
s'embarquer pour l'étranger. Devenu d'abord supérieur de l'école
ecclésiastique de Saint-Malo, puis appelé par Mgr Caffarelli à prendre la direction du grand séminaire de Saint-Brieuc, il mourut
dans cette ville entouré de la vénération universelle que lui avait
méritée sa réputation de science, de sagesse et de sainteté.

(2) La haine qu'il voua dès lors à la Révolution, observe M. Spuller, l'entraîna si loin que jamais il n'en put revenir, même quand
il fut à l'extrême opposition des opinions de sa jeunesse. On peut
dire qu'il a fini ses jours dans le parti de la Révolution sans lui
avoir jamais appartenu.

de ses enfants. Son frère, M. Robert des Saudrais,
homme d'un esprit cultivé, qui écrivait à ses heures
des traductions d'Horace et des traités de polémique,
voulut bien se charger de l'éducation de Jean-Marie et
de son cadet Féli qu'il avait tenu sur les fonts du baptême (1). Ce dernier, à ce qu'il paraît, n'était pas fort
attentif; il écrivait ainsi ses impressions :

« Mon oncle se fâche contre moi, parce que je ne
veux pas relire *mes* règles, avant *que* de faire mon devoir. » L'impatience du maître était justement excitée;
l'on en jugera par les quelques phrases du thème suivant :

« Noé eut trois fils, Sem, Cham et Japhet : *Noemus
habuit tres filius, Semus, Chamus et Japhetus.*

« Ces arbres sont très bien fleuris : *Hi arbores sunt
optime floridi.*

« Ce thème a été fait par moi : *Hic scriptio factus est
ab ego.* »

(1) Les deux frères Robert avaient épousé le même jour (5 septembre 1775) les deux filles de Pierre Lorin, sénéchal de la juri-
diction civile et criminelle de Saint-Malo. Denys-François Robert
des Saudrais n'eut pas d'enfants. Pierre-Louis Robert de la Mennais en eut six de son mariage avec Gratienne Lorin : Louis-Ma-
rie, né le 12 septembre 1776; Pierre-Jean, le 24 juin 1778; Jean-
Marie, le 8 septembre 1780; Félicité, le 9 juin 1782; Marie-Joseph,
le 25 février 1784; Gratien-Claude, le 2 mai 1785. — Les deux premiers moururent jeunes. Jean-Marie, dont la vocation ecclésiastique se révéla dès la plus tendre enfance, longtemps collaborateur
de son illustre frère, devint fondateur des Frères de l'Instruction
chrétienne. Marie-Joseph épousa M. Ange Blaize; c'est la mère de
M. A. Blaize, biographe de Lamennais, et de Mme Élie de Kertanguy, sa légataire universelle. Gratien-Claude mourut en 1818.

Si l'enfant avait continué à ne pas étudier *ses* règles, les premières ébauches que traça sa plume ne piqueraient pas aujourd'hui notre curiosité; mais l'énergique volonté de l'oncle triompha complètement de l'insouciance du petit mutin. A douze ans, Féli lisait Horace et Tacite aussi couramment qu'un professeur qui les sait lire.

Enchanté des progrès rapides de son élève, M. des Saudrais mit à sa disposition une bibliothèque très variée. Cette intimité avec d'illustres morts qu'il jugeait de meilleure composition que son professeur, apparut au jeune Féli pleine de charmes; car, en même temps qu'il recherchait le mouvement et la vie, il se sentait vivement attiré vers la solitude. L'étude se présentait à lui comme propre à satisfaire ces deux aspirations de son âme, et il s'y livra avec passion. Mais les périls étaient grands, et l'imprévoyance ou plutôt l'extrême confiance du *tonton* (1) ne sut ni les prévenir ni les écarter. Défendre à un enfant de toucher à certains ouvrages, c'est presque l'engager à goûter du fruit défendu. Féli, curieux de tout savoir, lisait avec une avidité dévorante tout ce qui lui tombait sous la main, Rabelais, Plutarque, Goldsmith, Màlebranche : nourriture indigeste qui nous paraît avoir exercé sur le développement de son esprit la plus déplorable influence.

J.-J. Rousseau avait surtout séduit son âme ardente et rêveuse. Quand on voulut le préparer à sa première

----

(1) Expression familière pour désigner l'oncle en Bretagne.

communion, les arguments hostiles qu'il avait puisés dans les philosophes incrédules du dix-huitième siècle lui revinrent en mémoire ; il ne voulut pas se rendre, et la première communion fut ajournée. Mettant en pratique les conseils de l'*Émile*, il attendait l'âge convenable pour se déterminer dans le choix d'une religion. La détestable influence de Rousseau ne s'effaça pas de si tôt. Plus tard, en 1826, Lamennais, envoyé par les médecins aux eaux de Saint-Sauveur dans les Pyrénées, y rencontra le jeune Forgues, alors âgé de treize ans. Un jour que la conversation vint à tomber sur la littérature, celui-ci avoua ingénument qu'il avait lu *Gil Blas*, et plus d'une fois. M. Bazin de Raucou, présent à l'entretien, ne put s'empêcher de blâmer la tolérance qui avait laissé parvenir entre les mains d'un enfant ce livre dangereux. Mais Lamennais se rappelant ses premières années : « Bah ! s'écria-t-il, l'essentiel, c'est que l'enfant lise, et qu'il aime à lire. Le choix des lectures se fera plus tard. »

Enfoncé dans un abîme de lectures incohérentes où la philosophie impie et immorale du dix-huitième siècle tenait une large place, Félicité de Lamennais ne tarda pas à perdre l'innocence et la foi. Il en fait lui-même l'aveu dans une lettre du 17 février 1809, où, non sans quelque exagération, il appelle sa vie passée « une vie *toute de crimes*, que les austérités les plus rigoureuses, la pénitence la plus sévère et la plus longue ne seraient pas suffisantes pour expier (1) ».

(1) Lettre à M. Bruté.

Hélas! si les deux sources de la vie morale sont déjà viciées dans l'enfant, — le cœur dans ses affections par la privation de la tendresse maternelle et du sentiment religieux, l'intelligence dans ses pensées par des lectures insalubres ou indigestes, — que seront-elles dans l'adolescent, dans l'homme? L'âme humaine est une plante divine : à tout âge, on peut cicatriser une blessure quelque profonde qu'elle soit; mais si, privée de tuteur, elle courbe la tête sous la violence de la tempête, en vain essaierez-vous de la redresser; elle résistera d'autant plus à vos efforts qu'elle aura grandi davantage. Ainsi Lamennais, habitué à tout juger d'après son appréciation personnelle, n'admettra aucune opposition à ses idées préconçues; et celui qui niait les droits de la raison à l'avantage du sens commun, finira par se poser seul contre tous pour faire triompher sa propre opinion. « En dehors de la sphère spirituelle, s'écriera-t-il, jamais je n'abdiquerai mon indépendance d'homme; jamais, pour penser et pour agir, je ne prendrai conseil que de ma conscience et de ma raison. »

En 1796, Lamennais fit avec son père un voyage à Paris. A aucune époque, les journaux parisiens n'avaient été aussi nombreux : il y en avait près de soixante-dix, presque tous adversaires acharnés du Directoire, et dans lesquels écrivaient des monarchistes à la plume brillante et agressive, tels que Fontanes, La Harpe, Martainville, Bertin de Vaux, Bertin d'Antilly, Lacretelle jeune, Michaud, Richer de Serisy, Hoffmann, Fiévée. Féli, entraîné par l'opinion, se jeta dans la mêlée et ne tarda pas à joindre sa voix à ce concert de trop justes invectives contre la République et les républicains; il composa quelques articles qui parurent dans une feuille royaliste : il n'avait que quatorze ans. On aimerait à parcourir ces premiers essais du jeune écrivain, que sa destinée appelait à devenir l'un des plus grands journalistes du siècle. Là était sa vraie vocation, et plus d'une fois il dut regretter de n'avoir pas suivi cette voie.

Au retour de Paris, nous le retrouvons dans la maison paternelle, cultivant les fleurs, la musique, la poésie et l'escrime. Il avait un petit parterre sur la fenêtre de sa chambre, faisait la partie de flûte dans une société philharmonique, traduisait les poëtes érotiques, et composait des épigrammes où le moderne *ma chère* rimait avec l'antique *Glycère*, se battait même en duel; puis, laissant de côté escrime et musique et poésie, il se livrait avec ardeur à l'étude du grec, de l'anglais, de l'italien, de l'espagnol, de l'allemand, de l'hébreu, pendant les heures qui n'étaient pas employées au comptoir de son père. Cette universalité d'études, bonne peut-être pour un homme de génie, mais malheureusement généralisée de nos jours dans les programmes d'enseignement secondaire, nous révèle Lamennais, tel qu'il apparaîtra dans ses ouvrages : un esprit brillant et peu solide.

Les débuts de Lamennais comme polémiste furent modestes. Il se hasarda, en 1802, à composer une préface pour un petit écrit de M. des Saudrais, intitulé *les Philosophes,* satire des esprits forts du dix-huitième siècle qui niaient l'existence de Dieu et l'immortalité de l'âme. Nous ne pouvons laisser passer inaperçu ce premier essai sérieux du jeune écrivain. Il s'y montre tout entier, dégoûté de son art, et ne cherchant qu'à faire rire aux dépens de ses adversaires un public qu'il méprise.

« O Sterne, Sterne, que tu avais bien raison de couvrir les pages de points, ou de les noircir, ou enfin de les laisser en blanc! Que pouvais-tu faire de mieux pour la plupart des lecteurs, et quel meilleur modèle pour la plupart des écrivains! » Après avoir distingué plusieurs sortes de point, celui qui parle lorsqu'il veut, celui qui pense lorsqu'il peut, et s'être décidé pour celui qui rit, il établit un dialogue piquant avec son libraire : « ... Je n'ai besoin, dit celui-ci, que du public qui paie, et même avec lui je me passerais bien du public qui lit. — Mais, répond l'auteur, n'avons-nous point encore un public qui parle? — Non, le public qui parle et le public qui se tait, je n'en fais point de différence; craignez plutôt le public qui écrit. — Oh! je ne crains point ce public-là. — Tant pis, vous aimez à rire, et ce public-là ne rit point toujours. — Eh! n'avons-nous point les mêmes armes?... »

Le conseil n'était pas à dédaigner, mais Lamennais ne veut rien entendre; qu'on lui donne une plume, de l'encre, du papier, et il se croit sûr de la victoire. Folle confiance! Le public qui écrit ne se tait pas devant la critique. Lamennais qui, comme Chateaubriand, se vantait, non plus seulement de replacer une dynastie sur le trône, mais de rendre à l'Église sa suprématie

universelle, sentira qu'il aurait dù craindre un peu
ce public-là.

Les travaux que Lamennais entreprit alors décèlent
une activité, une énergie et une patience peu communes, mais nous donnent une pauvre idée du goût et
de la méthode qui présidaient à son instruction. Gail,
le célèbre professeur, avec lequel il était en communication, le jugeait digne de cultiver les muses grecques.
On trouve dans ses cahiers une traduction de l'*OEdipe-
Roi*, dont les marges sont couvertes de notes sur la
force et la propriété des expressions, un extrait du
livre de Viger sur les principaux idiotismes de la langue grecque, un projet de grammaire arabe, et des
règles sur les changements de points dans les noms
masculins hébreux. C'est par l'étude anatomique de la
facture des mots et du nombre de la période qu'il ac-
quit cette diction si précise, si énergique, qui en a fait
un des premiers écrivains de notre siècle. Sa phrase
frappe comme un coup de massue : on dirait un athlète,
frémissant de colère, qui décharge son bras vigoureux
sur la tête de ses adversaires.

A côté des observations grammaticales, l'on remarque des citations importantes qui nous dévoilent tout
son intérieur. Imbu des doctrines hétérodoxes du
dix-huitième siècle, il avait laissé le doute s'insinuer
dans son âme; néanmoins le doute était trop antipathique à sa nature, et il fit tous ses efforts pour le rejeter. Les convictions ne lui suffisent pas, il lui faut
l'autorité, il veut croire. Mais la vérité indubitable, où
la trouver? Il l'a cherchée en vain dans les systèmes

philosophiques, il la demande à la religion de ses pères.
« Voici, » écrit-il pendant son séjour à Londres en
1815, à un jeune anglais protestant, Henry Moor-
man, qu'il essayait de convertir, « les réflexions qui
me déterminèrent à embrasser la religion catholique.

« Nous devons tenir pour certaines les propositions
suivantes, qui se déduisent l'une de l'autre par des
conséquences nécessaires :

« Il n'y a qu'une seule vraie religion ;

« Cette religion a été établie pour tous les hommes ;

« Donc elle porte en elle-même un caractère au
moyen duquel tous les hommes peuvent aisément la
discerner de toutes les autres.

« Ce caractère est l'*autorité* ;

« Il ne se trouve que dans la religion catholique ;

« Donc on ne peut se sauver hors de la religion catholique. »

On voit jusqu'où il faut remonter pour arriver à la
source du système philosophique de Lamennais. Il
repose tout entier sur une parole de Rousseau dans
ses *Lettres de la Montagne*. « Qu'on me prouve, disait le
philosophe de Genève, que je dois me soumettre à une
autorité quelconque, et dès demain je me fais catholique. »

Lamennais, qui, sur le conseil du maître, avait voulu
attendre un âge raisonnable pour choisir sa religion,
suit, le moment venu, la marche indiquée ; il se fait
catholique, parce qu'il reconnaît une autorité à laquelle
il doit se soumettre, autorité qui existe dans le seul

catholicisme. Il ne doutait pas que ces réflexions qui
l'avaient conduit à la foi ne dussent agir d'une manière
aussi victorieuse sur l'esprit des autres hommes. Il en
essaie, en quelque sorte, la réussite sur des individus,
avant de les exposer aux yeux de l'univers. Un jour, il
suivra une marche tout opposée : refusant de reconnaître, au sein du catholicisme, une autorité à laquelle
il doive se soumettre, il appellera de tous ses vœux un
néo-catholicisme qu'il ne peut définir, mais qui deviendra, assure-t-il, la religion de l'humanité affranchie
et régénérée. Enfin, les réflexions exposées plus haut,
jointes aux exemples de vertu, aux exhortations pressantes de l'abbé Jean, son frère, triomphèrent de ses
hésitations; il fit à vingt-deux ans, en 1804, sa première communion.

« On regrette, dit M. Janet, de n'avoir pas plus de
détails sur une circonstance aussi remarquable de la
vie de Lamennais; ils auraient pu jeter un grand jour
sur l'histoire future de son âme et de sa pensée. C'est
là un fait si étrange, que, s'il n'était attesté par un
membre de la famille, on serait tenté de le révoquer
en doute. Qu'un enfant ait pu faire quelques objections
qui aient retardé sa première communion, on le comprend. Mais que ces objections aient été assez fortes,
la résistance assez tenace, pour que dans une famille
chrétienne, en Bretagne, cet enfant ait pu résister à
une obligation qui, d'ordinaire, s'impose à tous, qu'il
ait pu obtenir de ne faire aucun acte chrétien avant
l'âge d'homme, cela suppose une incrédulité bien profonde, et l'on éprouve quelque inquiétude pour une

foi si tardive, qui était déjà elle-même le résultat d'une première conversion (1). »

L'année suivante, Lamennais se réfugiait dans la terre de la Chesnaie, avec son frère récemment promu au sacerdoce, et que les médecins avaient condamné à un repos absolu.

« Nous nous sommes retirés, écrivait l'abbé Jean, dans une maison de campagne, qui nous appartient, située à une lieue et demie de Dinan, et nous avons défendu à l'ennui de s'approcher de nous. Il n'a pas osé encore une seule fois se présenter à notre porte, mais la santé n'a pas été si docile. Cependant mon état n'est pas plus mauvais, et si cela continue, je ne désespère pas de mourir en bonne santé. »

A la disposition des jeunes solitaires se trouvait une bibliothèque nombreuse et bien choisie. Pendant que l'abbé Jean parcourait les Pères et les Docteurs de l'Église, les historiens ecclésiastiques et les auteurs de controverse religieuse, Féli continuait l'étude des langues et des littératures anciennes et modernes. Platon et Plutarque, chez les Grecs; Tacite, chez les Latins; Montaigne, Pascal et Malebranche parmi les écrivains français, devinrent ses auteurs de prédilection. Il s'adonnait aussi aux mathématiques, sans négliger le Tasse et Shakespeare. Les deux frères vécurent ainsi plusieurs années pleines de charmes, n'ayant qu'un cœur et qu'une âme, qu'une seule volonté : servir Dieu et son Église.

(1) *La Philosophie de Lamennais*, p. 6.

Dans son bel ouvrage *Traditionalisme et Ultramontanisme* (1), M. Ferraz, professeur de philosophie à la
Faculté des lettres de Lyon, après de judicieuses re-
marques sur l'éducation de Lamennais, conclut ainsi :

« Cette éducation ne fut ni aussi complète ni aussi
profonde qu'on s'est plu à le dire. Elle offrit, au contraire, comme celle de la plupart des solitaires, d'assez
grandes lacunes, car elles expliquent celles que nous
trouverons plus tard dans son esprit et dans ses œuvres. Réduit, par la délicatesse de sa santé et par l'é-
tat de ses finances, à vivre au fond de la Bretagne, à
deux lieues de Dinan, dans sa solitude un peu sauvage de la Chesnaie, il n'apprend point à connaître
la société, avec la diversité et la richesse des aspects
qu'elle présente à l'observateur. Ces passions, qui font
l'éternel objet des méditations des moralistes, et dont
l'étude est si propre à vous remplir d'indulgence en
même temps que de calme et de sérénité, il ne les
analyse pas; ces opinions, qui se donnent si ardemment carrière, en s'appuyant sur des raisons à peu
près également plausibles, il ne les compare pas; ces
lettres profanes elles-mêmes, qui peuvent suppléer
jusqu'à un certain point à la connaissance directe de
la vie, parce qu'elles en reproduisent la fidèle image,
il ne les cultive presque pas... Il s'habitue à considérer sous un angle étroit toutes les choses humaines.
De là ce singulier mélange d'ignorance en matière

____

(1) *Histoire de la philosophie en France au dix-neuvième
siècle;* Traditionalisme et Ultramontanisme, 2ᵉ édition, p. 168. — Cf.
Sainte-Beuve, *Nouveaux Lundis,* t. XI, p. 366.

pratique et de vigueur en matière spéculative, qui distingue la plupart de ses ouvrages, et le caractère un peu chimérique dont ils portent si souvent l'empreinte (1) ».

L'abbé Rohrbacher, dans son *Histoire de l'Église,* nous a laissé de la vie que les deux frères menaient à la Chesnaie, une peinture qui ne contredit pas l'appréciation précédente. « Pendant leurs promenades, ils s'entretenaient de la matière de leurs travaux habituels. S'agissait-il des efforts que l'on faisait pour affaiblir l'autorité du Pape : « Telle ne peut pas être la tradition de l'Église! s'écriait le plus jeune; il faut chercher dans les conciles et dans les Pères. » De retour à la maison, ils cherchaient dans les livres, et ils trouvaient qu'ils avaient bien deviné. Et ils rédigeaient leurs découvertes, et ils en cachaient soigneusement les feuillets, de peur que la police ne vînt mettre la main dessus. »

Une application trop soutenue ne tarda pas à épuiser leurs forces. « Oh! la santé par-dessus tout, leur écrivait le *tonton.* Croyez-moi, mes amis, attachez-vous à cela, et quand vous l'aurez, vous reprendrez votre travail, mais modérément. » Les deux frères passèrent à Paris tout le printemps de 1806, afin de s'y faire soigner par les plus habiles praticiens de la ca-

____

(1) « Sa vie, écrira plus tard le P. Lacordaire à M. Foisset, avait été mal préparée : point d'éducation régulière, point d'études conduites par une autorité hiérarchique; une chambre, des livres, une lecture assidue de tout ce qui lui tombait sous la main, *l'abandon précoce à son propre esprit.* » (Lettre du 23 décembre 1858.)

pitale (1). On leur recommanda l'air de la campagne, le régime du lait, beaucoup d'exercice et peu de travail intellectuel. Au mois de juillet, ils étaient de retour à Saint-Malo, où leur santé se rétablit peu à peu, et bientôt ils purent reprendre à la Chesnaie leur vie de recueillement et d'étude.

Du fond de sa solitude, Féli entretenait une correspondance très suivie avec son oncle, Robert des Saudrais, qui avait été son premier maître et dont il acceptait volontiers les conseils. Les lettres de celui-ci ont seules été conservées. Elles nous initient à une époque obscure de la vie de Lamennais, en nous faisant connaître ses goûts, ses études et ses sentiments intimes sur la religion, la politique, la philosophie et la littérature.

« Mon cher Féli, lui écrivait M. des Saudrais en 1807, tu te plains de tes vingt ans, que dirai-je donc de mon numéro 63? » L'oncle avouait que son neveu possédait « tout ce qui fait qu'on sait écrire : la connaissance du style et le goût qui l'épure ». Il l'engage « à n'étudier qu'un petit nombre d'écrivains, penseurs énergiques et concis » : Platon, Montaigne et Malebranche, que Montesquieu appelait trois grands poètes; Tacite, Pascal et La Bruyère, si remplis de pensées profondes; Bossuet, si plein de mouvement et de vie. Il ajoute : « C'est à quoi il faut venir, à la pensée.

(1) C'est pendant ce séjour à Paris que les deux frères nouèrent de précieuses relations avec M. l'abbé Tesseyre, prêtre de Saint-Sulpice, et M. l'abbé Bruté, le futur évêque de Vincennes, en Amérique.

Aujourd'hui, le style fait tout. C'est tout simple, on ne pense plus. Pensez-y bien. »

Puis la discussion s'engage — sur la métaphysique de Malebranche, dont il croit le fond si vrai, qu'il se déclare prêt à le soutenir en toute circonstance et en toute conscience; il aimerait cependant à discuter certaines illusions que produit « la poésie de l'enchanteur »; — sur l'origine des idées, qui « ont dû naître de la même manière dans la tête d'un Grec, d'un Latin, d'un Français »; — sur le système de M. de Bonald, qu'il trouve défectueux, malgré la passion de son neveu pour cet auteur. « Son livre, dit-il, restera sans doute, mais sera peu lu; ses formes nuisent au fond. Quand il a raison, c'est une raison trop haute et trop hautaine... Si Boulogne prouve qu'il a erré en morale, je prouverais, moi, qu'il erre en politique, et que du pire des États, l'État populaire, il ne fait qu'un saut au despotisme pur et le plus absolu... Mais, dans ce temps-ci, on se refuse à reprendre ces questions, et moins encore avec Bonald, par toutes sortes de considérations; » — sur la politique, qu'il appelle « la science du petit nombre, parce qu'elle est la science du génie et du bon sens. Or chez nous, ajoute-t-il, il n'y a ni bon sens, ni génie, mais beaucoup d'esprit qui nous mène à droite, à gauche, jamais au but ».

Nous trouvons dans cette même correspondance quatre billets, résumé d'une discussion qui s'était élevée entre les deux frères sur le dernier degré de bonté que Dieu peut réaliser dans les possibles. On comprend, en les lisant, que M. des Saudrais avait bien raison de

prémunir son élève contre ce que ses idées avaient de
trop absolu, lorsqu'il lui donnait, en 1802, ce sage
conseil : « Ta logique, mon cher Féli, est bien serrée,
bien raide et bien rude; ne pourrais-tu pas en atté-
nuer les conséquences? » Plus tard, *le Catholique* fera
la même observation. La conviction de Lamennais,
dit-il en substance, est toute catholique, mais son génie
beaucoup moins. Il lui trouve *le même faire* qu'aux
premiers champions du calvinisme : rigueur de système, enchaînement de dialectique, verve de polémique, exaltation souvent amère. Lamartine en a porté
le même jugement : absolu dans ses idées, Lamennais
raisonnait avec une logique aussi savamment mem-
brée qu'une charpente de fer (1).

On a souvent répété que Voltaire, s'il eût vécu,
aurait envié à Lamennais son sarcasme; mais où ce
dernier puisa-t-il cette foudroyante ironie qui renver-
sait ses adversaires? Il était à bonne école. Nous ne
connaissons rien de semblable à cette sanglante critique de M. des Saudrais contre M. de Boulogne :
« Où allez-vous, Pierre? où allez-vous, Jean? où allez-
vous, Paul? — Nous allons prêcher et convertir les
infidèles. — Et vous, monsieur l'abbé? — Je vais bril-

---

(1) « **M. de la Mennais**, écrivait plus tard le P. Lacordaire, était
étroit, incapable de saisir une chose en même temps sous deux faces
et de revenir jamais à la face qu'il n'avait pas vue d'abord... Il
était, pour ses pensées, ce que le Destin était pour Jupiter : inflexible. » C'est ce manque de souplesse qui ne lui permettra pas
un jour de comprendre que le Pape pouvait avoir raison contre lui,
ni de saisir les nuances où s'arrêtait la condamnation. « Il était
condamné, ajoute Lacordaire, donc tout était perdu. »

ler et amuser les fidèles... — Oh! qu'il y a loin de Jérusalem à Paris, et de Pierre à Boulogne! »

On conçoit quelle influence un tel maître a dû exercer sur Lamennais, qui avait en lui toute confiance; s'il parvint à inculquer à son disciple ses principes littéraires et sa verve mordante, il ne le corrigea pas de cette logique *serrée, raide et rude*, qui devait le conduire à l'exagération en des sens si divers.

CHAPITRE II

1808 - 1815.

Les *Réflexions sur l'état de l'Église en France pendant le dix-huitième siècle et sur sa situation actuelle.* — Le concile national de 1811. — Féli professeur de mathématiques. — Tonsure et ordres mineurs. — *Le Guide spirituel.* — Hésitation. — L'abbé Jean à Saint-Brieuc. — La *Tradition de l'Église sur l'institution des évêques.* — Séjour à Londres. — Retraite avec M. l'abbé Carron.

En 1808, Lamennais publia, de concert avec son frère, les *Réflexions sur l'état de l'Église en France pendant le dix-huitième siècle et sur sa situation actuelle.* Cet écrit, d'une centaine de pages, est d'une importance capitale dans la vie de Lamennais. C'est, dit M. Spuller (1), son vrai point de départ, et il convient d'y remonter, si l'on veut se faire une juste et complète idée de son extraordinaire influence sur la conduite de l'Église en France, depuis bientôt un siècle. Il n'y a pas à douter de la part considérable que prit l'abbé Jean dans l'ébauche des *Réflexions;* mais la composition, la rédaction du livre appartiennent exclusi-

(1) *Lamennais,* p. 47.

vement à Féli. Le style de cet ouvrage est fort travaillé, et sent par cela même la recherche laborieuse de l'effet à produire; mais les idées, rigoureusement enchaînées, sont aussi neuves que hardies.

MM. de Lamennais tenaient à garder l'*incognito*, à ne pas voir leur nom mêlé au bruit que fit, dès son apparition, la brochure des *Réflexions*. « Soyez un homme discret, écrivait l'abbé Jean à M. Bruté, et ne nous nommez à personne. Féli, qui, comme je vous l'ai dit, a dans tout ceci la principale part, se joint à moi pour vous recommander le silence, et ne veut point absolument être connu. Laissez-nous dans nos chères ténèbres, et, encore une fois, sous aucun prétexte et dans aucun cas, ne dites de qui vous tenez cette petite brochure (1). »

Dans son accusé de réception, M. l'abbé Bruté avait probablement accompagné les éloges de quelques restrictions, car, parmi les *documents inédits* publiés par M. l'abbé Roussel (2), nous trouvons une réponse pleine d'humilité, où Féli reconnaît sincèrement le ton contentieux de la brochure, et avoue qu'il avait surtout à combattre l'orgueil, ce vice de l'intelligence qui, joint à l'entêtement du caractère, sera plus tard la principale cause de sa chute.

« Trop bon ami, comment vous exprimer ce qu'a senti mon pauvre cœur en lisant votre petit billet? Ah! que vous avez bien raison, et qu'une seule page, une

____

(1) Ropartz, *la Vie et les Œuvres de M. J.-M. de la Mennais,* p. 63.

(2) T. I, p. 22.

seule ligne, un seul mot de saint François de Sales ou de l'*Imitation* est au-dessus de ces tristes et contentieuses brochures qui ne savent que flétrir et dessécher l'âme, et la mienne surtout déjà si froide, si aride. Mon Dieu! qui m'a jeté dans cette malheureuse voie? L'orgueil, oui, l'orgueil, je le sens, je le reconnais tous les jours. Priez, mon tendre frère, priez, je vous en conjure, pour ce misérable qui devrait être, qui est, oui, je le dis dans la sincérité de mon cœur, plein de confusion, d'avoir seulement songé à faire entendre sa voix dans l'Église, lui que l'Église ancienne eût à peine admis au nombre des pénitents, et qui n'aurait pas assez de la vie pour pleurer une seule de ses fautes. »

Malgré les précautions prises pour garder l'*incognito*, le nom de Lamennais était, quelques jours après l'apparition de la brochure, divulgué dans la France entière. Un écrivain ardent et passionné venait de se montrer, qui flétrissait d'âpres et franches paroles la haine systématique des incrédules contre la religion catholique. Il indiquait déjà, comme le mal le plus redoutable de la société, cet indifférentisme qu'il devait combattre et terrasser plus tard. « A la persécution du glaive et du raisonnement, dit-il, a succédé une nouvelle espèce de persécution plus dangereuse peut-être, la persécution de l'indifférence. »

Après avoir gémi sur l'insuffisance des études bibliques et orientales dans le clergé, les *Réflexions* réclamaient dès lors tout ce que nous avons vu tenter depuis : les conciles provinciaux, les synodes diocésains,

les retraites sacerdotales, les conférences ecclésiastiques, la vie de communauté dans les presbytères, la
réforme de l'instruction par des congrégations ensei-
gnantes, l'évangélisation du peuple par des missionnaires.

Les *Réflexions* parurent au moment où les démêlés
entre l'empereur Napoléon et le Pape Pie VII menaçaient d'éclater. Le Souverain Pontife tardait alors à
donner l'investiture à des évêques nommés par l'empereur des Français, et refusait d'annuler le premier
mariage du roi Jérôme avec Mlle Paterson. Napoléon,
s'imaginant que Rome et la religion catholique lui devaient beaucoup, se plaignait amèrement de l'ingratitude de Pie VII, qui ne voulait pas se conformer à ses
vœux. Agissant en maître avec lui et sans ménagement
comme avec les autres souverains, il répétait que les
prêtres n'étaient pas faits pour gouverner et que, si ses
États continuaient à être troublés, il finirait par ne
reconnaître le Pape que comme évêque de Rome (1).
Malgré le tribut d'hommage payé « au grand homme
qui avait rendu à la France son bonheur, » le nouveau
livre, par cela même qu'il touchait aux rapports si
délicats de l'autorité temporelle et de l'autorité spirituelle, sembla suspect aux Argus du temps. On y lisait,
il est vrai, que les conciles provinciaux ne sauraient
inspirer de défiance raisonnable à un prince « qui
n'aurait pas le *secret dessein* d'envahir l'autorité spirituelle ». Fouché, qui dirigeait la police de l'Em-

(1) **Dareste**, *Histoire de France,* 2e édition, t. VIII, p. 394.

pire, supprima l'ouvrage et les auteurs se tinrent pour avertis.

Toutefois cet événement ne devait pas rester sans importance dans la vie de Lamennais. Si le sentiment religieux n'a pu se développer dans le cœur de l'enfant par les soins d'une mère chrétienne, si l'intelligence de l'adolescent a été imbue de mauvais principes philosophiques, que sera-ce du caractère de l'homme d'action qui se trouve arrêté dès son début dans la carrière? Contre la force, pas de résistance. Il se soumettra donc extérieurement, en comprimant les sentiments de révolte qui soulèvent d'indignation sa bouillante nature : *Manet alta mente repostum;* mais un jour les flots de colère n'en feront irruption qu'avec plus de violence.

Réimprimées sous la Restauration, les *Réflexions sur l'état de l'Église en France* eurent un grand retentissement, sans obtenir l'approbation universelle. Témoin cette lettre de Mgr de Pressigny, ancien évêque de Saint-Malo, qui remplissait alors à Rome une importante et délicate mission. Elle était adressée à l'abbé Jean.

« Un de vos ouvrages que je n'ai lu qu'ici, quoiqu'il ait fait de l'éclat à Paris, m'a prouvé que vous aviez l'esprit trop tranchant et le style quelquefois amer... Vous blâmez vos supérieurs, vos juges. Qui êtes-vous pour dire à des évêques : « Ils ont été entraînés au « delà des bornes dans lesquelles les vrais principes « leur prescrivaient de se renfermer? » Dieu vous a-t-il donné une mission pour faire la leçon à ceux qu'il a revêtus de son autorité pour enseigner les peuples? Qui vous a donné le droit de déterminer les principes qu'ils devaient suivre? »

Féli n'était guère disposé à recevoir une leçon de modération, même de la part d'un ami de sa famille; aussi écrivit-il dès le 28 octobre : « Mgr de Pressigny a trouvé qu'on parlait d'une manière trop décisive des anciens évêques dans les *Réflexions*... Si l'auteur fait une nouvelle édition, il en dira dix fois plus (1)... »

Dans la correspondance de Lamennais, les événements du premier Empire ne se réfléchissent guère que par la participation morale qu'il prend aux affaires générales de l'Église. Il est purement ultramontain : aussi la fermeté du concile national de 1811 et le semi-gallicanisme de Mgr Duvoisin, évêque de Nantes, lui arrachent tour à tour des accents de sympathie et de colère.

« Comme la Providence, écrit-il à son frère, se joue des passions humaines et de la puissance de ces hommes qu'on appelle grands! Il s'en est rencontré un qui a fait ployer sous lui le monde entier, et voilà que quelques pauvres évêques, en disant seulement :*Je ne puis*, brisent ce pouvoir qui prétendait tout briser, et triomphent du triomphateur au milieu de sa capitale et dans le siège même de son orgueilleuse puissance! Que cela est beau! que cela est divin! Qui est-ce qui, à ce spectacle, refuserait de croire à l'Église et à ses célestes promesses? J'ai tremblé de tous mes membres

---

(1) Blaize, t. I, p. 288.

en voyant Duvoisin s'interposer, lui et ses principes gallicans, entre le Pape, entre l'Église, entre le concile et l'Empereur; heureusement qu'on lui a dit : Retirez-vous de là; et c'est s'en tirer tristement. »

Obligé de travailler pour vivre, car la grande fortune de son père avait été emportée dans la tourmente révolutionnaire, Lamennais se trouvait professeur de mathématiques au collège de Saint-Malo fondé par l'abbé Jean (1), lorsqu'il se décida tout à coup à entrer dans la cléricature.

« Oh! s'écrie-t-il dans une lettre du 15 mars, j'ai trop aimé les joies amères du monde, les consolations du monde, les espérances du monde! Maintenant je ne veux que la croix, la croix seule, la croix de Jésus et encore la croix. Je vivrai sur le Calvaire en esprit d'amour, de renoncement et de sacrifice absolu. Oh! quelle vie, quelle douce, quelle heureuse vie! c'est le ravissement de mon cœur d'être crucifié avec Jésus par les souffrances, les contradictions, les mépris, les rebuts, les ingratitudes, les haines, les outrages, les persécutions, et tout ce qui peut le plus sacrifier mon cœur et ma chair!... Je veux m'abreuver à longs traits des saintes délices de l'humiliation. Mon

(1) Le 17 mars 1808 avait paru un règlement qui statuait « qu'aucune école ne pourrait désormais se former en dehors de l'Université impériale et sans l'assentiment de son chef. Il était également interdit à tout citoyen d'ouvrir une classe et d'enseigner publiquement sans être membre de l'Université et gradué dans une de ses facultés. » La maison de Saint-Malo, malgré la résistance de l'abbé Jean de la Mennais et de ses collègues, fut fermée au mois d'août 1812 et remplacée par un collège communal.

Dieu! mon Dieu! encore une fois, la croix, la croix, et rien que la croix! »

Cependant la croix, qu'il appelait de tous ses vœux, pesait lourdement sur ses épaules, et plus d'une fois il fut tenté de s'en débarrasser. On l'entendait alors gémir de cette révolte de la nature contre tout ce qui la gêne : « J'ai honte, disait-il, de tant de faiblesse; je rougis d'être si disert quand il s'agit de parler de la croix et en même temps si dénué de force et de courage pour la porter (1). »

Quoi qu'il en soit, c'est dans toute la sincérité de son âme que Féli soupire à porter la croix à la suite de Jésus; mais on sent dans chacune de ses expressions une exaltation d'imagination qui effrayait tous ceux qui le connaissaient. M. Robert de Lamennais consulta à ce sujet Mgr de Pressigny, prélat d'une haute vertu et d'un rare mérite. « Ne craignez rien, répondit-il, votre fils deviendra la gloire du clergé français, » et il l'engagea à ne point contrarier les vues de la Providence. Féli revêtit donc l'habit ecclésiastique, et reçut à Rennes la tonsure et les ordres mineurs à l'âge de vingt-neuf ans. « Quelle consolation pour mon cœur! écrivait l'abbé Jean à M. Bruté (2). Quand je pense à ce qu'il était et que je vois ce qu'il est, mon âme tressaille de joie et mes larmes coulent en abondance : *Misericordias Domini in æternum contabo.* »

(1) Roussel, *Lamennais*, t. 1, p. 31.

(2) Gabriel Bruté, interne des hôpitaux de Paris, avant d'entrer au séminaire de Saint-Sulpice, était devenu professeur au grand séminaire de Rennes.

A cette époque Lamennais fit paraître le *Guide spirituel,* traduction du *Speculum religiosorum* de Louis de
Blois, livre plein d'onction qu'on lit encore, et qui, à
l'encontre des secs traités du dix-huitième siècle, ouvrait une large voie à la piété catholique. La préface,
« aussi parfaite que tout ce que l'auteur a écrit plus
tard, respire, dit Sainte-Beuve, un parfum de grâce
céleste. »

Cependant le premier pas du sanctuaire franchi,
Féli s'arrête hésitant et comme incertain de sa voie ; il
interroge, il écoute, sans pouvoir prendre une décision. L'abbé Jean, aveuglé par sa tendresse et le désir
qu'il avait de voir son frère se consacrer au Seigneur,
s'était fait illusion, lorsque celui-ci reçut la tonsure
et les ordres mineurs. « Il se consacre au service de
Dieu avec bien de la joie, écrivait-il, et je crois qu'il
dira dans toute l'étendue de son âme son *Dominus
pars,* » etc. Rien, au contraire, ne pouvait tranquilliser
le jeune clerc sur la nature d'une vocation qui lui semblait très douteuse. « De nouveaux délais, écrit-il,
seront peut-être nécessaires ; il ne faut rien brusquer. »
Il s'écoula plusieurs années sans qu'il pût se résoudre
à passer outre, à dire le mot suprême qui devait l'engager sans retour.

Tout semblait le pousser insensiblement vers l'état
sacerdotal, et cependant un effroi secret l'en éloignait
toujours. Ces craintes le poursuivaient partout. Même
en dînant, il demandait par plaisanterie pourquoi le
ciel ne nous avait pas imprimé un signe naturel, un
sabre, une plume, une mitre, qui nous eût épargné

les inconvénients graves d'un choix mal réfléchi. Son âme languit et s'épuise entre des vocations incertaines qui l'attirent et le repoussent tour à tour ; elle devient triste jusqu'à la mort : « Toute communication avec les hommes m'est à charge ; je voudrais pouvoir rompre avec moi-même. » Sa plus grande peine est d'être privé de secours spirituels ; et lorsque la parole de consolation *gaudete* a retenti à ses oreilles, il refuse le sage conseil qui lui est donné : « Oh ! que j'aimerais mieux qu'on me dît, comme le sauvage à son fils : souffre et tais-toi. Au moins j'entends ce langage ; il est dur, mais il est vrai ; il me rappelle à la condition humaine, et me la montre telle qu'elle est, sans adoucissement mais sans dérision. »

Au milieu de ces angoisses déchirantes qui assombrissent ses jours, il croit enfin reconnaître au fond de son âme quelques faibles rayons de la lumière divine, annonçant la présence du Seigneur. Il tombe alors à genoux, ses larmes coulent et son cœur est soulagé. « Mon Dieu, s'écrie-t-il, serait-il donc vrai que vous ne m'eussiez pas abandonné ?... Que ferai-je cependant ? Oh ! il n'y a que vous, ô mon Dieu, qui puissiez m'inspirer ce que je dois faire ! » Il se relève plein d'espoir, et reprenant une lettre qu'il n'avait pas eu le courage de terminer la veille : « Ma croix, dit-il à son frère, je le sens, quel que soit pour moi l'avenir, sera cette insurmontable tristesse, ces défaillances intérieures, ces angoisses, cette agonie de l'âme, contre laquelle il me faudra lutter jusqu'à ma dernière heure... Prie pour moi ; je ne demande point de pitié, mais des prières. »

Lamennais ne connaissait que trop bien la faiblesse de sa nature, lorsqu'il écrivait en 1812 : « J'ai le grand malheur d'être dépourvu de raison et de caractère. Le *jour pour le jour*, et *le laisser aller* de l'enfance, avec sa mobile vivacité et son imagination dominante, font de moi, à trente-deux ans, un être bien inutile, bien méprisable et bien malheureux... Je ne peux pas dire que je m'ennuie, je ne peux pas dire que je m'amuse, je ne peux pas dire que je sois oisif, je ne peux pas dire que je travaille. Ma vie se passe dans une sorte de milieu vague entre toutes ces choses, avec un penchant très fort à une indolence d'esprit et de corps, triste, amère, fatigante plus qu'aucuns travaux, et néanmoins insupportable. »

En 1813, l'abbé Jean s'était fixé à Saint-Brieuc, dont l'évêque, Mgr Caffarelli (1), avait eu avec lui des rapports pleins d'affection. Féli restera désormais seul, regrettant l'aimable société de son frère et les sages avis qui avaient si souvent réprimé les écarts de sa fougueuse imagination.

Quand les deux frères apprirent, au mois d'avril 1814, l'entrée des alliés à Paris et la restauration des Bourbons, ils résolurent d'imprimer un grand ouvrage auquel ils travaillaient depuis plusieurs années. Le moment paraissait on ne peut plus favorable; car plu-

(1) Mgr Jean-Baptiste-Marie Caffarelli, né dans le diocèse de Toulouse en 1763, était frère du général de ce nom, tué en Égypte. Après avoir manifesté avec énergie, au concile national de 1811, son inébranlable attachement à la foi catholique, il mourut dans la disgrâce, le 11 janvier 1815.

sieurs évêques, dépossédés de leurs sièges par le concordat de 1801, étaient revenus en France et réclamaient contre leur déchéance, prétendant que le Pape avait excédé ses droits. Féli partit donc pour la capitale, où nous le trouvons au mois de juillet, luttant contre la pauvreté dans une mansarde de la rue Saint-Jacques. « Je suis venu à Paris, écrivait-il à M. l'abbé Bruté, pour l'impression de *notre* ouvrage : *La Tradition de l'Église sur l'institution des évêques,* qui paraîtra sous trois semaines au plus tard. »

La préface du nouveau livre en exposait l'historique et le but. « Cet ouvrage, dont nous commençâmes il y a dix ans à recueillir les matériaux, n'a été terminé que sur la fin de 1813, peu de mois avant l'heureuse révolution qui nous permet de le publier librement. Certes, lorsque dans l'affliction profonde qui navrait tous les cœurs chrétiens, nous défendions les droits du Souverain Pontife chargé de fers, nous étions loin de penser que bientôt se vérifierait pour nous la parole du Roi-prophète : *Euntes ibant et flebant, mittentes semina sua; venientes autem venient cum exultatione, portantes manipulos suos.* (Ps. cv.) On s'apercevra aisément que nous avons écrit pendant les *jours mauvais,* et plusieurs de nos réflexions, grâce à Dieu, ne sont plus analogues aux circonstances. Nous avons cru néanmoins devoir les laisser subsister, comme une réparation du silence que la postérité, mal instruite, reprocherait peut-être au clergé français, et comme une leçon pour les despotes futurs qui s'imagineraient pouvoir étouffer la vérité avec des décrets, des espions

et des cachots. Une autre considération nous a déter-
minés encore à ne rien changer à notre travail : il nous
a semblé que la peinture de l'état d'où nous sortons
était propre à faire chérir davantage celui que le ciel,
dans sa clémence, y a fait succéder. Le souvenir d'une
douleur qui n'est plus ajoute je ne sais quoi de plus
vif et de plus doux au sentiment de la félicité présente. »

Cet ouvrage, d'une importance considérable, posait
très nettement les principes qui prévalent aujourd'hui
parmi le clergé français. C'était un premier pas vers
les idées romaines, un retour à ce qu'on est convenu
d'appeler l'ultramontanisme. Il tendait, entre autres
choses, à prouver contre MM. de Pradt, Grégoire et
Tabaraud, que l'institution des évêques avait toujours
été soumise à la confirmation des Souverains Pontifes,
et qu'un gouvernement ne pouvait s'arroger le droit
de l'y soustraire. « Nous avons cru, disait l'abbé Jean,
dans une lettre à M. Bruté, que la vérité était assez
vieille pour lui ôter ses langes, tant pis pour ceux qui
voudraient encore la faire marcher avec des lisières. »
Le style de la *Tradition*, correct et irréprochable, mais
sans mouvement et sans éloquence, n'en est pas moins
d'une excellente école; toutefois il ne trahit nulle part
un talent original, ce qui tient peut-être à la nature
même du sujet. Le controversiste est plein de modération dans la réfutation de l'erreur comme dans l'exposé
de la doctrine. Nulle amertume de sentiments, nulle
âpreté de ton; rien ne faisait pressentir le fougueux
écrivain de l'avenir.

Lamennais aurait désiré mieux pour son ouvrage

qu'un simple succès d'estime, et dans une lettre à son ami Bruté il regrette que personne ne se soit levé pour entreprendre une polémique à laquelle il était prêt à répondre.

« L'impression que cet ouvrage a produite ici, dit-il, nous paie assez du travail qu'il nous a coûté. — Que Dieu en tire sa gloire, c'est tout ce que nous désirons. Nous avons désormais perdu l'espoir d'être attaqués. Nous disons l'espoir, parce que nous aurions pu fortifier beaucoup notre thèse dans notre réponse, qui ne se serait pas fait trop longtemps attendre; mais le goût des réfutations est passé : est-ce un bien? est-ce un mal? Je crains qu'il y ait moins de sagesse que d'indifférence dans cette facilité avec laquelle on laisse tout dire, sans éprouver les doctrines par une contradiction savante et raisonnée. »

Toutefois Lamennais n'était guère rassuré sur le sort réservé à son livre. Quand la nouvelle se répandit que l'aigle impériale volait de clocher en clocher, du golfe Juan sur Paris, il jugea sagement que l'auteur de la *Tradition* ne pouvait rester en France, et il passa le détroit pour se réfugier en Angleterre. « Mon départ, écrit-il de Londres, le 25 avril 1815, est un gage de sûreté pour Jean, et c'est ce qui m'a décidé. Cela lui donne le moyen de désavouer la *Tradition*, qui est en effet mon ouvrage, l'ayant fait en entier sur les textes qu'il a recueillis. »

Afin de dérouter la police impériale, devenue plus ombrageuse que jamais, Féli ne correspondait plus avec ses amis de France que sous le nom assez trans-

parent de Patrice ou Patrick Robertson (fils de Robert).
« Notre ami Patrick m'a écrit plusieurs fois, lisons-
nous dans une lettre de l'abbé Jean à M. Querret (1),
datée du 1er mai 1815. Il me dit qu'il regrette ses parents, et qu'il n'y a que ses affaires qui puissent le
retenir dans la grande ville qu'il habite. J'espère bien
que ce pauvre homme n'y restera pas longtemps et
qu'il retournera au sein de sa famille. »

S'il faut en croire l'un des biographes de Lamennais, celui-ci se serait un jour présenté chez lady Jer-
nigham, sœur de lord Stafford, pour être précepteur
de ses enfants; mais avec son costume délabré et ses
manières gauches, il fut jugé « trop bête » pour remplir ces humbles fonctions. N'était le gros mot prêté à
cette dame, il ne faut pas trop lui en vouloir de n'avoir
pas confié ses enfants au jeune étranger; il est fort
possible que Lamennais, malgré son génie, eût été
un médiocre précepteur. La mine chétive et la mise
peu soignée du jeune émigré étaient telles, qu'invité
un jour à dîner dans une famille, les valets le prirent
pour quelque famélique et lui dirent : « On ne donne
rien aujourd'hui. »

Après avoir erré longtemps sans ressource, Lamennais finit par trouver un asile et des amis. L'asile lui fut
ouvert par trois demoiselles nobles qui avaient fondé à
Kensington un pensionnat pour les filles pauvres des

(1) M. Querret, d'abord professeur de mathématiques à l'école
libre de Saint-Malo fondée par l'abbé Jean, devint en 1812 principal de ce collège et garda ce poste jusqu'en 1823. Il mourut le
8 décembre 1840.

Français émigrés. Ces pieuses institutrices, en qui nul orage ne put déraciner les sentiments d'affectueuse estime qu'elles conçurent dès lors pour « le bon, le cher, le très cher abbé Féli », l'amenèrent à leur directeur, M. l'abbé Carron (1), de qui Lamennais écrivait : « Quel homme ! ou plutôt quel saint !… Dieu m'avait préparé en ce pays le secours dont j'avais besoin… Pleine d'amour pour un enfant rebelle, la Providence m'a conduit au terme où elle m'attendait (2). » Le « saint abbé » Carron ne cessa de l'encourager et de le consoler, au milieu de ses difficultés intérieures et extérieures (3).

Le 10 août 1815, l'abbé Jean écrivait à M. Querret : « J'ai reçu des nouvelles assez récentes de Robertson. Il a commencé, vers la mi-juillet, une retraite à la fin de laquelle M. Carron avait promis de le décider sur le parti qu'il devait prendre. Je prie le bon Dieu de tout mon cœur de les éclairer l'un et l'autre. » D'après les conseils de M. Carron, Féli se décida à reprendre les études ecclésiastiques. Il se déclarait dégagé de ses « éternelles irrésolutions », prêt à procurer la gloire

(1) Nous écrivons ce nom autrement qu'on ne l'écrit d'ordinaire, mais comme l'écrivait Lamennais.

(2) *Œuvres inédites*, t. I, p. 218. — Cf. *Vie de l'abbé Carron*, par un Bénédictin de la congrégation de France, 1866.

(3) En 1818, rendant compte d'un ouvrage de M. Carron, les *Vies des justes*, Lamennais écrivait : « M. l'abbé Carron a donc rendu un véritable service à la religion, en publiant les *Vies des justes*. Elles sont toutes éminemment propres à édifier, à instruire, à faire aimer et bénir la religion. *Il en est une qui, si jamais elle est écrite, ne produira pas moins sûrement les mêmes effets.* »

de Dieu, sans savoir encore s'il était « appelé à servir l'Église dans le clergé séculier ou régulier ».

« Gloire à Dieu! s'écrie-t-il, gloire à son ineffable tendresse, à son incompréhensible bonté, à cet amour adorable qui, entre toutes les créatures, lui fait choisir la plus indigne pour en faire un ministre de son Église, pour l'associer au sacerdoce de son Fils! » Ne croirait-on pas entendre une âme heureuse de servir Dieu, qui se consacre tout entière avec joie et générosité? Il n'en est rien. Dominé par l'abbé Carron, qu'il appelle son père bien-aimé, Lamennais ne sait vouloir que d'après la volonté de son directeur.

« Sans M. Carron, écrit-il à son frère, le 12 septembre 1815, je n'eusse jamais pris le parti auquel il m'a déterminé; trop de penchants m'entraînaient dans une autre route. Aujourd'hui même je ne saurais penser à la vie tranquille et solitaire des champs, à nos livres, à la Chênaie, au charme répandu sur tous ces objets, auxquels se rattachent tous mes désirs et toutes mes idées de bonheur ici-bas, sans éprouver un serrement de cœur inexprimable et quelque chose de ce senti-ment amer qui faisait dire à ce roi dépossédé : *Siccine separat amara mors!* Mais enfin il faut tout vaincre en renonçant à tout. » En vain sa nature se révolte contre une vocation pour laquelle il ne sent nul attrait, il lui impose silence, ne croyant pouvoir réparer le passé qu'en travaillant désormais de toutes ses forces à la vigne du Seigneur.

A peine la monarchie des Bourbons fut-elle rétablie, après la chute de Napoléon, que Lamennais manifesta le désir de rentrer en France. « C'est que la patrie, comme il l'écrivait plus tard dans le *Livre du peuple*, c'est la commune mère, l'unité dans laquelle se pénètrent et se confondent les individus isolés; c'est le nom sacré qui exprime la fusion volontaire de tous les intérêts en un seul intérêt, de toutes les vies en une seule vie perpétuellement durable... » A la patrie donc tout ce qu'il est, tout ce qu'il a, son cœur, ses bras, ses veilles, et ses biens et sa vie.

CHAPITRE III

1815 - 1816.

Retour en France. — Insuffisance d'études théologiques. — MM. les abbés Tesseyre et Bruté. — Vocation forcée. — Sous-diaconat. — Idées de vie religieuse. — La Compagnie de Jésus. — Mélancolie. — Diaconat et sacerdoce. — Violent état d'âme. — Relation avec les *Feuillantines*.

Vers la fin du mois de novembre, Féli était de retour en France avec une partie des enfants de M. Carron, dont il s'était fait le conducteur pendant le voyage. L'abbé Jean, qui connaissait la mobilité d'impressions et la fragilité du caractère de son frère, avait écrit dès le mois de septembre : « Je désire vivement que Tesseyre (1) soit à Paris à l'époque où Féli y arrivera. Le lierre ne s'élève qu'en appuyant sa faible tige sur un arbre vigoureux; » et un peu plus tard à M. Bruté : « Dans votre réponse à Féli, je vous le de-

(1) L'abbé Tesseyre, ancien élève de l'École polytechnique, avait fait partie de la congrégation de l'abbé Delpuits, avant d'entrer au séminaire de Saint-Sulpice. A raison de la vivacité de son intelligence et de la douceur de son caractère, il jouissait d'une très grande considération dans le clergé de Paris.

mande en grâce, ne mettez rien qui puisse enflammer cette imagination si vive. »

C'est qu'en effet, les hésitations de Lamennais venaient de recommencer. « En me décidant, ou plutôt en me laissant décider pour le parti qu'on m'a conseillé, je ne suis assurément ni ma volonté ni mon inclination. Je crois au contraire que rien au monde n'y saurait être plus opposé. » Cependant il se laisse faire et commence, contre ses goûts, l'étude de la théologie, se bornant, pour la morale, aux deux volumes de la théologie de Poitiers, regardant comme inutiles les longues dissertations du conférencier d'Angers, croyant qu'il n'avait pas grand'chose à apprendre dans les traités de Dieu, de la Trinité, de l'Incarnation, et enfin travaillant tout seul, sous la direction de M. Carron, *son bon père,* au lieu d'entrer à Saint-Sulpice, comme Tesseyre, un de ses amis, le jugeait indispensable. On comprend dès lors le mot dur mais vrai de l'abbé Des Genettes : « Le malheureux! Il ne sait pas son catéchisme (1). »

M. Carron reconnaîtra un jour l'insuffisance de pa-

---

(1) M. Frayssinous, se trouvant un jour à Issy, exprima ainsi son opinion sur Lamennais : « C'est un homme de génie, mais qui n'a fait qu'une théologie médiocre. » (Nettement, *Histoire de la littérature française sous la Restauration*, t. II, p. 229.) — « Le défaut premier de sa formation intellectuelle, écrivait Lacordaire à M. Foisset, le 23 décembre 1858, avait laissé en lui des lacunes qui ne se comblèrent jamais. Lorsqu'il me lut, à la Chesnaie, en 1830, ses explications philosophiques des dogmes de la création et de la Trinité, mon impression vive et constante fut qu'il était en opposition manifeste avec tout ce qu'on m'avait enseigné... A la

reilles études pour un prêtre, pour un apologiste. Nous le verrons, après la publication du second volume de l'*Essai sur l'indifférence,* se jeter aux pieds de Lamennais et le solliciter de ne jamais rien publier, dans des matières d'une si haute importance, sans avoir auparavant consulté des hommes d'une excellente doctrine, d'un esprit froid et réfléchi, et dont les parfaites études lui fassent d'avance reconnaître l'excellence des principes, comme la solidité du raisonnement. Il sera malheureusement trop tard.

Lamennais, s'il était entré au séminaire de Saint-Sulpice, y aurait puisé sans doute ce qu'il souhaitait à son frère en 1809 : « Un petit assortiment composé de la raison forte et pénétrante de M. Émery, de l'humble simplicité de M. Duclaux, de l'érudition profonde de M. Garnier, du zèle ardent de M. Janson et de la douce piété de Tesseyre. » Au lieu de cette suave et sévère formation, il restera l'homme de ses œuvres, ou plutôt il conservera l'empreinte de ses premiers modèles : l'irascibilité orgueilleuse de Pascal, les illusions poétiques de Malebranche et l'exagération polémique de J.-J. Rousseau.

M. Villemain, dans son *Tableau du dix-huitième siècle,* a justement fait ressortir l'influence littéraire de Rousseau sur Lamennais. « On voit, dit-il, qu'il s'est formé à cette école bien plus qu'à celle des Pères... L'imitation du style est parfois si marquée, qu'elle

lettre, il ignorait en théologie des choses très vulgaires, telles, par exemple, que les fondements de la distinction entre la nature et la grâce. »

rappelle ces ouvrages de la Renaissance où un moderne s'appropriait, sous un cadre chrétien, soit Florus, soit Térence. Quant au fond même des opinions, si le prêtre du dix-neuvième siècle réfute avec une grande hauteur les contradictions et l'insuffisance du théisme de Rousseau, on démêle, cependant, je ne sais quelle prédilection dans l'hostilité même... On sent que l'éloquent apôtre de l'*autorité* a été l'assidu lecteur du *Contrat social*, et que cet ardent esprit pourrait passer encore d'un extrême à l'autre (1). »

Après un mois, un seul mois d'études plus ou moins suivies, on le pousse vers le sous-diaconat. Quelques jours avant l'ordination, Féli écrit à sa sœur : « Ce n'est sûrement pas mon goût que j'ai écouté en me décidant à reprendre l'état ecclésiastique ; mais enfin, il faut tâcher de mettre à profit pour le ciel une vie si courte. »

Que faut-il penser de cet aveu, à la veille de faire une démarche qui devait le séparer du monde pour jamais ? Lamennais serait-il entré dans le sanctuaire sans une vocation spéciale, sans un appel divin ? *Non vos me elegistis, sed ego elegi vos.* (Joan., xv, 16.) Ce n'est pas la bonne volonté qui lui manque ; son zèle semble même excessif : « Je crois, mon bon ami, lui dit son directeur, qu'il n'est pas prudent de demander à Dieu des croix, et que nous devons nous borner à solliciter l'amour des souffrances, laissant à Dieu le soin de nous exposer à celles qu'il ne jugera pas au-

____

(1) T. II, p. 308.

dessus de notre faiblesse. » Mais si Lamennais demande des croix, s'il aspire après les souffrances, c'est qu'il pense y trouver une diversion aux tourments qui déchirent son âme. D'après cette situation extrêmement tendue dans laquelle se trouve Lamennais, il paraît certain qu'il n'avait pas la vocation ecclésiastique.

Saint Ignace, cet habile maître de la vie spirituelle, exige comme condition d'une bonne élection pour le choix d'un état de vie « une très prompte volonté ». Sans cette promptitude de volonté, il est impossible de mener à bonne fin le travail de l'élection. Il n'y a pas à forcer la mesure des âmes, ni celle de leur nature, ni celle de la grâce ; quand elles n'aspirent point au plus parfait, il faut les laisser se contenter du moins parfait.

« Si une âme, observe le Père de Ponlevoy, est trop impliquée dans les impressions, pour pouvoir s'expédier ; si elle ne sait, ni se fixer, ni s'exécuter, qu'en conclure ? Tout simplement qu'elle est incapable de faire une élection. Cette pauvre âme n'aura donc point de vocation ? Pardon, elle a la vocation commune... Si elle n'a pu choisir, c'est qu'elle ne devait pas le faire, parce que Dieu avait choisi pour elle (1). »

« L'office du directeur, ajoute le Directoire des Exercices, est de coopérer à la motion divine, non de la prévenir, mais de la suivre... Le choix d'une chose

(1) *Commentaire sur les Exercices spirituels*, 2ᵉ édition, p. 292.

3.

aussi importante qu'un état de vie ne doit pas s'appuyer sur la persuasion ou sur le conseil de l'homme, mais seulement sur la volonté divine; autrement il faudrait craindre ce que dit le Seigneur : « Toute plante que n'a pas plantée mon Père céleste sera arrachée (1). »

D'après cet exposé de principes, on ne peut trop regretter la faiblesse de caractère de Lamennais et sa timide condescendance envers ses amis. Que n'a-t-il alors refusé de porter un joug trop pesant pour lui? que n'a-t-il résolu de revenir franchement en arrière? C'est le 24 décembre 1815 qu'il reçut le sous-diaconat dans l'église Saint-Sulpice à Paris. « Cette démarche, écrit-il à son frère le lendemain de l'ordination, m'a prodigieusement coûté. Dieu veuille en retirer sa gloire (2)! » Puis il s'étonne que l'abbé Jean n'ait pas pensé à le faire relever d'une irrégularité *ex infamia*, à raison du duel qu'il avait eu autrefois, et il lui demande naïvement si cette irrégularité est reconnue en France (3).

« Je ne sais, avait un jour écrit Lamennais à M. Bruté, dans un moment de ferveur, ce que la Providence demandera de moi, et je veux demeurer entre ses mains comme un petit enfant qui n'a point de volonté et qui obéit à tout sans résistance. Toutefois, il me semble que la solitude me serait bonne, il me semble enten-

(1) Matth., xv, 13.
(2) Blaize, t. I, p. 243.
(3) Lamennais, à l'âge de vingt et un ans, s'était battu en duel à Saint-Malo et avait même blessé son adversaire d'un coup d'épée.

dre une voix qui m'appelle au désert : d'autres en décideront, et pour moi, il ne me reste qu'à dire du fond du cœur : *Ecce venio, ut faciam, Deus, voluntatem tuam.* »

Une longue lettre du 16 janvier 1816 nous apprend que MM. Carron et Tesseyre engageaient leur jeune ami à embrasser la vie religieuse dans la Compagnie de Jésus, et qu'il était décidé à se rendre au noviciat de Rome (1).

« Si cette résolution, écrit M. Tesseyre à l'abbé Jean, était venue de lui-même, si j'avais pu soupçonner que son imagination y eût la moindre part, s'il m'avait paru même y avoir de l'attache et mettre une trop grande ardeur à l'exécuter, je m'en serais défié. Mais, au contraire, il ne pensait plus depuis longtemps à ce projet, c'est M. Carron qui l'a renouvelé de lui-même, il est entièrement opposé aux désirs naturels de notre bon frère qui ne soupire qu'après l'indépendance de sa chère solitude de la Chesnaie, et qui sent son âme se soulever à la seule pensée d'un si grand changement, et d'engagements aussi sévères et aussi irrévocables. Il y a plus, il m'a avoué que Dieu l'appelait à l'état religieux pour mettre un frein à son inconstance et consommer le sacrifice de tout lui-même à la volonté divine. Si vous ajoutez à cela le besoin qu'il a d'une vie douce et réglée, séparée du

____

(1) Dans les *Réflexions sur l'état de l'Église,* Lamennais avait parlé de la Compagnie de Jésus, alors proscrite, en termes élogieux, rappelant ses services et répétant, après de Bonald, qu'elle ne serait jamais remplacée que par elle-même.

monde, avec de grands loisirs pour l'étude, sans aucune sollicitude pour la vie temporelle, dans une société aimable et édifiante, tout cela ne vous portera-t-il pas à croire que Dieu ne le veut pas ici où il n'a presque rien de tout cela, et qu'il le veut au noviciat des Jésuites, à Rome, qui est peut-être le seul lieu où il trouvera tous ces avantages réunis (1). »

Dans cette lettre motivée de M. Tesseyre au sujet de la vocation de Féli à l'état religieux, nous ne remarquons aucune des conditions nécessaires pour faire une bonne élection : ni cette « promptitude de volonté » demandée par saint Ignace à celui qui veut choisir un état de vie, ni cette discrétion du directeur qui doit « suivre et non prévenir la motion divine ». Au contraire, la résolution de Lamennais lui a été suggérée par l'abbé Carron, et « son âme se soulève » à la seule pensée d'un si grand changement. L'abbé Jean mieux éclairé ne partageait pas l'avis de ses amis, et il s'en exprime clairement dans la lettre suivante adressée à M. Bruté.

« Ce cher Féli est pieux comme un ange : il voudrait bien qu'on lui conseillât de prendre pour lui la *meilleure part* (2) et de laisser à d'autres le soin de tout le reste : mais pensez-vous qu'il ait reçu tant de talents, et que Dieu ait permis qu'il ait acquis des connaissances si étendues, pour n'en faire aucun usage? Pour moi, je ne le croirai pas facilement. D'ailleurs, dans

(1) Roussel, *Lamennais*, t. I, p. 93.
(2) Allusion au mot de Notre-Seigneur : *Maria optimam partem elegit, quæ non auferetur ab ea.* (Luc, x, 42.)

ces jours mauvais, peut-on, sans des raisons extrêmement fortes, refuser de combattre *les combats du Seigneur?* Les anciens solitaires ne s'empressaient-ils pas de renoncer aux douceurs du repos, et de quitter le jardin de délices où ils s'étaient retirés, lorsque l'Église, attaquée de toutes parts, les appelait à sa défense? Mourir les armes à la main, sur le champ de bataille, n'est-ce donc pas un sort assez beau, et nous est-il bien permis aujourd'hui d'en chercher, d'en désirer un autre?

« Cependant je sais que tout dépend de savoir quelle est la volonté de Dieu sur nous et que nous ne devons rien négliger pour la connaître : il n'a besoin de personne, il se sert de qui il lui plaît pour exécuter les desseins de sa Providence, et toujours de ce qu'il y a de plus faible pour opérer ce qu'il y a de plus grand : souvent encore il aime à se réserver quelques âmes choisies qu'il attire à lui d'une manière ineffable, et qu'il conduit, par des voies cachées, bien au-dessus du monde et jusque dans ce *cellier* divin (1) où elles s'enivrent des pures délices de l'éternel amour. Il faut donc prendre garde de *contrister l'Esprit-Saint* (2) et de s'opposer à ses mouvements; mais aussi une grande prudence, une extrême réserve sont nécessaires : les imaginations vives s'exaltent si facilement et quelquefois vont si loin!

« Au fond, il me semble qu'une crainte excessive des périls auxquels on est exposé en vivant au milieu des

(1) *Introduxit me rex in cellaria sua.* (Cant. i, 3.)
(2) *Nolite contristare Spiritum sanctum Dei.* (Eph. iv, 30.)

hommes, n'est pas toujours une raison pour les fuir. Si la solitude a ses attraits, n'a-t-elle pas aussi ses dangers, et en se renfermant en soi-même, n'y est-on pas encore environné d'ennemis? Le plus dangereux de tous, l'orgueil, ne nous y poursuivrait-il pas, et si nous sommes condamnés à le trouver partout, il faut bien nous résigner à le combattre sans cesse, et vraiment il ne serait pas raisonnable de renoncer à faire le bien, de peur de tirer vanité du peu de bien qu'on pourrait faire.

« Voilà mon petit avis : je vous le dis dans la sincérité de mon cœur, et afin qu'en répondant à Féli, vous lui parliez dans le même sens : ne lui donnez cependant aucune connaissance de ce que je vous marque, et si, après avoir consulté le bon Dieu, vous croyez que je me trompe, écrivez selon les lumières que vous aurez reçues, et priez l'Esprit-Saint d'éclairer et de conduire un pauvre aveugle qui ne sait pas se conduire lui-même et qui se charge de conduire les autres (1). »

Ce projet de vie religieuse pour Féli n'eut pas de suite. Sa réalisation eût-elle amené d'heureux résultats? Lamennais, en s'assujettissant au joug de la discipline, eût-il persévéré dans la ligne du devoir? C'est le secret de Dieu.

Cette velléité de vie religieuse, vie toute d'obéissance et de sacrifice, étonne tout d'abord chez Lamennais; rien n'était plus antipathique à sa nature indépendante. « Où que je sois à l'avenir, je serai chez moi, ce chez

____

(1) Roussel, *Lamennais*, t. I, p. 26.

moi fut-il un grenier. » D'un autre côté, las du monde
et de la vie, il espérait trouver la paix au fond d'un
monastère. « Ces asiles semblent faits pour moi... je
n'aurai de paix que quand je pourrai dire : *Aufugi fu-*
giens, et mansi in solitudine (1). » Mais quelle âme
fatiguée du monde et désabusée de ses illusions n'a
point aspiré à cette existence solitaire? ou, pour employer les paroles de Lamennais lui-même : « qui n'a
pas, plus d'une fois, tourné ses regards vers le désert
et rêvé le repos en un coin de la forêt, ou dans la grotte
de la montagne, près de la source ignorée où se désal-
tèrent les oiseaux du ciel? » Mais telle n'est pas la
mission de la Compagnie de Jésus vers laquelle le poussaient ses amis. C'est un ordre militant, créé pour
l'action, pour la lutte. Qu'importe que sa tâche soit
rude! c'est à l'amour qu'elle est imposée : *Amor ubi*
est, labor non sentitur.

Jusqu'ici nous avons vu Lamennais subissant l'influence des hommes et des circonstances. Rien chez
lui ne repose sur des fondements solides : sa nature, au
lieu d'être dominée par la raison, se laisse entraîner
par l'impressionnabilité. On doit donc s'attendre à de
nouveaux changements, en rapport avec le milieu dans
lequel il se trouvera jeté. Cette âme inquiète et hale-
tante, qui sans cesse aspire au repos et sans cesse le
repousse, qui aime tour à tour la solitude et l'action,
ne rencontra point dans l'étude la satisfaction qu'elle
espérait.

(1) Ps. LIV, 8 : *Elongavi fugiens*, etc.

« Mon âme, pourquoi es-tu triste? s'écrie-t-il. Est-ce
que le soleil n'est pas beau? est-ce que sa lumière n'est
pas douce, à présent que l'on voit et les feuilles et les
fleurs, avec leurs mille nuances, éclore sous ses rayons,
et la nature entière se ranimer d'une vie nouvelle?
Tout ce qui respire a une voix pour bénir celui qui
prodigue à tous ses largesses. Le petit oiseau chante
ses louanges dans le buisson, l'insecte les bourdonne
dans l'herbe. Mon âme, pourquoi es-tu triste, lorsqu'il
n'est pas une seule créature qui ne se dilate dans la
joie, dans la volupté d'être, qui ne se plonge et ne se
perde dans l'amour?

« Le soleil est beau, sa lumière est douce : le petit
oiseau, l'insecte, la plante, la nature entière a re-
trouvé la vie et s'en imprègne, et s'en abreuve : et je
soupire, parce que cette vie n'est pas venue jusqu'à
moi, parce que le soleil ne s'est pas levé sur la région
des âmes, qu'elle est demeurée obscure et froide.
Lorsque des flots de lumière et des torrents de feu
inondent un autre monde, le mien reste noir et glacé.
L'hiver l'enveloppe de ses frimas, comme d'un suaire
éternel. Laissez pleurer ceux qui n'ont point de printemps. »

Une mélancolie aride et sombre, un noir dégoût de
la vie, résultat inévitable de cette lutte intérieure,
devint le fond du caractère de Lamennais, et la cause
première de tous ses maux. Sa correspondance nous
la montre s'emparant peu à peu de son être et le remplissant tout entier. « Je déteste Paris, je déteste tout,
écrit-il à son frère, le 13 mai 1819. Cette vie est pour

moi un enfer. J'ai manqué l'occasion de vivre selon mon caractère et mon goût; c'est sans retour (1). » .

En vain il essaie de se rattacher à la vie, il ne peut ni étudier, ni composer, ni agir, ni rien faire. Il considère les champs qui se flétrissent, les feuilles qui tombent; il écoute le vent qui siffle, le ruisseau qui murmure; et comme il reste indifférent et froid en présence de toutes ces choses qui n'apportent aucune pensée à son esprit, à son cœur aucun sentiment, il a recours au stoïcisme de la philosophie humaine : « Au milieu de ce vaste océan des âges, quoi de mieux à faire que de se coucher, comme Ulysse, au fond de sa petite nacelle, la laissant errer au gré des flots, et attendant en paix le moment où ils se refermeront sur elle pour jamais! » Il se trompe : impossible de supporter patiemment les amertumes du présent sans l'espérance certaine d'un bonheur futur. Qu'il dise à la douleur : Tu n'es qu'un nom; à la souffrance : Tu ne fais pas de mal: il n'échappera point aux terreurs de l'avenir!

De quelque côté qu'il tourne les yeux, il n'aperçoit qu'un sombre horizon, de noires et pesantes nuées qui s'en détachent et menacent de tout dévaster. Il tombe dans un état d'affaissement incompréhensible : rien ne le remue, rien ne l'intéresse, tout le dégoûte. S'il est assis, il lui faut faire un effort presque inouï pour se lever. La pensée le fatigue. Il ne sait sur quoi porter un reste de sensibilité qui s'éteint. Des désirs, il n'en a plus. « Dis-moi sincèrement, écrit-il à son frère, ce

(1) Blaize, t. I, p. 282.

que tu penses de moi... je ne me connais plus... j'ai usé la vie; c'est de tous les états le plus pénible, et de toutes les maladies la plus douloureuse comme la plus irrémédiable. »

Ses amis essaient de le consoler : « Il faut que je vous parle à cœur ouvert, lui écrit M. Vielle. Je crains que vous vous livriez trop à une certaine mélancolie qui vous dévore. » — « Pourquoi, mon Féli, cette mélancolie? » ajoute M. Carron. Tesseyre, Bruté et Jean l'exhortent à ne pas chercher sur la terre le vrai bonheur : *Fecisti nos ad te, Domine, et inquietum est cor nostrum donec requiescat in te.* Ce langage le touche, mais sans l'ébranler. Il conçoit à la rigueur qu'on puisse se mettre par la foi au-dessus des douleurs du corps, que l'habitude d'ailleurs contribue à rendre supportables; « mais les douleurs de l'âme! mais les secrètes angoisses d'un cœur malade, où les sentiments les plus doux s'aigrissent, et qui n'a de force que pour se tourmenter lui-même! » Voilà ce qui ne lui laisse espérer d'autre tranquillité que la paix éternelle de la tombe.

Cette mélancolie que nous venons de constater à l'état habituel chez Lamennais, cette lutte intérieure que nous avons suivie dans toutes ses péripéties, redouble d'intensité dans les premiers mois de l'année 1816, à l'approche de l'ordination sacerdotale. « Votre excellent frère, écrit M. Tesseyre à l'abbé Jean, est venu hier m'apprendre la nouvelle inattendue de son départ précipité. Je me hâte de vous écrire quelques mots à son sujet. Il m'a semblé qu'il avait fait de grands progrès depuis l'année dernière, sous la direction du saint Ananie (l'abbé Carron), que le Seigneur lui a donné. Il marche d'un pas ferme dans le chemin de la croix, à travers les ténèbres de la pure foi, vivant d'obéissance, sans goût et sans consolation. Il a reçu le sous-diaconat en victime, et il a tout le mérite de l'amour, sans en avoir les douceurs. C'est ainsi qu'il va recevoir le diaconat et le sacerdoce, comme un petit enfant qui se laisse conduire, en sacrifiant toutes les répugnances de la nature, et tous les raisonnements les plus spécieux de son imagination (1). »

Cédant, en effet, aux pressantes instances de ses amis, Lamennais reçut le diaconat à Saint-Brieuc, dans la première semaine de carême, puis il se rendit à Vannes pour y être ordonné prêtre. Féli se prépara à l'ordination comme une victime au sacrifice. Croyant que ce dernier parti terminerait toutes ses incertitudes, il se laissa étendre sur la croix et y resta quelque temps attaché comme mort (2). « Vous savez que je ne suis pas crédule, dit-il un jour à M. l'abbé de Salinis dans un moment d'épreuve, mais je puis vous assurer que ce qui m'arrive ne me surprend pas. Le jour où je célébrai ma première messe, j'entendis très distinctement une voix intérieure qui me disait : *Je t'appelle à porter ma croix, rien que ma croix; ne l'oublie pas* (3). »

(1) Roussel, *Lamennais*, t. I, p. 92.
(2) Lamennais fut ordonné prêtre le 9 mars 1816; il était alors âgé de trente-quatre ans et huit mois.
(3) *Vie de Monseigneur de Salinis,* par M. l'abbé de Ladoue, p. 95.

Après l'ordination, l'abbé Jean écrivit à M. Bruté :
« Il lui en a singulièrement coûté pour prendre sa dernière résolution, M. Carron d'un côté, moi de l'autre, nous l'avons entraîné ; mais sa pauvre âme est encore ébranlée de ce coup. » Fatale erreur d'amis imprudents ! C'est à M. Carron surtout que revient en grande partie la responsabilité de cette intrusion dans le sanctuaire. Ses vertus et son expérience inspiraient pleine confiance à Féli et à son frère. « Reposez-vous sur mon cœur et bien spécialement sur ma conscience, du sort de ce bien-aimé Féli, avait-il écrit à M. Bruté ; il ne m'échappera pas ; l'Église aura ce qui lui appartient. »

Quand on songe à ce que devint cette vocation forcée, on ne peut se défendre de l'émotion la plus douloureuse. Si Lamennais fût resté dans l'état laïque, il eût évité, nous en sommes persuadé, le plus grand nombre de ces tracasseries auxquelles sa qualité de prêtre l'exposait davantage, tout en lui ôtant les moyens de s'y dérober avec succès. Les amis de l'infortuné crurent bien faire en le pressant de contracter des engagements définitifs ; il croyait bien faire lui aussi en se rendant à leurs désirs, après la résistance la plus désespérée. Lamennais restera l'une des plus lamentables victimes des meilleures intentions du monde. Mais enfin, il avait trente-trois ans, lorsqu'il reçut le sous-diaconat, il en avait trente-quatre lorsqu'il fut ordonné prêtre ; à cet âge on sait ce que l'on fait, et l'on est responsable des décisions que l'on prend (1).

(1) Roussel, *Lamennais*, t. I, p. 84-96, 109-114. — « **En se fai-**

Après un court séjour à la Chesnaie, Féli vint se
fixer à Paris, dans l'impasse des Feuillantines, au fau-
bourg Saint-Jacques, auprès de M. Carron et des saintes
filles dont il était entouré (1). Tesseyre, à raison de
ses rapports fréquents avec Lamennais, ne tarda pas
à s'apercevoir d'une extraordinaire agitation chez son
ami. « Il est, écrivait-il à l'abbé Jean, dans un état
violent d'épreuve, de tentations de tout genre; il est,
comme le prophète, suspendu par un cheveu sur l'a-
bîme profond du désespoir. Mais j'ai une vive confiance
que l'amour de Notre-Seigneur le soutiendra toujours
et ne l'abandonnera jamais. Il pousse l'obéissance
jusqu'à célébrer presque tous les jours, malgré l'horreur qu'il semble avoir du sacerdoce; et nous mettons
tout en œuvre pour occuper et distraire son imagination qui est *folle* jusqu'à la *fureur*. Priez pour lui, mais
soyez tranquille : *Infirmitas hæc non est ad mortem,
sed pro gloria Dei* (2). » (Joan., XI, 4.)

sant prêtre, observe M. Caro, Lamennais céda à un entraînement
fatal d'imagination et à la complicité funeste d'influences, de conseils et de prières dont la source était haute et pure, mais qui je-
tèrent sa vie dans une voie fausse où il s'engagea avec une fougue
excessive et d'où il se retira avec une égale violence. C'est là l'explication vraie de ce mystère psychologique qui a étonné ses contemporains. » (*Nouvelles Études morales sur le temps présent*,
p. 212.)

(1) Mlles Cornulier de Lucinière, de Villiers et de Tréméreuc
étaient à la tête d'un petit pensionnat, dont M. Carron remplissait
l'office d'aumônier. L'abbé Féli, raconte une des anciennes élèves,
ne se sentant pas orateur, n'accepta jamais, quelque instance qu'on
lui fît, de prêcher à la place de M. Carron.

(2) Roussel, *Lamennais*, t. I, p. 100.

Cependant, tout en adorant les desseins de miséricorde du Seigneur, Tesseyre s'étonne que Féli ne goûte aucune joie, n'éprouve aucune douceur, ne ressente pas même la gloire du sacerdoce. « Qu'avez-vous donc fait, lui demande-t-il, pour que le Père céleste daigne vous traiter ainsi? » Désireux de savoir ce que le bon Maître lui a dit au cœur, en daignant s'incarner pour la première fois entre ses mains sacerdotales, il invite son ami à épancher son cœur dans le sien; mais, au lieu de mystères et de miracles d'amour, il n'entend que l'écho de ces paroles qui avaient d'abord retenti comme un coup de foudre dans l'âme sensible du pieux abbé Jean : « Quoique M. Carron m'ait plusieurs fois recommandé de me taire sur mes sentiments, je crois pouvoir et devoir m'expliquer une fois pour toutes. Je suis et ne puis qu'être désormais extraordinairement malheureux (1). »

En vain essaierait-on de prouver qu'il n'en est rien, ou qu'il dépend de lui qu'il en soit autrement. On ne réussira jamais à le persuader contre l'évidence. Il ne lui reste plus d'autre consolation que ce conseil banal de faire de nécessité vertu. L'expérience a tellement rétréci sa confiance, qu'il est bien résolu de ne jamais demander de conseils à personne et de ne jamais procurer l'embarras d'en donner. Il n'aspire qu'à l'oubli dans tous les sens, et il ne peut s'oublier soi-même. Il revient sur ce qu'il a déjà dit et insiste pour qu'on ne s'occupe de lui en aucune façon : « Je ne tracasse per-

______

(1) *Œuvres inédites*, t. I, p. 259.

sonne ; qu'on me laisse en repos de mon côté ; ce n'est
pas trop exiger, je pense. » Il ne saurait, à trente-
quatre ans, être la dupe des illusions dont on essaierait de le bercer encore. Il ne fait de reproches à personne, si ce n'est à soi-même, d'avoir été trop faible
et trop confiant ; mais, ajoute-t-il : « *il y a des destinées
inévitables...* Tout ce qui me reste à faire est de m'ar-
ranger de mon mieux, et, s'il se peut, *de m'endormir
au pied du poteau où l'on a rivé ma chaîne* (1) ; heureux
si je puis obtenir qu'on ne vienne point, sous mille
prétextes fatigants, troubler mon sommeil. »

Comme on lui avait fait entendre que sa dernière
lettre était un peu trop vive, il avoue qu'il aurait pu
mettre plus de mesure dans l'expression, mais le fond
n'est que trop vrai, l'on ne peut guère s'abuser sur ce
qu'on sent. « Quoi qu'il en soit, le mieux est d'éviter
de part et d'autre de traiter à l'avenir un pareil sujet.
Tout ce qui me le rappelle de près ou de loin me
cause une émotion que je ne suis pas le maître de modérer. » Lamennais tint parole : *il fit de nécessité vertu.*
Parfois, une pointe d'humeur se fait encore sentir. Il
répond à son frère, qui lui demandait conseil, qu'il
n'a aucun avis à lui donner ; s'il a trop appris que chacun doit se décider pour soi, il ne l'en sait que mieux.
Toutefois, il fit tout son possible pour se rendre digne
du sacerdoce. Délaissé en apparence de Dieu et des

______

(1) « **Nous lui préparons des** *chaines d'amour*, avait écrit l'abbé
Tesseyre, mais si belles, si légères, si glorieuses, qu'elles seules
lui feront goûter la liberté, la paix et la joie des enfants de Dieu
et des ministres du Seigneur. » (Roussel, *Lamennais,* t. I, p. 89.)

hommes, il se plaint comme Jésus dans son agonie : *Sitio... Deus meus, ut quid dereliquisti me* (1)? Il chante, même au milieu de ses angoisses, le cantique du saint abandon : *In manus tuas (Domine), commendo spiritum meum* (2).

Arrêtons-nous quelques instants à contempler ce Lamennais tendre et innocent, si différent de ce que nous l'avons vu jusqu'ici et de ce qu'il deviendra plus tard. Rarement, en effet, Lamennais a envisagé le christianisme par le côté intime, celui par où l'on peut pénétrer les âmes, pour les éclairer, les consoler, les émouvoir et les entraîner dans la voie du salut ; il s'est toujours attaché de préférence au côté social de la religion chrétienne, et c'est par là qu'il a pris place parmi les grands publicistes catholiques.

Le voici qui console des âmes affligées. A M. de Vitrolles qui avait perdu sa fille, il écrit une lettre pleine de douloureuse sympathie, à laquelle nous empruntons ces touchantes paroles : « Il n'y a qu'un voile entre elle et vous, que cette certitude vous console ! Nous nous en allons vers notre vraie patrie, vers la maison de notre père ; mais, à l'entrée, il y a un passage où deux ne sauraient marcher de front, et où l'on cesse un moment de se voir : c'est là tout. »

La mort a laissé un vide dans la petite communauté des Feuillantines. Lamennais s'associe à la tristesse de ses amies ; puis, après les premiers épanchements de

---

(1) Joan., XIX, 28 ; Matth., XXVII, 46.
(2) Ps. XXX, 6.

la nature, la foi lui montre dans cette séparation douloureuse l'accomplissement de la volonté divine, et il adore les desseins de la Providence. Le regard fixé sur le ciel, il aspire après l'heureux moment où il lui sera donné d'entrer dans la patrie.

« Que votre lettre, ma bonne amie, me peine profondément! Je voudrais être près de vous, je le voudrais pour tout au monde; il me semble que j'ai des droits à toutes vos douleurs, et que personne ne peut les partager comme moi. Je suis tourmenté de votre position, je ne puis penser à autre chose. Que de larmes, que d'inquiétudes, que de tristes soins! Et je ne suis pas là pour vous soutenir, vous aider, vous consoler, en pleurant avec vous, en épanchant dans votre cœur à toutes mon pauvre cœur qui vous est si tendrement dévoué. Dieu ne l'a pas voulu, afin sans doute d'être lui seul votre appui dans cette douloureuse circonstance. Jetez-vous donc dans son sein, et ne vous laissez point abattre. Tout passe autour de nous, nous passerons aussi. Adorons les volontés de la divine Providence et fixons constamment nos regards sur notre véritable patrie, sur ce beau ciel où il n'y a plus ni pleurs, ni séparation, ni regrets, et où nous attendent nos amis qui nous ont précédés. »

On sent que celui qui écrit ainsi est las de ce qui passe : la terre lui pèse; il a besoin de regarder en haut vers le seul bien parfait et à jamais immuable. Voir Dieu et jouir de l'éternel repos, tel est son désir : « Oh! si j'ai le bonheur de voir Dieu, je le prierai ardemment pour les chères compagnes de mon exil. »

Lamennais croyait à la loi de la souffrance imposée à l'homme en expiation de la chute originelle. « Sans elle, » écrivait-il à une dame chrétienne, qui conserva pour lui jusqu'à sa mort l'affection la plus respectueuse, « il n'y a rien de beau, de grand, ni même de véritablement doux. Le bonheur n'attache point les hommes les uns aux autres; il faut qu'ils aient souffert ensemble, pour s'aimer autant qu'ils en sont capables. Dans les arts, dans les lettres, dans le monde, toujours et partout, la joie est stérile; c'est la douleur qui enfante tout ce que les hommes admirent, et la vertu, qui est la beauté par excellence, « se perfectione dans la souf « france », dit saint Paul. »

Lui qui est né triste, il ne veut pas que les autres pleurent, car il sait que les larmes sont amères à l'âme. « Votre douleur est naturelle, écrit-il pour la consoler à l'une de ses correspondantes qui avait perdu sa fille; elle est juste, mais elle n'est pas résignée. Rappelez la foi dans votre cœur; ne vous affligez pas comme les païens, qui n'ont point d'espérance... Priez, et votre âme se consolera. Dieu ne demande qu'à vous consoler. Lui direz-vous : je ne veux pas! »

Une autre fois, il plaisante agréablement sur le haut degré de perfection auquel était parvenue Mlle de Lucinière, *tout juste entre le quatrième et le cinquième château*. « Courage, ma très chère sœur, vous êtes dans la voie; mais ne restez pas en plein air, dans cette saison surtout (la lettre est datée de 10 novembre). Si vous n'arrivez pas promptement au cinquième château, ce ne serait pas la peine d'être sortie de l'autre (1). »

Qu'il y a loin, observe avec raison M. Sainte-Beuve, de ce Lamennais des premiers temps, gai, enfant, tout occupé du petit troupeau spirituel qui se rangeait autour de l'abbé Carron! « Qu'il y a loin de là au Lamennais qu'on a vu siéger silencieux et le front plissé à la Montagne! » Toutefois, jusque dans ce Lamennais qui bénit les voies inconnues de la Providence, on peut reconnaître un caractère excessif qui se croyait déjà une mission d'en haut, une vocation sublime à laquelle il était tenu d'obéir. Il aspire à un peu de repos, et il ne sait où le trouver, car il a « des liens de Providence » qu'il ne peut rompre. « Les circonstances sont graves; l'Église est en péril, et je ne puis quitter, le jour du combat. »

Lamennais se croyait nécessaire à l'exécution des

(1) M. Forgues a le bon esprit de convenir qu'il n'est pas assez versé dans la langue mystique pour rendre un compte exact de l'allusion faite par Lamennais à ce degré de perfection religieuse. On le conçoit aisément; mais il n'est pas aussi facile de comprendre comment, après un tel aveu, M. Forgues n'a que des paroles outrageantes pour déprécier ce qu'il ne connaît pas. Nous les citons dans toute leur crudité: « Au surplus, les enthousiasmes se ressemblent dans leur mystérieuse symbolique, et la carte du pays de Tendre, les stations du pèlerinage de John Bunyan, les châteaux du P. Le Tourneur ont, dans des ordres d'idées à coup sûr bien divers, une analogie difficile à méconnaître. » Non, personne n'associera dans un même dédain les symboliques châteaux de *sainte Térèse*, la carte du pays de Tendre et les stations du pèlerinage de John Bunyan, sans qu'une voix indignée de cette profanation ne s'élève pour protester contre une ignorance qui se permet d'injurier ce que l'Église approuve et autorise.

desseins de la Providence. N'avait-il pas exposé les principes d'après lesquels on pouvait répondre d'une manière décisive aux incrédules de notre temps, et trouvé le *seul* moyen de défendre solidement la religion (1)? Les vues de Dieu, il en est bien persuadé, ne peuvent être que conformes aux siennes; les difficultés semées sur sa route ne sont, à ses yeux, que des obstacles au plan providentiel. Aussi, lorsque les événements ne marcheront pas comme il l'avait prévu, le dépit succédera à la résignation; et, ne pouvant s'en prendre à Dieu du gouvernement du monde, il déversera toute son indignation sur les hommes chargés des affaires de l'État ou de l'Église. Oh! qu'il avait bien raison, lorsqu'il écrivait à M. de Bonald : « Je suis absolument seul, et l'imagination s'échauffe quelquefois un peu trop dans la solitude. » Nous n'aurons malheureusement que trop d'occasions de le constater dans la suite de sa vie.

(1) Lamennais travaillait alors au grand ouvrage qui devait faire sa réputation.

CHAPITRE IV

1816 - 1820.

Le sort en est jeté! Lamennais, prêtre contre ses inclinations et ses goûts, s'avance dans sa nouvelle carrière un bandeau sur les yeux, conduit par MM. Carron, l'abbé Jean, Tesseyre et Bruté. En vain s'efforce-t-il de rester « endormi au pied du poteau où l'on a rivé sa chaîne », ses amis l'excitent au combat, le dirigent par leurs avis, le soutiennent de leurs applaudissements. Lamennais se laisse faire; il se relève, secoue sa chaîne et sa torpeur, et se prépare à la lutte contre les ennemis de la religion.

Des lettres écrites à de bonnes et pieuses demoiselles nous l'ont représenté dans les premiers jours de son sacerdoce, tout occupé de spiritualité, mais inquiet et se croyant appelé d'en haut à une mission sublime. Il faut qu'il obéisse; car « qui a résisté à Dieu et a eu la paix? » Les justes éloges prodigués au premier volume de l'*Essai sur l'indifférence* exalteront son ardente nature, et avec la publication du second volume la lutte commencera, lutte terrible dans laquelle ce *soldat de colère*, ce *maniaque de génie*, cet *homme d'une candeur effrayante*, ce *prophète de malheur*, se transformant une seconde fois tout entier, renversera ce qu'il avait édifié pour réédifier ce qu'il avait renversé (1).

« J'ai besoin de quelqu'un qui me dirige, avait-il écrit à son frère en 1814, qui me soutienne, qui me relève, de quelqu'un qui me connaisse et à qui je puisse dire absolument tout. A cela peut-être est attaché mon salut (2). » Ces paroles sont toute une révélation de l'intérieur de Lamennais, en même temps qu'une explication de ses variations et de sa chute. Lors donc que nous le verrons ébranlé par les attaques dirigées contre lui et que nous l'entendrons se plaindre de sa solitude, n'y aura-t-il pas tout lieu de craindre que le découragement ne s'empare de sa mobile et impressionnable nature, et que l'athlète ne tombe sur l'arène privé de forces? Ses amis ne seront plus là pour le soutenir de leurs conseils : Carron, dans sa maturité, Tesseyre, dans sa fleur, auront disparu moissonnés par la mort; l'abbé Jean et Bruté ne vivront plus que pour Jésus-Christ, dans les travaux de l'apos-

---

(1) « Dieu l'a fait soldat! » disait l'abbé Jean, son frère. — M. Sainte-Beuve l'appelle tantôt « une âme de colère, » tantôt « un maniaque de génie. » — « Cet homme d'une candeur effrayante » résume l'appréciation de Frayssinous. — « Aucun prophète, a dit Royer-Collard, n'a maudit avec autant de véhémence. »

(2) Blaize, t. I, p. 136.

tolat (1); et Lamennais, trompé dans ses espérances, refusera le secours de toute main charitable qui essaiera de le relever, de le soutenir.

Ouvrons la correspondance qui nous a déjà montré la triple formation de l'intelligence, du cœur et du caractère de Lamennais; elle va nous faire pénétrer plus avant dans cette intelligence supérieure, dans ce cœur agité, dans ce caractère fébrile, et assister, en quelque sorte, à tous les flux et reflux de souffrances et de combats qui ont usé l'âme et le corps tout ensemble.

On éprouve, à chaque page, comme un pressentiment des malheurs qui attendaient Lamennais dans l'avenir. Cet homme, que Dieu avait marqué du sceau du génie, voudrait les ailes de la colombe pour s'envoler dans la solitude et se reposer à l'ombre des bois : « *Felices nemorum*, oh! oui, *felices nemorum, terque quaterque felices* (sic) (2). Mais Dieu le veut. » Il se résigne, et il écarte cette idée pour quelque temps; il s'afflige de sa profonde nullité, qui lui ôte tout moyen

(1) L'abbé Jean avait fondé en Bretagne deux congrégations religieuses pour l'éducation de la jeunesse. Elles continuent de prospérer sous les noms de Frères de l'Instruction chrétienne et de Sœurs de la Providence. — Gabriel Bruté mourut en 1839, évêque de Vincennes aux États-Unis.

(2) A la manière dont Lamennais cite les poëtes, on voit qu'il se souciait assez peu de la prosodie. Du reste, s'il lisait le latin, il était incapable d'écrire dans cette langue; ce qu'il attribuait à l'étude solitaire qu'il en avait faite. « Il ne s'était formé, dit Sainte-Beuve, à aucun de ces excercices qui, ne fussent-ils bons à autre chose, disposent du moins à apprécier, à goûter avec justesse la belle fleur de l'antiquité. » (*Nouveaux Lundis*, t. XI, p. 307.)

d'être jamais utile à l'œuvre de Dieu; il se figure un état et des occupations auxquels il serait plus propre.

Les relations des missionnaires lui inspirent le désir de partager leurs travaux ; mais bientôt, faisant réflexion que l'orgueil humilié et dépité a plus de part peut-être dans ses désirs inquiets que le véritable zèle : « Quelle misère! s'écrie-t-il. Pourquoi s'obstiner à vouloir rendre à Dieu des services qu'il ne veut recevoir de nous?... Oh! qu'il fait bon n'être rien! la belle, la sainte vocation! Mais qu'il est difficile d'y être fidèle! Puisse le bon Dieu me donner la force d'avancer dans cette voie, où j'ai si longtemps refusé d'entrer! » Puis il se tourmente de n'être rien, de n'être bon à rien; il répète qu'il a peu de talent, et pourtant en se frappant la tête, il sent « qu'il y a là quelque chose qui ne demande qu'à sortir. » Il voudrait se retirer à la Chesnaie, qu'il appelle son paradis terrestre.

O rus, quando ego te aspiciam? quando licebit (sic)
Nunc veterum libris, nunc somno et inertibus horis
Ducere sollicitæ jucunda oblivia vitæ?
O noctes, cœnæque Deum!

« Hélas! mon ambition n'était pas excessive.

Hoc erat in votis : modus agri non ita magnus,
Hortus ubi, et tecto vicinus jugis aquæ fons,
Et paulum sylvæ super his foret.

« Enfin il y faut renoncer comme à tout le reste. Après ce que j'ai perdu, à quoi pourrais-je tenir encore? »

Carron et Tesseyre, un glaive flamboyant à la main, lui en défendent les approches; par de fortes raisons ils lui font entendre qu'il est moins inutile à Paris qu'ailleurs, et Lamennais cède à leurs pressantes sollicitations. Il désire cependant un Virgile, dont la voix triste et douce pénètre jusqu'au cœur, afin de s'entretenir avec lui des jours passés, de cet heureux temps qui ne saurait revenir : « Il aimait les champs, je dois l'aimer. » Mais ce retour vers les charmantes rêveries et les tendres illusions du jeune âge, ces jeux de l'imagination et cette délectable joie des pleurs chantée par Homère, allaient s'évanouir pour lui, comme pour toute vie humaine, devant les réalités douloureuses, les soucis, les regrets, les dégoûts, les larmes amères et l'ennui.

Optima quæque dies miseris mortalibus ævi
Prima fugit.

Pressé d'écrire sur les affaires religieuses du temps, Lamennais renonce aux charmes qu'il espérait goûter dans la solitude, en répétant avec un sentiment profond ce mot d'un ancien : *Utinam nescirem litteras!* Tous ses malheurs, disait-il, venaient de ce que ses parents, bien contre son gré, l'avaient forcé d'apprendre à écrire.

Quelle sera la matière de ses travaux? Ici, comme toujours, il hésite avant de se décider. M. Carron aurait désiré qu'il fondât un bon journal religieux; Lamennais recule devant les nombreuses difficultés de l'entreprise : une parfaite unité d'esprit, un très grand soin de rédaction, les dangers de l'amour-propre. Et puis un bon article demande du temps et de la fatigue; il ne s'écrit point avec facilité comme une lettre, et l'on ne saurait habituer les idées à se présenter à heure fixe. Il aurait préféré s'appliquer « à un ouvrage de quelque étendue », ou bien « aux œuvres d'une charité active ». Il prit un moyen terme. Comme il ne pouvait vivre sans la ressource prompte et successive du journal, il consentit à écrire quelques articles et à faire paraître des brochures.

Ces brochures que nous aurons bientôt occasion de citer révélèrent chez leur auteur un polémiste de premier ordre. Quant à la presse, Lamennais employa son talent à faire campagne pour la royauté au service de l'Église. Il prit d'abord place dans la rédaction du *Conservateur* (1), où il traita, avec une grande vigueur de logique et un style plein de nerf et d'éclat, les questions qui se rattachaient à la religion ; puis dans celle du *Drapeau blanc* (2), où, lâchant la bride à sa fougue habituelle, il ne ménageait rien, ni les idées ni les personnes. « Les amateurs, dit M. Spuller, peuvent relire ses pamphlets sur l'Université (1814) (3) et la guerre

(1) Le *Conservateur* avait été fondé en 1817 par MM. de Villèle, Corbière et de Chateaubriand, dans le but de combattre le ministère Decazes, et de préparer l'avènement d'un ministère royaliste.

(2) Le *Drapeau blanc*, fondé en 1819 par le célèbre Martainville, comptait parmi ses rédacteurs MM. de Bonald, Genoude, de Saint-Victor, O'Mahony.

(3) « Étudier le génie de Bonaparte dans les institutions qu'il forma, disait-il, c'est sonder les noires profondeurs du crime et chercher la mesure de l'humaine perversité. » Or « de toutes les conceptions de Bonaparte, la plus effrayante pour l'homme qui réfléchit, la plus profondément antisociale, en un mot la plus digne de lui », c'est l'Université, « instrument exécrable d'une politique qui avait l'ignorance et la servilité du peuple pour but, en cor-

d'Espagne (1823) : avec les articles de Chateaubriand , dans le *Journal des Débats*, après sa rupture avec le ministre; avec la polémique d'Armand Carrel contre la royauté de juillet; avec la campagne de P.-J. Proudhon de 1848 à 1850 et une centaine de pages de Louis Veuillot, c'est tout ce qu'il y a de plus puissant comme pensée et comme style dans la presse française. » A la disparition du *Drapeau blanc*, Lamennais devint le collaborateur des abbés Gerbet et de Salinis au *Mémorial catholique*, qui ne cessa de paraître qu'après les journées de juillet, en 1830 (1).

En dehors de sa collaboration très active à la presse quotidienne, il se mit à chercher un sujet d'ouvrage qui pût rester; ce qui lui semblait « à tous égards bien préférable à ces tristes feuilles pour lesquelles il n'y a point de lendemain ». Bien que fort attaché aux idées anciennes, Lamennais était novateur par tempérament; il lui sembla donc qu'il y avait quelque chose de nouveau à tenter dans le champ de l'apologétique chrétienne.

« Pour ne vous rien dissimuler, avait écrit Bossuet à un disciple de Malebranche, je vois un grand combat

rompant ses mœurs, en ne lui laissant que l'esprit et le goût de la vie de caserne, en brisant tout esprit de famille, tout sentiment d'honneur et de vertu dans les âmes des enfants livrées à l'enseignement public de la débauche et de l'athéisme. »

(1) Les abbés Gerbet et de Salinis, promus ensemble au sacerdoce en 1822, s'étaient vus nommer l'un et l'autre aumôniers du collège royal Henri IV. Ils s'étaient liés avec Lamennais, par l'intermédiaire de l'abbé Tesseyre, lorsqu'ils étaient encore au séminaire de Saint-Sulpice.

se préparer contre l'Église, sous le nom de philosophie cartésienne ». La propagation de la philosophie
cartésienne eut, en effet, un double résultat : elle fournit des armes aux ennemis, et elle affaiblit la résistance des amis. N'est-ce pas surtout à la prédominance
de cette philosophie, basée sur le doute, qu'il faut
attribuer la faiblesse, malheureusement trop réelle, de
l'apologétique au dix-huitième siècle? Lorsque, au
commencement de ce siècle, les défenseurs du christianisme se replacèrent courageusement sur le terrain
traditionnel, ils retrouvèrent des accents dignes des
apologistes des premiers siècles.

« Trois hommes diversement illustres, observe
M. Spuller, étaient alors en possession de défendre la
religion : M. de Bonald, esprit élevé et puissant, mais
trop métaphysicien; M. de Maistre, écrivain original,
vigoureux et d'une éloquence saisissante,... mais qui
n'avait pas encore publié son grand livre *du Pape;* et
enfin M. de Chateaubriand dont le *Génie du Christianisme,* coïncidant avec le Concordat et le rétablissement du catholicisme en France, avait été pour les
âmes pieuses, après la tempête révolutionnaire,
un cordial si réconfortant et si généreux qu'il en était
sorti comme une véritable renaissance religieuse (1). »
Lamennais songea à donner aux chrétiens de son
temps un autre livre qui serait pour l'intelligence et la
raison ce que le *Génie du christianisme* avait été pour
le cœur et l'imagination.

(1) *Lamennais*, p. 92.

Il était bien décidé à rompre avec l'étroite méthode d'apologétique de dix-huitième siècle pour rentrer dans le grand courant catholique ; malheureusement l'esprit de système allait compromettre l'effet de cette salutaire réaction. Au lieu de rétablir purement et simplement les droits méconnus de l'autorité de l'Église, il voudra substituer à cette autorité divine l'autorité du genre humain.

Plusieurs projets se présentèrent à l'esprit de Lamennais. Dès 1814, il écrivait à son frère : « Je voudrais faire mon *Esprit du christianisme* qui, en d'autres mains, serait un bien bel ouvrage... Mon travail n'empêcherait pas que tu ne commençasses à préparer les matériaux de l'histoire ecclésiastique dont j'ai le plan dans la tête (1).

---

(1) Lamennais ne croyait pas que l'ouvrage entier dût renfermer plus de vingt à vingt-cinq volumes in-8° de cinq cents à six cents pages ; ce qui, d'après ses suppositions, demanderait à peu près vingt années pour rassembler les matériaux, parfaire la rédaction et revoir chaque volume à plusieurs reprises. Considérant qu'il n'y a point de vie humaine qui pût suffire à un pareil travail, si l'on traitait chaque partie avec la même étendue qu'une histoire particulière, il voulait 1° supprimer tout à fait les faits isolés et insignifiants ; 2° abréger les analyses des Épîtres, les Actes des martyrs, les extraits des Pères, l'exposition et la réfutation des hérésies dont l'influence a été ou nulle ou peu considérable ; 3° montrer la protection visible de Dieu sur son Église, preuve magnifique de la divinité de la religion, les développements du gouvernement de l'Église, variable dans sa forme, quoique toujours le même au fond, en donnant raison des changements subis par la discipline aux diverses époques ; l'influence du christianisme sur la société. Le style se serait élevé naturellement avec le sujet, car un bel ordre d'idées fortifie le talent : *Res verba rapiunt*. Les ré-

Ces deux ouvrages n'existaient qu'à l'état de projet;
mais, pour un homme d'énergie, vouloir c'est réaliser.
Il travailla donc avec ardeur à son *Esprit du Christianisme*. Si la vie active au milieu de laquelle il se trouva
lancé ne lui permit pas d'entreprendre l'*Histoire de
l'Église*, un de ses disciples écrivit, sous l'inspiration
du maître, ces pages si remplies de dévouement au
Saint-Siège, qui ont puissamment contribué à la chute
des derniers débris du gallicanisme, et resserré tous
les catholiques de France dans une même soumission,
un même respect, un même amour envers la sainte
Église romaine.

Le Sulpicien Tesseyre exerça une très grande influence sur les travaux de Lamennais à cette époque;
Féli n'agit en quelque sorte que sous son impulsion.
M. l'abbé Paguelle de Follenoy va même jusqu'à pré-
tendre, mais à tort, que ce fut Tesseyre qui donna à
Lamennais l'idée et le plan de l'*Esprit du Christianisme*. « J'en ai causé avec Tesseyre, qui m'a paru
très content du plan. — Tesseyre est aussi de cet avis
(de continuer à donner quelques articles au *Mémorial*),
tout en m'engageant à travailler à l'*Esprit du Christianisme*, qu'il juge beaucoup plus important. » Ce fameux *Esprit du Christianisme*, que Lamennais avait

flexions, pour ne pas entraver la marche de la narration, auraient
été rejetées dans des discours placés à la fin de chaque siècle, mais
reliés entre eux de manière à former un tout. Mieux encore : un
seul discours, à la fin de l'histoire entière, aurait résumé sous des
points de vue généraux l'impression qui devait résulter de l'ensemble du tableau des siècles.

tant à cœur, fut abandonné en 1818, lorsque parut l'ouvrage de M. de Bonald, intitulé : *Accord des dogmes du Christianisme avec la raison, de ses préceptes avec la morale et de ses conseils avec la politique.* Mais bientôt l'*Essai sur l'indifférence* excitera l'attention universelle (1).

« Cent quatorze ans, écrit Lacordaire, avaient passé sur la tombe de Bossuet, cent trois ans sur celle de Fénelon, soixante-seize sur celle de Massillon, le seul des hommes célèbres que Louis XIV eût oublié derrière lui, lorsqu'il jeta sur son règne ce regard dont a parlé M. de Chateaubriand, pour s'assurer qu'il emportait le reste des « splendeurs de la monarchie ». Massillon fut laissé au siècle incrédule qui allait s'ouvrir comme un reproche doux et ingénieux, afin qu'il fût dit un jour que les derniers sons éloquents de l'ancienne Église de France étaient sortis d'une bouche qui avait annoncé la parole de Dieu à Louis XIV. Après que la mort eut fait taire cette bouche harmonieuse, l'Église de France eut encore des hommes distingués, des savants, des controversistes, des prédicateurs ; elle n'eut plus de ces noms qui vont loin dans la postérité. Au moment même de sa ruine, l'abbé Maury manqua d'une gloire élevée, parce qu'il n'avait qu'infiniment d'esprit, et que la gloire vient du cœur comme les grandes pensées.

(1) Quel rapport existe-t-il entre l'*Esprit du christianisme* et l'*Essai sur l'indifférence?* La correspondance ne l'indique pas clairement. Peut-être Lamennais n'a-t-il changé que le titre de l'ouvrage, sans toucher au fond et à la composition.

« Il y avait donc soixante-seize ans qu'aucun prêtre catholique n'avait obtenu en France le renom d'écrivain et d'homme supérieur, lorsque apparut M. de Lamennais, avec d'autant plus d'à propos que le dix-huitième siècle avait tout récemment repris les armes. Son livre, destiné à le combattre, était une résurrection admirable des raisonnements antiques et éternels qui prouvent aux hommes la nécessité de la foi, raisonnements rendus nouveaux par leur application à des erreurs plus vastes qu'elles n'avaient été dans les siècles antérieurs. Sauf quelques phrases où le luxe de l'imagination annonçait une sorte de jeunesse qui rehaussait encore la profondeur de l'ouvrage, tout était simple, vrai, énergique, entraînant; c'était de la vieille éloquence chrétienne, un peu dure quelquefois. Mais l'erreur avait fait tant de mal, elle se reproduisait de nouveau avec tant d'insolence, malgré ses crimes et sa nullité, qu'on prenait plaisir à la voir châtiée par une logique de fer. L'enthousiasme et la reconnaissance n'eurent plus de bornes; il y avait si longtemps que la vérité attendait un vengeur! En un seul jour, Lamennais se trouva investi de la puissance de Bossuet (1). »

Nous trouvons trace de l'*Essai sur l'indifférence*, pour la première fois, dans une lettre du 4 avril 1817. Lamennais avertit son frère qu'il aura terminé, « dans quinze ou dix-huit mois, » un ouvrage en deux vo-

-----

(1) *Considérations sur le système philosophique de M. de Lamennais*, p. 35 et suivantes.

lumes, entrepris sous la direction de Tesseyre, et dont le premier tome est à peu près fini. « Je serais fort aise, dit-il, d'en causer avec toi si tu venais; cela fixerait mes idées sur la valeur de ce qui est fait. On m'encourage, et cependant je trouve cela si extraordinairement médiocre, que j'ai toutes les peines du monde à me décider à le continuer. Je n'écrivis jamais quoi que ce soit avec moins de goût. » Il s'agit de l'*Essai*, dont le but est clairement désigné dans une lettre du 14 avril de la même année. Lamennais annonce à son beau-frère, en le priant de ne dire mot, que depuis un an il travaille à un ouvrage où il espère rendre sensibles, pour tout homme de bonne foi, la sagesse et le bonheur du christianisme pratique, hors duquel n'existent que folie et misère sans ressource.

Cet ouvrage lui avait paru de si difficile exécution, quand Tesseyre lui en proposa le sujet, qu'il trouvait plus raisonnable d'établir des petits séminaires dans la lune. Son dessein était, en discutant philosophiquement les droits de la raison, de saper dans leur base commune tous les systèmes d'incrédulité, après avoir montré que l'hérésie, le déisme, l'athéisme et le scepticisme ne sont que le développement fatal d'une même erreur dont le point de départ est la souveraineté de la raison de l'homme. « Trente fois » il eût laissé là ce travail avec Paris et sa vie d'enfer, si son ami ne l'avait pressé de continuer. L'ennui rongeait son cœur, et l'*Essai* n'avançait guère. Il avoue que l'ouvrage est neuf et pourrait tenir lieu de toute une bibliothèque; il craint un écueil dans la beauté même et l'étendue du sujet. « Au moins, ajoute-t-il, ne suis-je pas dupe de ce que je fais. C'est quelque chose ; et, après tout, la Providence peut tirer d'un mauvais livre d'utiles effets. »

Le premier volume de l'*Essai* parut au commencement de l'année 1818 (1). « Les circonstances, disait Lamennais dans l'Avertissement, ont déterminé à publier séparément ce premier volume, car dans ce siè-*cle des lumières*, tout est de circonstance, les doctrines, les mœurs, les gouvernements même et les lois ; et les réflexions de la veille sont rarement applicables le lendemain. Quand tout était stable, les livres arrivaient toujours à temps. Aujourd'hui, il faut se hâter, parce que la société elle-même se hâte d'accomplir ses destins ; il faut se presser de parler de vérité, d'ordre, de religion aux peuples, de peur de ressembler au médecin qui disserterait de la vie sur un tombeau. »

L'auteur de l'*Essai*, remarque M. Janet, distingue trois systèmes d'indifférence :

« 1° Le système de ceux qui, tout en niant la religion et repoussant pour eux-mêmes toute croyance

____

(1) Dans une lettre à Féli, M. l'abbé Bruté cite plusieurs auteurs qui avaient précédemment écrit contre l'indifférence en matière de religion, entre autres un certain Amyraut, ministre calviniste, qui composa sous Louis XIII un gros volume où il dépeignait les ravages de ce mal funeste. (Roussel, *Lamennais*, t. I, p. 182.) Le point de vue n'est toutefois pas le même. Lamennais attaquait moins l'indifférence pratique des hommes qui vivent en dehors de la religion sans y croire ou même sans y penser, que l'indifférence dogmatique de ceux qui, tout en ayant une religion, vivent comme étrangers aux vérités qui la constituent.

religieuse, croient que la religion est nécessaire pour
le peuple à titre de frein. Ils croient que la religion a
été une invention des législateurs, et ils en font un
instrument politique. Ce système est l'athéisme...

« 2° Le second système d'indifférence consiste à
croire que la religion est nécessaire aux hommes, mais
que Dieu ne nous a pas fait connaître d'une manière
certaine de quelle manière il veut être honoré. Il s'en
est rapporté à notre propre cœur, et il nous laisse libres de choisir parmi les cultes positifs celui qui nous
parait le meilleur. C'est le système de la religion
naturelle ou du déisme, tel qu'il est exposé dans le
Vicaire savoyard.

« 3° Enfin, le dernier système d'indifférence est celui qui croit que Dieu a bien voulu se révéler à nous,
qu'il nous a même donné un livre qui contient sa doctrine, mais qu'il nous a laissé le soin de la découvrir
par nous-mêmes, sans instituer aucune autorité pour
interpréter ce livre et pour discerner le vrai du faux :
c'est le protestantisme (1). »

Tous ces systèmes rentrent les uns dans les autres :
le protestant ne peut se défendre contre le déiste, le
déiste contre l'athée, et tous vont se perdre dans l'a-
bîme de l'indifférence absolue.

Ce premier volume avait été mis en vente sous le
voile de l'anonyme, mais l'auteur se défiait trop de lui-
même ; Lamennais, dit Montalembert, devint subite-
ment « le plus célèbre et le plus vénéré des prêtres

1) *La Philosophie de Lamennais*, p. 16.

français (1). » Ce fut bientôt une acclamation universelle et, selon l'énergique expression de Joseph de Maistre, comme « un tremblement de terre sous un ciel de plomb ». La voix d'un prêtre, la veille encore presque inconnu, venait de s'élever avec une force et un éclat extraordinaires. Lamennais ne s'était pas borné à se mettre sur la défensive à l'égard de l'incrédulité ; il avait pris contre elle une offensive hardie, entraînant ainsi tous ceux qui se laissent séduire par l'audace et la vaillance. « Tout le clergé de France, et particulièrement le jeune clergé, celui des presbytères de village, comme celui des grandes paroisses des villes les plus populeuses, tressaillit de joie et d'espérance, à la vue de ce champion qui descendait dans la lice, armé comme personne ne l'avait été depuis la mort du grand évêque de Meaux, et à qui l'on donna bientôt comme à Bossuet, ainsi qu'avait fait La Bruyère en pleine Académie française, le titre de dernier des Pères de l'Église (2). »

Dans son cours de la Sorbonne, Villemain, parlant de l'abbé de Lamennais, ne craignit pas de le ranger parmi les grands écrivains, dont la gloire naissante allait remplir le dix-neuvième siècle : « Il est inutile de dire, observait l'éloquent professeur, combien il a de talent, de verve, de vigueur ; on ne peut surtout lui refuser ce talent d'une controverse spirituelle, animée, mordante, telle qu'elle se développe dans les

----

(1) *Œuvres complètes*, t. IX, p. 403.
(2) Spuller, *Lamennais*, p. 95.

États libres. Plus coloriste que créateur, plus passionné que philosophe, il ne peut cependant être retenu dans les entraves du système qu'il défend, et, en voulant la théocratie et le pouvoir absolu, il est emporté par son génie vers la dissidence et la liberté. »

Que pensait de tout ce fracas d'éloges l'auteur de l'*Essai sur l'indifférence?* « Une louange trop exagérée, disait-il, perd son prix. » Il fut comme abasourdi par les acclamations qui accueillirent le premier volume. L'abbé Frayssinous prétendait que cet ouvrage, très remarquable par la pénétration et une haute raison, était capable de réveiller un mort. « Voilà un auteur, ajoutait-il, qui va nécessairement grandir, pendant que moi, je diminuerai : *illum oportet crescere, me autem minui* (Joan., III, 30); » et du haut de la chaire de Saint-Sulpice, il proclamait Lamennais le plus grand penseur qui eût paru depuis Malebranche. L'abbé Legris-Duval plaçait Lamennais à la tête des plus grands écrivains du siècle. M. Picot l'élevait à côté de Pascal, et Dom Antoine, abbé de Meilleraye, poussait jusqu'à Bossuet. « Mon illustre compatriote, lui écrivait Chateaubriand, votre talent aurait donné l'immortalité à cet ouvrage; moi, je la reçois de mon sujet. Combien je regrette de ne vous voir jamais! Mille tendres amitiés et admiration sincère (1)! » Le *Journal des Dé-*

____

(1) Roussel, *Lamennais*, t. I, p. 128. — M. de Chateaubriand alla même le premier voir M. de Lamennais; mais celui-ci ne lui rendit pas sa visite. « Il y a bien loin, écrivait-il à M. Querret, des Feuillantines à la rue de l'Université, et l'on est aisément, à un certain âge, séduit par un certain monde. Peut-être penserez-

bals, suffrage d'un autre genre, trouvait l'*Essai* trop religieux, et des philosophes de haut parage le regardaient comme un ouvrage très dangereux.

« Je sens combien tout cela est exagéré, écrit Féli à son frère. Dis-moi franchement ton opinion ; elle ne sera certainement pas plus sévère que la mienne. » Au milieu des cris d'enthousiasme qui retentissent de toutes parts, il regrette le bonheur qui suit l'obscurité, la perte du repos, le seul vrai bien. Des suffrages flatteurs lui arrivent de tous côtés. « Mais qu'est-ce que tout cela, que des mots ? » Il ne se glorifie pas de cette domination qu'il exerce sur les esprits ; c'est le propre des imaginations fortes, « et on dit que j'en ai. Je me trouverais bien mieux loué par une seule conversion ».

Lamennais parlait ainsi avec conviction et sincérité. Il était parvenu à faire de nécessité vertu ; l'orgueil avait été comprimé au fond de son âme par de laborieux efforts, et les soubresauts de son ardente nature étaient maîtrisés par un abandon apparent entre les mains de la divine Providence. Mais une vertu de commande peut-elle résister à l'épreuve ? Ne succombera-t-elle pas sous le double choc des louanges et des contradictions ? Or telle était la situation morale de Lamennais.

Voici le moment d'une nouvelle crise : elle nous est

vous que j'aurais dû aller voir M. de Châteaubriand. Cela eût été, j'en conviens, très fort dans la règle ; mais cette règle est ici totalement incompatible avec les devoirs des gens occupés. » (Roussel, *Lamennais*, t. I, p. 122.)

révélée d'une manière incontestable par des passages
de la correspondance qui sont on ne peut plus expressifs. Il écrivait à son frère, le 3 mars 1818 : « De
ma vie, je n'ai été si malheureux que je le suis depuis
deux ans. Ce que je souffre est inexprimable. Avant
cela, je pouvais encore espérer un peu de repos sur
la terre; à présent, point. Je regarde la mort et l'embrasse de tous mes vœux. Loin de m'applaudir du
succès de mon livre, j'y vois la ruine du seul bien qui
me restait pour me rendre la vie supportable, une
profonde obscurité; et je ne connais pas seulement
l'ombre d'une petite consolation. »

Oh! que ceux qui le félicitaient de la célébrité de son
nom savaient peu ce qu'elle lui coûtait! Et que lui
importait une gloire immortelle, quand il mourait de
chagrin et d'ennui tous les jours! Il lui fallait se condamner « à une prison sévère pour satisfaire, à force
de travail, à la curiosité d'un quart d'heure de ce public qui passe, regarde et oublie ».

Eh bien, Lamennais, qui proclamait que le plus
beau jour de sa vie serait celui où il cesserait d'écrire,
se croit dans la nécessité de ne plus faire que cela :
« Il y a des occasions où c'est un devoir. » Lui, qui
désirait tant se retirer à la campagne, ne veut plus
quitter Paris : « Pour le moment, ce n'est pas possible. » Il songeait à une seconde édition du premier
volume de l'*Essai*, et il se mit en quête des critiques.

Des amis bienveillants l'engageaient à faire quelques
modifications, à retrancher, par exemple, certains
passages, qui n'étaient pas d'un goût assez pur et qui

sentaient *le Chateaubriand*. M. de Genoude lui indiquait, surtout dans l'introduction, des corrections de style importantes : un trop grand fatras d'images, une enflure fatigante de mots, des comparaisons trop longues et peu justes. Personne ne parlait du fond (1). Comme il arrive d'ordinaire, l'un blâmait ce qui plaisait à l'autre, et Lamennais ne savait trop ce qui manquait à son livre. Que faire? « En ôtant tout ce qui déplaît, il ne resterait rien; en laissant tout ce qu'on approuve, on n'ôterait pas un mot. » Enfin la seconde édition parut avec des changements dans l'introduction et dans le quatorzième chapitre.

La seconde édition de l'*Essai* fut enlevée aussi rapidement que la première, et bientôt on en vendit jusqu'à quarante mille exemplaires. C'est que « ce livre, comme l'a dit Victor Hugo, était un besoin de l'époque. » La mode s'en mêla : pas un esprit lettré n'eût osé avouer qu'il ne s'était pas nourri de cette lecture ; les salons eux-mêmes se seraient crus déshonorés, si on n'y avait vu le livre en belle place. On traduisit l'*Essai* dans toutes les langues de l'Europe, et les étrangers furent entraînés dans le mouvement. Des rois se faisaient inscrire chez l'auteur, et plus d'un prince entreprit le voyage de France pour le connaître.

(1) L'éclat extraordinaire qui environnait l'ouvrage avait ébloui les yeux les plus perspicaces; cependant le chapitre XII renfermait en germe les erreurs développées plus tard. « Relisez, écrivait Lamennais à un ami, le XIIe chapitre du premier volume, vous y trouverez, sous une autre forme, tous les principes que j'ai développés dans le volume suivant. »

Mais déjà le public impatient réclamait le second volume de l'*Essai sur l'indifférence.* « L'Europe, dit Lacordaire, attendait la continuation de l'ouvrage. L'auteur n'avait encore établi que l'importance et la nécessité de la foi. Mais où était la foi véritable? Comment parvenir à la discerner? Quelle était l'autorité régulatrice de la raison humaine? Voilà les questions qui restaient à résoudre, et dont la solution, impatiemment désirée, devait causer plus tard de si profonds dissentiments (1). »

Il ne sera pas sans intérêt de suivre l'auteur en quelque sorte page par page dans un travail qui devait soulever tant d'opposition. Lamennais sentait bien la nécessité de finir au plus tôt le second volume, complément indispensable du premier, et qui devait renfermer la partie la plus importante de l'ouvrage ; mais, arrêté par de continuelles difficultés, il manquait de courage à chaque instant. Il ne pouvait prendre sur lui de continuer; son âme était abreuvée d'ennuis et de dégoût. Essayait-il de dominer ce malaise par la raison, le sentiment l'emportait, l'écrasait. Tout lui paraissait à charge, et la vie trop pesante : « Quelle terrible pensée que celle d'avoir réduit un être humain en cet état! » La certitude du triomphe et d'un triomphe prochain pouvait seule l'arracher à son apathie, l'exciter dans son découragement, l'empêcher d'abandonner son œuvre inachevée. Il se croyait sûr

(1) *Considérations sur le système philosophique de Lamennais,* p, 35 et suiv.

de contraindre ces philosophes, si fiers de leur incrédulité, à dire leur *Credo* jusqu'à la dernière syllabe, ou à avouer par leur silence — car il leur défendra d'ouvrir la bouche — qu'ils ne peuvent pas dire : Je suis.

Il insiste sur ce point dans plusieurs lettres à son frère et à son oncle, qui dut trouver la logique de son Féli toujours « bien serrée, bien raide et bien rude, » et il ajoute : « C'est un système nouveau de philosophie dont les plus hauts dogmes de la religion sont la base. D'un bout à l'autre, je place ces gens si fiers de leur raison entre la foi et le néant, sans qu'ils puissent échapper à l'un ou à l'autre. Mais qui lira, qui comprendra cela? Il faudrait des volumes de développement. » Lamennais, en cas d'attaque, se ménageait un retranchement : on ne le comprend pas.

CHAPITRE V

1820 - 1825.

M. de Feletz, en louant le premier volume de l'*Essai
sur l'Indifférence*, avait défié l'auteur de faire un second volume, attendu qu'il avait épuisé la matière et
atteint les limites naturelles de son sujet. Cependant
autour de Lamennais s'était formée une école de jeunes
hommes devant lesquels il aimait à développer les
pensées qui occupaient son esprit; et quelques bruits
commençaient à transpirer dans le public sur les idées
neuves et hardies que devait contenir le second volume. La curiosité générale était d'autant plus excitée
que les disciples, pour exalter le génie de leur maître,
annonçaient l'apparition d'une nouvelle philosophie,
d'après laquelle l'enseignement théologique subirait,
prétendaient-ils, une heureuse révolution.

Enfin, « après deux ans d'attente, dit Lacordaire, le second volume de l'*Essai sur l'indifférence* fut publié (1820)... Des hauteurs de la défense antique de la foi, du sein de l'éloquence qu'il avait répandue par flots contre les ennemis de la vérité, M. de Lamennais était descendu aux discussions arides de la philosophie, à la question de la certitude, tout à la fois la plus claire et la plus obscure de l'esprit humain (1). »

Le deuxième volume, si vivement attendu, déchaîna aussitôt après son apparition une tempête de réclamations; on accusait l'auteur de renverser toute vérité pour établir le scepticisme. M. Frayssinous écrivit à Lamennais, dès le 17 août 1820, pour lui signaler l'opposition soulevée, surtout dans les rangs du clergé, par l'apparition du second volume.

« Monsieur et très honoré confrère... Depuis cinq semaines je n'ai fait que végéter par suite d'une indisposition assez grave qui m'a laissé beaucoup de faiblesse; je suis incapable de toute occupation sérieuse; aussi je serais hors d'état d'émettre une opinion raisonnée sur ce second volume; seulement je le connais assez pour y trouver l'empreinte d'un esprit très supérieur et du controversiste le plus rigoureux qui ait écrit depuis Pascal.

« Je suis bien sûr de ne pas vous déplaire en vous faisant part de l'impression qu'a faite sur les ecclésiastiques, en général, votre second volume. Il n'y a qu'une voix sur la force du talent; mais ils se sont alarmés

(1) *Considérations sur le système philosophique de Lamennais.*

de la philosophie nouvelle qu'il renferme ; ils crai-
gnent que vous n'ayez d'un côté affaibli les motifs
ordinaires de crédibilité et de l'autre trop exagéré celui de l'autorité ; je crois qu'il est nécessaire que, dans
une explication bien nette, bien simple, à la portée
de tous les esprits, vous manifestiez la suite de votre
système philosophique (1)... »

Lamennais, persuadé qu'on ne le comprenait pas,
laissa crier et prépara sa défense, un vrai traité de
philosophie, ou plutôt « un *requiem* chanté sur celle de
l'école ». Quelle était donc cette philosophie, et comment Lamennais y fut-il amené dans son *Essai sur
l'indifférence?* Pour montrer la certitude de la vérité
religieuse, il voulut indiquer d'abord à quels caractères
on reconnaît ce qui est certain. De là le fameux chapitre XIIIe, dans lequel il résolvait la question purement philosophique du fondement de la certitude, en
attaquant le système de Descartes. « La raison *individuelle,* ou la raison de chaque homme pris à part, n'est
point infaillible. L'infaillibilité qui constitue la certitude n'appartient qu'à la raison *commune* ou générale,
qui est la véritable raison humaine. » C'était le fameux
principe de saint Vincent de Lérins, *quod semper, quod
ubique, quod ab omnibus creditum est,* appliqué comme
règle de jugement à toutes les connaissances humaines (2).

(1) Roussel, *Lamennais,* t. I, p. 139.
(2) « J'ai souvent, avec beaucoup de zèle et d'attention, dit saint
Vincent de Lérins, demandé à divers personnages, éminents en
doctrine et en sainteté, une méthode générale et régulière de dis-

Voici les arguments sur lesquels l'auteur appuie sa proposition :

« 1° Le jugement de plusieurs a plus d'autorité que celui d'un seul ; 2° même dans les sciences, le sens commun est encore l'autorité, car les sciences s'appuient sur ce qui est reconnu par tous les hommes (Lamennais oublie de rappeler et d'expliquer les erreurs universelles, par exemple celle de la négation des antipodes et celle de l'immobilité de la terre) ; 3° en morale, pour la distinction du bien et du mal, l'accord des opinions vaut mieux que tous les raisonnements (ici encore il eût fallu expliquer les erreurs universelles, telles que les sacrifices humains, l'esclavage, la torture, etc.) ; 4° quand on n'est pas d'accord, on s'adresse à un arbitre ; 5° l'enfant qui est le plus près de la nature s'en rapporte à l'autorité de ses parents et de ses maîtres ; 6° nous avons tous un penchant invincible à croire à l'autorité du sens commun.

« Conclusion : le vrai critérium de certitude est dans l'autorité du genre humain, et la certitude croît avec le nombre des témoins. « On demande pourquoi la certitude serait dans la société et non dans l'individu. C'est que l'individu n'est pas fait pour lui-même. Il est fait pour la société, et il n'est rien sans la société (1)... »

cerner la vérité de la foi catholique d'avec la fausseté des perverses hérésies, et j'ai toujours et de tous à peu près reçu la même réponse. » Et cette réponse se formule ainsi : *Quod ubique, quod semper, quod ab omnibus ;* c'est-à-dire que les caractères distinctifs de la vérité sont : l'universalité, l'antiquité, le consentement général. (Common., n. 2.)

(1) Janet, *la Philosophie de Lamennais,* p. 31.

Le système de Lamennais ne fut pas emprunté, comme on l'a prétendu, à celui de M. de Bonald, avec lequel cependant il a beaucoup de ressemblance. Nous lisons dans une lettre du 20 mars 1818 : « J'ai les *Recherches* de M. de Bonald, où il y a d'excellentes choses, et en grand nombre... J'y ai trouvé plusieurs choses que j'ai déjà dites, et d'autres que je devais dire. Cela ne peut être autrement. On doit se rencontrer quelquefois, quand on se promène dans les mêmes lieux... En avançant dans la lecture des *Recherches*, j'y trouve à peu près le fond de mes premiers chapitres du second volume, sauf plus de rigueur et de généralité de mon côté. Cependant cela m'ôte bien de l'intérêt et me réduit presque au rang de copiste, sans l'être réellement. Cela n'est guère propre à m'encourager. »

La racine logique de toutes les erreurs de Lamennais se trouve dans son système philosophique, dans cette étrange conception de l'infaillibilité du genre humain posée comme la source unique de la certitude, comme le seul titre légitime d'autorité. C'était, comme l'ont remarqué M. Nettement et M. Guizot, la souveraineté du nombre, appliquée, non plus seulement à la politique, mais à la religion et à tout le domaine des idées. Si le genre humain était infaillible, l'Église perdait manifestement toute autorité le jour où elle cessait d'être l'écho du genre humain.

La doctrine renfermée dans le second volume de *l'Essai* avait besoin de commentaires, et Lamennais fit paraître une *Défense de l'Essai*, où il exposait, en les expliquant, les mêmes vues que dans l'ouvrage lui-

même. Trois réviseurs, Piétro Glanda, de la congrégation de la Doctrine chrétienne, lecteur en théologie,
don Paolo del Signore, chanoine régulier de Latran,
professeur d'antiquités chrétiennes et d'histoire ecclésiastique à l'archigymnase romain, et Frère Basilo
Tomaggian, archevêque de Durazzo, officiellement
chargés par le Maître du Sacré Palais d'examiner la
doctrine de Lamennais telle qu'il l'avait expliquée dans
sa *Défense de l'Essai*, approuvèrent les deux premiers volumes, les seuls parus jusque-là. Jamais auteur, peut-être, ne fut si solennellement approuvé
avant d'être si formellement condamné (1).

Cependant les nouveautés de l'*Essai*, malgré les développements de la *Défense*, ne parurent pas à tous
suffisamment éclaircies. On demandait encore des explications. L'auteur, au lieu de répondre, s'exaspère
et commence ses invectives contre ceux qui ne pensent pas comme lui. Les réfutations qu'on lui adresse
lui semblent toutes « plus bêtes les unes que les autres, et quelques-unes assez peu polies, ou d'une
mauvaise foi frappante ». Elles répètent toujours « la
même chanson : j'établis le scepticisme et je renverse
tout ».

Rendons à chacun ce qui lui appartient : le déchaî-
nement des esprits était extrême. Plus d'un contradic-
teur, au lieu d'une discussion calme et pacifique, se
plut à dénigrer avec amertume le génie qu'il avait
jadis admiré peut-être avec enthousiasme ; le second

(1) Roussel, *Lamennais*, t. I, p. 157.

volume ne contint pas seulement des choses répréhensibles, mais les plus monstrueuses erreurs. M. Carron, qui constate l'esprit d'aigreur et de satire dans
certaines attaques, avertit Lamennais que beaucoup de
personnes dans la capitale et dans les provinces signalent sans aucune prévention certains principes et certaines réflexions. « Quant à moi, dit-il, j'ai, dans mon
cœur et pour moi seul, blâmé l'aîné d'avoir laissé son
cadet publier *sans restriction* son second volume. »

Le sentiment de l'abbé Carron était partagé par des
personnages d'un grand sens et d'une véritable science.
Un évêque trouvait l'idée mère de l'ouvrage trop absolue
et trop exclusive. Il admirait la hauteur à laquelle
s'élevait l'écrivain dans plusieurs endroits, mais il
ajoutait : « C'est ce qui me fait trembler, car... la chute
serait terrible. » M. de Maistre, en remerciant Lamennais de son deuxième volume, l'assurait sans flatterie
qu'il y avait trouvé « d'aussi bonnes intentions et le
même talent que dans le précédent : pensées fortes et
profondes, grandes vues, style pur, élégant, grave en
même temps et très fort adapté au sujet; souvent enfin
la *pointe* de Sénèque et la *rondeur* de Cicéron ». Il
n'admirait pas sans réserve : il entrevoyait quelques
véritables difficultés; mais le temps lui manquait pour
se jeter « dans cet océan ».

« L'homme d'esprit, écrivait-il le 6 septembre 1820,
qui vous défia, lors de l'apparition de votre premier
volume, d'en faire le second, n'avait pas tant tort : le
sujet de l'indifférence religieuse expose continuellement l'auteur à en sortir, parce qu'il est continuelle-

ment tenté de démontrer, par de nouveaux arguments, la vérité de cette religion sur laquelle on se permet la plus téméraire indifférence. C'est autre chose dans votre second volume, où vous examinez les sources de la vérité : nouvelle tentation de sortir de votre sujet, qui, à prendre la chose rigoureusement, est renfermé dans les quatre derniers chapitres de votre premier volume. »

Cependant, tout en faisant ses réserves sur le système, M. de Maistre engageait l'auteur à ne pas même se défendre contre ses agresseurs : « Ne laissez pas dissiper votre talent, lui écrivait-il, vous avez reçu de la nature un *boulet*, n'en faites pas de la *dragée*, qui ne pourrait tuer que des moineaux, tandis que nous avons des tigres en tête. »

En répondant à ses amis alarmés, Lamennais commence cette série de restrictions qui devaient le conduire à l'apostasie. Si ses adversaires ne l'entendent pas, c'est qu'ils ne veulent pas l'entendre; s'il est en butte à de nouvelles calomnies, à de nouvelles persécutions, il espère que le bon Dieu au moins lui saura gré de la droiture de ses intentions. Jusqu'ici la résignation à la divine Providence perce à travers les récriminations de la nature; elle allait bientôt disparaître complètement. Ce n'est que par pure formalité qu'il se reconnaît faillible en demandant à Rome l'examen de l'ouvrage; il prétend bien avoir raison malgré la décision de Rome. « Si le jugement de Rome m'est favorable, je m'en réjouirai à cause de la religion; s'il m'est désavantageux, j'en serai ravi pour moi-même.

Décidé dans ce cas à ne plus écrire, je serai l'homme
du monde le plus heureux, car je pourrai en conscience
jouir du repos. »

Ainsi, observe M. Foisset, si Rome n'est pas de son
avis, l'abbé de La Mennais brisera sa plume. N'est-ce
pas précisément ce qu'il dira douze ans plus tard?
Le Lamennais de 1832 était dans celui de 1820. Cela
fait trembler. Au fond, l'humilité n'était pas là.

Cette décision de Rome qu'il attendait avec impatience, devait tarder longtemps encore. L'Église toujours prudente essayait, en temporisant, de calmer
cet apôtre dont le zèle n'était pas « selon la science ».
Mais lui, qui jadis admirait surtout dans le Saint-Siège
la patience avec laquelle il sait attendre, voulait une
réponse immédiate. Il accuse la sage lenteur de Rome :
« Il ne m'appartient pas de juger ce que la religion
gagnera à ce silence de l'autorité. » Il continue donc
de travailler à l'*Essai*, obéissant, croit-il, aux ordres
de la Providence : « J'ai fait mon devoir, je veux le
faire jusqu'à la fin. » Forcé d'écrire, il surmontera
la répugnance, il ira jusqu'au bout ; et si on l'abandonne dans la lutte, il se déclare prêt à rentrer dans
l'obscurité dont il n'est sorti qu'à regret. Le suffrage
ou le blâme des hommes le touchent peu ; mais la sainte
Vérité... il la défendra tant qu'il lui restera assez d'autorité pour concevoir une espérance raisonnable de la
défendre utilement (1).

(1) V. *Appendice :* La Compagnie de Jésus et le système philosophique de Lamennais.

Lamennais, à cette époque de sa vie, parlait ainsi dans toute la sincérité de son cœur, et repoussait avec énergie toute pensée de révolte. Mais déjà, à son insu, se remuait dans son âme ce sentiment de hauteur et d'irritation qui amène les séparations. Mgr de Frayssinous, alors grand maître de l'Université, professait au sujet de cette institution dont les tendances alarmaient à bon droit les esprits catholiques, une opinion différente de celle de Lamennais. Celui-ci croyait qu'il était du devoir du gouvernement de la détruire complètement; celui-là pensait que le gouvernement devait en améliorer le personnel, en faisant pénétrer les doctrines religieuses dans son enseignement. Dans une lettre publiée par le *Drapeau blanc*, Lamennais dénonça publiquement l'Université, et rendit le grand maître responsable et du mal qui se faisait et du bien qui ne se faisait pas.

Ému et surpris de cette lettre qui produisait un scandale sans fruit, Mgr de Quélen avertit en vain l'auteur qu'il la regardait comme une faute très grave, comme une faute publique, ajoutant « qu'il était impossible à un prêtre d'oublier davantage ce qu'il doit à son supérieur dans la hiérarchie, et qu'il était difficile d'outrager plus amèrement un homme dont le zéle méritait la reconnaissance de la société comme de la religion. « Méditez, monsieur, disait en finissant le vénérable prélat, sur l'emploi de vos talents, et vous comprendrez que si, comme nous aimons à le reconnaitre, il vous en a été beaucoup donné, ils ne seront utiles à l'Église et à l'État qu'autant que vous en userez

avec cette modestie et cette douceur de Jésus-Christ,
qu'un prêtre doit représenter dans toutes ses paroles
et dans toute sa conduite. »

Cette réprimande était aussi douce que possible;
mais déjà Lamennais sentait bouillonner en lui ce
superbe dédain des ménagements même envers les
autorités ecclésiastiques, qui a causé la perte des
plus grands esprits. Sa réponse à l'archevêque de Paris ne fut pas moins vive que la lettre qu'il avait adressée à Mgr de Frayssinous. Lamennais affirmait avoir
rempli un devoir sacré, en signalant les abus de l'éducation publique. Il terminait, en faisant allusion à
l'interdiction qu'il avait encourue, par cette phrase
qui semblait une bravade : « Ce n'est pas pour moi,
Monseigneur, que j'en gémirais davantage. » N'y avait-il
pas dans cette âpreté de langage un fâcheux symp-
tôme? Si un jour le blâme descendait de plus haut,
Lamennais le subirait-il plus docilement?

En 1823 parurent les deux derniers volumes de l'*Essai sur l'indifférence*, qui ne firent pas autant de bruit
que les deux premiers. Contre le consentement du genre
humain comme criterium de certitude, on avait objecté
à Lamennais l'erreur presque universelle du poly-
théisme. « Je nie, répondit-il, que le monde ait jamais
été polythéiste, et il écrivit deux volumes pour prouver que les anciens eurent tort de ne pas croire à leur
religion, qui n'était que la religion révélée, mais dé-
figurée.

Passant en revue les principaux dogmes du christianisme, l'unité de Dieu, l'immortalité de l'âme, la chute

primitive, l'Incarnation, l'efficacité du culte et des sacrifices, il cherche à prouver qu'ils ont été et sont
encore répandus dans tout l'univers. Ainsi les idolâtres
n'ignoraient pas le vrai Dieu; mais, n'osant lever les
yeux jusqu'à lui, ils honoraient des génies secondaires
destinés, dans leur pensée, à combler en quelque sorte
l'abîme qui sépare le fini de l'infini : c'était, suivant
Lamennais, une corruption de la doctrine du média-
teur. Il montre, de même, que la doctrine de l'immortalité de l'âme a été admise par la plupart des peuples,
et que la métempsycose, les honneurs rendus aux
morts et la nécromancie elle-même la supposent.

Nous ne suivrons pas l'auteur dans les détails d'une
démonstration où il prend souvent pour des preuves
topiques de simples analogies plus ou moins lointaines.
« Telle était la fascination que le génie de Lamennais
exerçait sur ses admirateurs, dit M. Foisset, que les
derniers volumes de l'*Essai sur l'indifférence*, aujour-
d'hui si généralement abandonnés, leur semblaient
tout à fait sans réplique. Il nous en coûtait tant de
brûler ce que nous avions adoré. »

Lamennais concluait qu'il n'y a pas eu plusieurs religions, mais qu'il n'y en a jamais eu qu'une seule.
Révélée à l'homme dès l'origine des choses, elle s'est
développée progressivement, sans varier dans son essence, pour s'approprier aux besoins croissants des sociétés humaines. Il ne faut donc chercher la vraie
religion, qui est la chrétienne, ni dans le protestantisme, ni dans le mosaïsme, ni dans l'idolâtrie, mais
dans tout cela à la fois. Elle contient, en effet, épurées

et perfectionnées, les doctrines qui sont communes à tous les cultes et qui constituent la raison générale, la foi universelle de l'espèce humaine.

« C'était là, observe M. Ferraz (1), une doctrine séduisante, mais difficile à établir. Aussi l'auteur de l'*Essai*, malgré l'érudition, assez étendue pour le temps, qu'il mit au service de sa thèse, ne réussit-il pas complètement à la faire prévaloir, et ne parvint-il à satisfaire ni les théologiens ni les philosophes. Les théologiens ne sauraient, en effet, se résoudre à considérer le peuple juif comme un peuple ordinaire et qui n'aurait, malgré le témoighage des saints livres, aucun privilège sur les autres peuples. Ils ne sauraient non plus se décider à regarder le paganisme et le christianisme comme ayant un fond identique; car alors la rapide diffusion de la religion chrétienne serait un fait des plus simples et il n'y aurait plus lieu de l'invoquer, comme une sorte de miracle, en faveur de cette religion elle-même. L'apologétique et la prédication perdraient du même coup un de leurs lieux communs les plus frappants... Enfin, si le christianisme n'est que le paganisme nettoyé et perfectionné, comment s'assurer qu'il ne fera point place un jour, lui aussi, à un culte encore plus épuré et plus parfait, et qu'il n'est pas, lui aussi, une forme particulière et passagère de la religion éternelle et universelle. Toutes les analogies mènent à une telle conclusion, c'est-à-dire à cette doctrine de la religion progressive du

(1) *Traditionalisme et Ultramontanisme*, p. 206.

genre humain que Lamennais professera jusqu'à la fin de sa carrière. »

Nous verrons, en effet, Lamennais, poussant le principe fondamental du système à ses dernières conséquences, passer successivement du catholicisme autoritaire et ultramontain de l'*Essai sur l'indifférence* au catholicisme libéral de *l'Avenir*, puis au christianisme révolutionnaire des *Paroles d'un croyant*, pour aboutir à la religion progressive des *Affaires de Rome* et du *Livre du Peuple*. Dans cette évolution, les motifs de crédibilité, tirés de la théologie proprement dite ou même de la philosophie pure, tiendront peu de place, tandis que les considérations relatives aux destinées du genre humain et à l'organisation des sociétés humaines y joueront un rôle prépondérant.

L'abbé Rohrbacher, alors supérieur des missionnaires de Nancy, rendit, dans le *Drapeau blanc*, un compte favorable des deux derniers volumes de *l'Essai*, et, s'il faut en croire Lamennais, l'évêque d'Hermopolis s'était « hautement prononcé pour ». L'auteur avait aussi reçu, des savants les plus distingués, des témoignages de satisfaction très vifs sur la partie de son ouvrage qui les intéressait particulièrement. Ces suffrages, ajoutait-il, en imposent, « car les hommes, quoi qu'on dise, sont conduits en tout par l'autorité (1) ».

Il n'y avait pas, loin de là, unanimité dans l'éloge, et des voix nombreuses s'élevèrent pour demander que l'autorité ecclésiastique intervînt dans la discussion.

____

(1) Roussel, *Lamennais*, t. I, p. 167.

Persuadé que le Saint-Siège conserverait la neutralité, Lamennais garda quelque temps le silence. La lumière que répand l'étude des traditions lui semblait même annoncer pour la religion un nouveau genre de triomphe. Mais, quand il entrevit que son système philosophique pourrait bien être condamné, on entendit résonner partout dans ses lettres, comme un sourd murmure précurseur de l'orage, ces paroles significatives : *quod facis, fac citius*. Enfin, ne pouvant demeurer plus longtemps dans l'indécision, il résolut d'entreprendre le voyage de Rome.

« Rome, s'écrie M. l'abbé Roussel, quel nom magique pour Lamennais à ce moment même de sa vie! Au milieu des contradictions sans nombre, des déboires, des angoisses qui étreignent déjà son cœur, en attendant de le broyer, avec quelle confiance, quel amour, ne tourne-t-il pas vers Rome ses regards de catholique et de prêtre, saintement mais passionnément épris des charmes divins de sa Mère! Rome était bien alors la patrie de son âme, et il la chérissait de toute l'ardeur d'un sincère et filial amour(1)! »

Grâce aux lettres de l'abbé Jean, nous pouvons suivre le voyageur, en quelque sorte pas à pas, jusqu'à son arrivée dans la ville éternelle (2). Lamennais prit sa route par la Suisse, et Genève fut une de ses premières étapes. « J'ai déterminé Féli, écrit l'abbé Jean à M. Querret le 10 avril 1824, à faire le voyage de

(1) *Lamennais*, p. VIII.
(2) Roussel, *Lamennais*, t. I, p. 174.

Suisse, parce qu'il s'est présenté une occasion unique pour cela : il est arrivé à Genève bien portant, mais un peu fatigué de la route; je suis persuadé qu'à son retour il se portera infiniment mieux. » Au mois de juin, Lamennais partait de Genève, accompagné de M. Warin, après avoir publié la *Défense de la vénérable compagnie des pasteurs contre les Momiers.* « C'est, écrit l'abbé Jean, une petite brochure très piquante : elle fait du bruit; nous l'insérerons dans le prochain numéro du *Mémorial.* » Le 8 juin, Lamennais était à Gênes, d'où il écrivait à son frère : « J'aime ce plein christianisme, cette religion qu'on trouve partout et qui sous toutes les formes, à tous les instants, est en contact avec le peuple, s'empare de sa pensée par ses sens et devient, sans qu'il s'en doute lui-même, la principale partie de son existence (1). »

Enfin, le 27 juin, Féli arrivait à Rome, bien fatigué et bien ennuyé de son voyage, la plus rude pénitence, disait-il, que le bon Dieu pût lui imposer. « Quoi qu'il en soit, ajoute l'abbé Jean dans une lettre à M. Benoist d'Azy, sa santé est excellente et il a reçu partout l'accueil le plus brillant; à Rome, il loge au Collège romain dans une chambre que le Pape lui a fait préparer; mais vous devinez bien que tous ces honneurs l'importunent plus qu'ils ne le flattent (2) ».

Quand Lamennais fut admis à l'audience du Souverain Pontife, Léon XII, après l'avoir tendrement em-

(1) Blaize, t. II, p. 11.
(2) Ropartz, p. 312.

brassé, le conduisit dans son appartement privé. A sa
grande surprise, le jeune écrivain put se convaincre
qu'il n'y avait là, pour tout ornement, qu'un crucifix,
une image de la Très Sainte Vierge, et le portrait de
l'auteur de l'*Essai sur l'indifférence*. C'était le P. Ventura qui avait offert cette lithographie au Souverain
Pontife. « Le Saint-Père, écrivait Féli à l'abbé Jean, le
10 juillet, que j'ai vu deux fois et qui m'a comblé de
bontés, veut me revoir encore, pour causer, m'a-t-il
dit, plus à loisir (1). » Léon XII avait bien deviné la
nature et le caractère de Lamennais ; aussi disait-il à
M. Warin : « C'est un homme qu'il faut conduire avec
la main dans son cœur (2) (*sic*). »

Le Pape avait formé le projet de revêtir de la pourpre l'auteur de l'*Essai sur l'indifférence*, et il le fit
sonder à cet égard ; mais comme on semblait demander
que le nouvel élu se fixât à Rome, Lamennais répondit
qu'il ne consentirait point à s'exiler. Dans une allocution consistoriale, Léon XII déclara réserver *in petto*
la création d'un cardinal qu'il désigna par ces paroles
transparentes : « C'est un écrivain accompli, dont les
œuvres ont non seulement rendu un grand service à
la religion, mais réjoui et étonné l'Europe ». Ces mots
désignaient aussi clairement que possible l'auteur de
l'*Essai sur l'indifférence*, et personne ne douta que la
pourpre ne lui eût été offerte. Son nom ne fut pas alors
publié, ont observé quelques-uns de ses biographes.

(1) Blaize, t. II, p. 18.
(2) Roussel, *Lamennais*, p. VII.

car M. de Villèle s'opposa à sa présentation par le roi. « Si l'on me fait cardinal, dit un jour Lamennais, ne croyez pas que je mettrai dans mes armes le roseau qui plie sans rompre; j'y mettrai le chêne avec la devise : il rompt, mais ne plie pas (1). »

Dans ses *Souvenirs des quatre derniers papes*, le cardinal Wiseman, tout en rendant justice au prestigieux talent d'improvisation que Lamennais possédait à un si haut degré, nous a laissé de sa personne, à ce moment de sa vie, un portrait d'après lequel on s'explique difficilement la grande influence qu'il exerçait sur tous ceux qui l'approchaient.

« Il était d'un aspect et d'une mine peu propres à commander le respect, dépourvu de dignité dans le maintien, de supériorité dans le regard, et n'ayant aucune grâce extérieure. Plusieurs fois, à différentes époques, j'ai eu avec lui des entretiens prolongés; il était toujours le même. La tête penchée, tenant les mains jointes devant lui ou les frottant doucement l'une dans l'autre, il savait, en répondant à ma question, se répandre en un flot de pensées coulant spontanément et sans rides. Il embrassait en une fois le sujet entier et le divisait en ses différents points, aussi

(1) **Si Léon XII ne nomma pas Lamennais cardinal** *in petto*, comme quelques-uns ont cru pouvoir l'affirmer, du moins il ne parla pas de « son front d'hérésiarque, » de « sa face de damné », comme quelques autres l'ont prétendu. **Au contraire, tout en le tenant, disait-il, pour** « un de ces amants de perfection qui, si on les laissait faire, bouleverseraient le monde », Léon XII témoigna ouvertement à son hôte la plus affectueuse sympathie. (Spuller, *Lamennais*, p. 123, *note*.)

symétriquement que l'eussent fait Fléchier ou Massillon. Tout cela se faisait d'un ton monotone, mais
doux, et son raisonnement était si serré, et pourtant
si poli et si élégant, que, si vous eussiez fermé les
yeux, vous auriez pu croire que vous assistiez à la
lecture d'un livre accompli ».

S'il faut en croire M. Ange Blaize (1), neveu de Lamennais, celui-ci, lors de son voyage à Rome, aurait
obtenu de Léon XII une dispense de bréviaire, à cause
de ses nombreux travaux. Depuis ce temps, observe
M. l'abbé Roussel (2), on n'a cessé de déplorer l'aber-
ration de ce grand homme qui ne voyait pas que s'isoler de la prière, c'était s'isoler de la grâce et courir au-
devant de sa perte en se privant des forces nécessaires
pour surmonter les obstacles.

« Un jour, raconte le P. Caussette dans le *Manrèse
du prêtre* (3), je causais avec un prêtre grave et bien
informé de cette ruine effrayante; il me disait : Devi-
nez-en la cause. — Je lui répondis : Le prétexte du
second Tertullien comme du premier serait-il les
traitements qu'il a reçus des clercs de Rome? — Je ne
le crois pas. — Serait-ce la corruption du cœur? — Je
ne le crois pas. — Serait-ce, enfin, ce que tout le monde
a pensé, entêtement d'orgueil? — Oui et non : l'entêtement de l'orgueil ne fut que l'effet; la cause, la
voici : le brillant controversiste ne récitait pas son
bréviaire. »

(1) *Essai biographique*, t. I, p. 161.
(2) *Lamennais*, t. I, p. 176.
(3) T. II, p. 160.

M. A. Blaize et le Père Caussette ont été mal informés. Sans doute, la dispense de bréviaire existe, mais elle est antérieure au premier voyage de Lamennais à Rome. Elle ne fut pas sollicitée par l'auteur de l'*Essai sur l'indifférence*, à cause de ses nombreux travaux, mais par Lamartine, qui prétexta le mauvais état des yeux du grand écrivain. Le 25 août 1819, Féli écrivait de la Chesnaie à l'abbé Jean, son frère : « Genoude m'a envoyé une dispense de bréviaire que M. de Lamartine a obtenue pour moi à Rome... Je ne sais pas si je pourrai user de cette dispense, car l'exposé porte que je suis affligé d'une fièvre lente et continue, et d'une faiblesse de vue qui ne me permet de lire qu'avec peine. Ce dernier point n'est pas exact; ma vue, cependant, est très affaiblie... Mais est-ce le motif de la dispense? Dis-moi quel est ton avis. La dispense ne peut d'ailleurs m'être appliquée qu'*en confession* (1). »

Lamennais, au dire de M. Houet (2), regardait cette dispense comme nulle, et il ne cessa pas un seul jour, jusqu'à sa défection, de réciter son office. « Nous nous servions alors, ajoute-t-il, du bréviaire parisien, mais il lui préférait le romain, à cause des leçons de saint Grégoire VII. »

Le voyage à Rome produisit sur Lamennais une im-

(1) Blaize, t. I, p. 390.
(2) Roussel, t. I, p. 177. — M. le chanoine Mathurin Houet, supérieur de l'Oratoire de Rennes, mort le 30 mai 1890, à l'âge de quatre-vingt-quatre ans, avait été l'un des premiers disciples de Lamennais.

pression profonde, et lui inspira la résolution de combattre de plus en plus les opinions en faveur parmi le clergé gallican. « Quand je reviendrai, écrivait-il à son frère, le 23 mai 1824, je secouerai de vieilles erreurs, non moins dangereuses que celles que j'ai attaquées jusqu'ici. » « Je suis sur la brèche, disait-il une autre fois ; si je péris, mes amis prieront pour moi... Rien ne m'empêchera de lutter jusqu'au bout, je tiendrai ferme dans mes Thermopyles. »

Au moment où Lamennais revenait de Rome, on pouvait constater de toutes parts dans les jeunes esprits en France une émulation unanime, et comme un mouvement irrésistible qui les poussait avec ardeur vers les études dans toutes les directions de la pensée. « En poésie, Lamartine avait donné le signal du renouvellement ; d'autres le donnaient dans l'ordre de l'histoire, d'autres dans l'ordre de la philosophie... Il semblait que l'esprit français, pareil à une terre fertile, après s'être reposé forcément durant quelques années, redemandait avec avidité toutes les cultures (1). » En théologie, comme dans les autres branches de nos connaissances, toute une génération, animée du zèle de la science, essaya, non pas de renouveler ce qui, de soi, est immuable, mais de rajeunir les formes de l'enseignement et de la démonstration, de les approprier à l'état présent des esprits, et de rendre le principe catholique respectable à ceux même qui le combattaient. « Pour agir sur le siècle,

____

(1) Sainte-Beuve, *Causeries du Lundi*, t. VI, p. 379.

disait-on, il faut l'avoir compris. » Obéissant à cette impulsion universelle, Lamennais songeait alors à fonder en Bretagne une école, moins pour propager ses propres doctrines que pour préparer des intelligences d'élite à la défense de la Religion.

Un soir de décembre raconte Mgr Ladoue, dans un petit salon du collège Henri IV à Paris, deux jeunes prêtres conféraient des difficultés de leur ministère et des tristesses de la situation générale. C'étaient M. l'abbé de Salinis et M. l'abbé Gerbet : l'un vif et ardent, l'autre d'allures réservées et presque timide. Le premier exposait, avec une verve toute juvénile, ses convictions sur la possibilité et les moyens d'exercer une action efficace en faveur du catholicisme. « La France, disait-il, est lasse d'incrédulité ; elle aspire après une croyance positive qui satisfasse les besoins du cœur sans blesser les lumières de l'intelligence. Pour tout dire en un mot, la France désire une croyance rationnelle... L'apostolat catholique doit donc tendre à démontrer que la seule croyance raisonnable est celle qui est contenue au symbole des apôtres, expliqué et développé par l'Église (1). »

Au milieu de l'entretien survint un interlocuteur qui fut accueilli avec une déférence visible par les deux aumôniers et prit part aussitôt à la conversation. « Vous voulez, dit-il, prouver à notre siècle que le catholicisme est la seule religion rationnelle ; c'est bien, mais cela ne suffit pas. Il faut lui démontrer que, s'il

(1) *Vie de Monseigneur Gerbet*, t. I, p. 62.

n'accepte pas le symbole catholique, il se met en dehors du sens commun à tous les siècles et à tous les peuples. » A ce langage, qui n'a reconnu l'auteur de l'*Essai sur l'indifférence?* « A l'œuvre donc, continuat-il, et nous sommes sûrs de courber le dix-neuvième siècle sous le joug du catholicisme.

— Maître, répliqua timidement l'abbé Gerbet, ne craignez-vous pas d'irriter la raison, au lieu de la courber, par un procédé si absolu? Ne vaudrait-il pas mieux réconcilier doucement l'âme humaine avec la religion, en lui montrant les harmonies intimes qui existent entre ses dogmes, ses préceptes, ses institutions et les besoins les plus profonds de l'humanité (1)?

— Eh bien! dit Lamennais, je ne repousse pas ce point de vue. Mais, puisque nous sommes d'accord, pourquoi ne réunirions-nous pas nos efforts pour exercer sur la société une action prépondérante? Un seul homme n'a qu'une voix, toujours bien faible malgré sa puissance, mais une association (2)!... »

De là sortit l'École Menaisienne, qui se donna pour mission de réconcilier la société moderne avec le catholicisme, seul fondement solide de tout édifice social. La pensée paraissait belle, généreuse; mais elle avait besoin d'être mûrie sous le regard de Dieu dans la solitude, berceau de toutes les grandes entreprises. Les fondateurs le comprirent; Lamennais et Gerbet arrivèrent les premiers à la Chesnaie, le 4 janvier 1825.

(1) Ladoue, p. 63.
(2) Ladoue, p. 64.

Dans cette retraite profonde, on vit bientôt accourir une élite d'âmes généreuses qui n'avaient qu'un but : réunir leurs efforts pour rallumer le flambeau de la foi presque éteint en France, en entraînant les générations nouvelles dans la voie du progrès réglé par l'Évangile.

Aucun lieu ne pouvait être mieux choisi pour le but proposé que cette solitude alors si inconnue du monde et qui deviendra bientôt si célèbre. Un des disciples de Lamennais, Maurice de Guérin, nous a laissé une exacte description de ce mystérieux asile où le maître avait convoqué ceux qui aspiraient à le seconder dans l'œuvre de régénération morale et sociale qu'il avait entreprise.

La Chesnaie, dit-il, « est une sorte d'oasis au milieu des steppes de la Bretagne. Devant le château s'étend un vaste jardin coupé par une terrasse plantée de tilleuls, avec une petite chapelle au fond. J'aime beaucoup ce petit oratoire où l'on respire la paix de la solitude et la paix du Seigneur. Au printemps, nous irons prier à travers deux rangées de fleurs. A l'orient et à quelques pas du château, dort un petit étang entre deux bois peuplés d'oiseaux dans la belle saison; et puis, à droite, à gauche, de tous côtés, des bois, des bois, partout des bois. C'est triste maintenant que tout est dépouillé, que les forêts sont couleur de rouille, et avec le ciel de Bretagne toujours nuageux et si bas qu'il semble vouloir vous écraser; mais, au retour du printemps, le ciel se hausse, les bois repoussent vite, et tout sera charmant... »

C'est là que, pendant huit années, de 1825 à 1833, vinrent se ranger autour de Lamennais ceux que ses livres avaient éclairés ou édifiés. Beaucoup y restaient longtemps, retenus par les charmes de l'hospitalité la plus douce, heureux de s'y former, sous les yeux du maître, à la défense de la religion, qui était le but de leur vie.

Après avoir décrit le paysage, Maurice de Guérin nous donne de la physionomie du maître une esquisse qui n'est pas flatteuse. « Le grand homme est petit, grêle, pâle, yeux gris, tête oblongue, gros nez et long, le front profondément sillonné de rides qui descendent entre les deux sourcils jusqu'à l'origine du nez ; tout habillé de gros drap gris, des pieds à la tête ; courant dans sa chambre à fatiguer mes jeunes jambes, et, quand nous sortons pour la promenade, marchant toujours en tête, coiffé d'un mauvais chapeau de paille, vieux et usé... » Il a soin d'ajouter que le maître a des mots charmants et qu'il laisse échapper les saillies les plus vives, les plus étincelantes.

/ Lamennais, ajoute Charles Sainte-Foi, qui l'avait bien connu, « avait la timidité d'un enfant ; et ne pouvant ni parler, ni chanter en public, c'est à peine s'il osait se présenter. Si vous le regardez, vous le gênez ; si vous le louez, vous l'embarrassez et le réduisez au silence. Que faut-il donc faire avec lui ? L'écouter, comme un disciple doit écouter le maître (1). » Malgré un extérieur si peu prévenant, Lamennais exerçait sur

----

(1) *Revue du Monde catholique*, t. II, p. 573.

tous ceux qui l'approchaient le plus grand empire ;
car, selon le mot de Montalembert, il « savait être le
plus caressant et le plus paternel des hommes (1) ».
Maurice de Guérin en a rendu un naïf témoignage.

« J'éprouvais, dit-il, en abordant M. Féli (c'est ainsi
que nous l'appelons en famille), ce tremblement mystérieux dont on est toujours saisi à l'approche des choses divines et des grands hommes ; mais bientôt ce
tremblement se changea en abandon et confiance, et
je trouvais que l'imagination nous donne une idée bien
fausse des grandes âmes, nous les représentant comme
inaccessibles et en quelque sorte redoutables pour le
vulgaire ; bien loin de là ; la gloire, vue de près, est
simple et douce comme un enfant, et nul n'est d'un
plus facile accès qu'un grand homme. M. Féli m'a,
pour ainsi dire, forcé à oublier toute sa renommée par
sa douceur paternelle et la tendre familiarité de son
entretien. Tout son génie s'épanche en bonté. »

Mais quels étaient les principaux disciples qui aspiraient à combattre le bon combat sous les ordres du
maître ? Le 26 janvier 1825, l'abbé Gerbet avait écrit
à l'abbé de Salinis : « En réfléchissant sur le projet
d'une association d'ecclésiastiques dont il a souvent
parlé avec vous, M. de Lamennais a pensé qu'on pourrait commencer par se réunir quatre ou cinq, dans le
but d'étudier et d'écrire. Le caractère de cette société
fixerait tout de suite l'attention publique. Une fois
l'établissement formé on pourrait prendre successive-

(1) *Le Père Lacordaire,* p. 408.

ment quelques jeunes gens. » Il fallait avant tout des hommes désireux de se dévouer à la défense de l'Église ; Dieu se chargea d'en susciter sur tous les points de la France.

La Lorraine envoya le savant abbé Rohrbacher, l'auteur de la grande *Histoire ecclésiastique*, où se trouvent rectifiés les erreurs de Fleury et les mensonges de Sismondi. La Franche-Comté, qui avait déjà donné le doux abbé Gerbet, fournit quelques autres prêtres du plus grand mérite : l'abbé Godin, humaniste distingué ; l'abbé Gaume dont le nom fut mêlé à toutes les controverses religieuses de ce temps ; le modeste abbé Bornet, qui devint plus tard vicaire général de Mgr Gerbet, à Perpignan.

Le 30 août 1828, l'abbé Blanc, le vulgarisateur des doctrines romaines, écrivait à l'abbé Gerbet : « Je vais vous embrasser, et c'est de vive voix que nous devons prendre tous nos arrangements. Ce qu'il y a de beau encore dans ce voyage, c'est que je ne vais pas seul. M. Gousset (1), qui brûle aussi de vous embrasser, a été de suite d'avis de le faire avec moi. L'abbé Donay (2) est absent en ce moment, et lorsqu'il reviendra de la campagne pour partir pour Paris, il sera sans doute content de trouver deux compagnons sur lesquels il ne comptait pas. Nous espérons qu'il nous suivra à la Chesnaie (3). »

Le Dauphiné, la Provence, la Bretagne, dans la per-

(1) Futur archevêque de Reims et cardinal.
(2) Mort évêque de Montauban.
(3) Roussel, *Lamennais*, t. I, p. 208.

sonne des abbés Combalot, Caire et Houet avaient aussi répondu à l'appel. Le Midi était représenté par les abbés de Salinis et de Scorbiac qui, sans avoir fait acte d'adhésion absolue, pouvaient être considérés comme de la famille. La Bourgogne tenait en réserve la voix éloquente de Lacordaire.

Malgré les efforts des abbés de Salinis et Gerbet pour gagner Lacordaire à leur cause, celui-ci, « libéral impénitent, » résista longtemps à leurs amicales instances. Il éprouvait plutôt de l'antipathie que de l'attrait pour la personne de Lamennais : son système philosophique ne lui paraissait pas d'une solidité à toute épreuve, l'exagération de ses idées absolues en politique et son caractère entier lui déplaisaient encore plus. « C'est un homme petit, sec, écrivait-il à M. Boissard, le 3 juin 1823, d'une figure maigre et jaune, simple dans ses manières, tranchant dans ses discours, *plein de son livre*. Aucun trait ne révèle son génie. Qu'on place M. de la Mennais dans une assemblée d'ecclésiastiques, avec sa redingote brune, sa culotte courte et ses bas de soie noire, on le prendra pour le sacristain de la paroisse. »

Mais quand parut le livre des *Progrès de la Révolution*, Lacordaire salua avec transport l'évolution de Lamennais vers le libéralisme. Comme il songeait alors à se rendre avec l'abbé Jules Morel en Amérique, il ne voulut pas quitter l'Europe sans avoir visité ce « druide ressuscité en Armorique » et qui chantait « la liberté d'une voix un peu sauvage », sans avoir demandé la bénédiction « du seul grand homme de l'Église de France ». Arrivé à la Chesnaie, il se sentit, comme les autres, séduit et fasciné. « Prévenu par une lettre qui lui annonçait ma visite et mon adhésion, a-t-il écrit (1), Lamennais me reçut cordialement. Il avait près de lui M. l'abbé Gerbet, son disciple le plus intime, et une douzaine de jeunes gens qu'il avait réunis à l'ombre de sa gloire, comme une semence précieuse pour l'avenir de ses idées et de ses projets. »

Parmi les jeunes gens pleins d'ardeur qui, à différentes époques, se groupèrent autour de Lamennais, nous signalerons, outre Maurice de Guérin dont nous avons déjà parlé, Ange Blaize, son neveu, Élie de Kertanguy, son allié, Éloi Jourdain plus connu sous le nom de Charles Sainte-Foi, Eugène Boré qu'il appelait « son docte ami », Du Breil de Marzan, un poète qui a laissé d'assez beaux vers. A la Chesnaie se donnaient rendez-vous MM. de Coux, d'Ortigues le musicien, Cazalès, Sainte-Beuve, avide de tout voir sans jamais se donner; Montalembert y faisait aussi de courtes apparitions.

Essayons maintenant de pénétrer dans l'intimité de ces âmes choisies, réunies sous la paternelle direction de celui qu'on regardait comme une sorte d'oracle, comme un futur Père de l'Église. Cela nous sera d'autant plus facile que leur règlement de vie nous a été conservé par un des membres de la petite famille.

Le lever, fixé à cinq heures, était suivi de la prière

_____

(1) *Notice sur le rétablissement en France de l'Ordre des Frères Prêcheurs.*

et de la méditation. Lamennais y présidait habituellement; quand sa santé ne le lui permettait pas, il se
faisait remplacer par un de ses disciples. Les différents
points de l'oraison étaient exposés avec une constante
régularité. A la fin de l'exercice, un résumé substan-
tiel facilitait l'application des vérités dont l'esprit
s'était nourri par la réflexion. On assistait ensuite à la
messe où plusieurs communiaient, et chacun se livrait
dans la matinée à son travail préféré.

Au repas de midi succédait une heure et demie de
récréation; puis on faisait une visite au Saint-Sacre-
ment, et on récitait le chapelet. Les travaux littéraires
ou philosophiques reprenaient alors leur cours jusqu'au moment de la lecture spirituelle, qui était faite
par un des jeunes gens et assaisonnée de ses propres
réflexions.

Le soir, après souper, on passait au salon; c'était
l'heure de la causerie intime et sans apprêt. Lamennais
excellait à faire jaillir d'un entretien familier des pensées ingénieuses, des aperçus profonds et lumineux.
Philosophie, politique, voyages, anecdotes, historiet-
tes, plaisanteries, malices, tout cela sortait de sa
bouche sous les formes les plus originales, les plus
vives, les plus saillantes, les plus incisives. Il prenait
texte et prétexte de tout, d'un accident, d'un rien pour
se livrer à des considérations qui ravissaient ses auditeurs. « D'ordinaire gai, aimable et charmant, raconte
M. Jourdain (Ch. Sainte-Foi), il devenait tout à coup
triste, taciturne... Et alors tout notre petit Olympe
était dans la gêne et dans l'émoi, comme lorsqu'un

nuage fronçait les sourcils du grand Jupiter. Dans ces circonstances, c'était l'abbé Gerbet qui faisait les frais de la conversation, et qui, avec une grâce charmante, cherchait à voiler à tous les yeux les tristesses de son maître, et à interposer entre son chagrin et notre curiosité inquiète les saillies douces et aimables de son esprit toujours si placide et si serein. »

Le dimanche, Lamennais, devenu prédicateur, électrisait par sa parole tantôt tendre, tantôt enflammée, ses jeunes auditeurs qui croyaient entendre en lui un prophète, ou, pour mieux dire, le prophète des temps modernes. Il les entretenait surtout des obligations de la vie monastique, les initiant à l'avance à l'esprit et aux pratiques de la congrégation semi-bénédictine et semi-laïque qu'il avait fondée à Malestroit dans le diocèse de Vannes (1).

Le séminaire de Malestroit, dont la Chesnaie était comme le vestibule, devait devenir le berceau de son institut religieux qu'il appela la *Congrégation de Saint-Pierre*. Ce nom significatif indique quelle était la préoccupation visible de Lamennais. Il voulait tout rattacher au pontife romain qui, d'après ses écrits, doit être la clef de voûte de toute la société. « Ce sera la gloire incomparable de Lamennais et des disciples qui se groupèrent autour de lui, écrit l'abbé Jules Morel, d'avoir ressuscité parmi nous l'ultramontanisme sous une forme théologique que Joseph de Maistre n'avait pu

(1) Roussel, *Lamennais d'après des documents inédits*, t. II, chap. iii et iv : *Entretiens d'une retraite à la Chesnaie.*

lui donner, et d'en avoir trouvé du premier coup une expression si complète et si nette, nous dirions volontiers, tellement adéquate, que, quarante ans après, la formule en est encore assez jeune, assez vivante, pour répondre à tout l'embarras des circonstances actuelles (1). »

Faut-il croire, comme le dit M. Foisset, que Lamennais, en fondant la *Congrégation de Saint-Pierre*, poursuivit le dessein de remplacer la Compagnie de Jésus, comme n'étant plus suffisamment appropriée à l'état actuel des esprits, aux besoins présents du monde? Nous ne le pensons pas. Malgré quantité de traits satiriques contre les Jésuites, qui avaient combattu son système philosophique, il déclarera encore, dans son livre des *Progrès de la Révolution*, « qu'on ne pouvait trouver nulle part une Société dont les membres eussent plus de droits à l'admiration que les Jésuites par leur zèle et au respect par leurs vertus. » Il est infiniment plus probable, observerons-nous avec M. Spuller (2), que tout préoccupé d'animer le clergé français d'un esprit nouveau par la réforme de l'enseignement ecclésiastique, Lamennais voulut tout simplement prêcher d'exemple.

« L'Église, disait-il, a, même en ce qui tient à la science, une magnifique carrière à remplir : c'est à elle qu'il appartient de féconder le chaos et de séparer une seconde fois la lumière des ténèbres. Il ne suffit pas

(1) *Univers,* 19 mars 1870.
(2) *Lamennais,* p. 160.

pour cela de perfectionner les premières études cléri-
cales, on doit étendre plus loin son regard et se proposer un but plus élevé. Lorsque l'Église tenait entre
ses mains le sceptre de la science, c'était une des causes
de l'ascendant qu'elle avait sur les esprits. Ce moyen
d'action serait maintenant plus puissant qu'à aucune
autre époque, et l'on ferait ainsi tourner à l'avantage
des hommes les connaissances indifférentes au bien et
au mal, mais qui produisent infailliblement plus de
mal que de bien, quand le principe religieux ne pré-
side pas à leur développement. » Noble entreprise qui
consistait à se servir du progrès des sciences au plus
grand avantage de la religion; c'est là ce qu'il appelait
une éducation nouvelle, et suffisamment appropriée
à l'état actuel des esprits, aux besoins présents du
monde.

CHAPITRE VI

1825 - 1830.

En 1825, la Chambre des pairs reçut communication de deux projets de loi, destinés à donner satisfaction à une fraction de l'opinion religieuse, qui dominait alors au Palais-Bourbon. A cette époque, la lutte des idées prenait en toutes choses la forme d'un combat. Entre les catholiques ardents et leurs contradicteurs, ce n'était pas seulement une discussion, c'était la guerre, et la guerre à outrance. De tout côté des voix s'élevaient parmi la droite pour demander qu'on fît entrer le catholicisme dans les lois, et qu'on évangélisât les codes, afin d'évangéliser les esprits et les cœurs. M. de Marcellus s'était écrié en pleine Chambre des députés : « Nous sommes gouvernés par des lois impies! »

Ce fut pour obéir à ce courant de sentiments et d'idées que le ministère, bravant les plus violentes attaques, présenta deux nouvelles lois, l'une sur le sacrilège et l'autre sur les communautés religieuses. Cette dernière transférait aux ordonnances royales le droit d'autoriser les congrégations religieuses de femmes, droit jusque-là réservé aux lois délibérées par les trois pouvoirs. La première punissait de la peine des parricides la profanation des hosties consacrées, et de la peine de mort la profanation des vases sacrés et tout vol commis avec effraction, pendant la nuit, dans une église consacrée au culte.

Les ministres, en rédigeant ces deux projets de loi, avaient eu sans cesse présentes à l'esprit les objections qu'on pouvait y faire ; ce qui les porta à chercher des précautions contre leur œuvre et à effacer d'une main ce qu'ils écrivaient de l'autre. Leur travail, par conséquent, prêtait aux attaques venues de deux points opposés, à celles de M. Royer-Collard qu'on aurait désiré apaiser, comme à celles de M. de Lamennais qu'on avait voulu satisfaire.

Tout entier à sa chimère théocratique, celui-ci s'empressa de flétrir dans deux virulents pamphlets, comme autant de lâchetés et de trahisons, les précautions de langage employées par le ministère pour s'assurer une majorité.

Dans une première brochure, il accabla de sarcasmes et d'invectives Mgr l'évêque d'Hermopolis qui, en sa

qualité de ministre des affaires ecclésiastiques, avait
rédigé l'exposé des motifs de la loi sur les communautés de femmes. « Qui donc, s'écriait-il, a chargé
M. Frayssinous de capituler avec les rois de la terre au
nom de l'épouse de Jésus-Christ? » Et comme le ministre avait dit « qu'il n'était pas au nombre de ceux
qui se plaisent à se précipiter dans le bien, au risque
de ne pas le faire ou de le faire mal », l'abbé de Lamennais relevait cette parole de l'évêque, en la para-
phrasant avec une véhémence injurieuse : « Non, non,
Monseigneur, s'écriait-il, *vous n'êtes pas de ceux qui
se précipitent dans le bien*. Ne croyez pas qu'on vous
en accuse, vous vous êtes mis à l'abri de ce reproche; votre loi suffirait seule pour confondre à jamais
quiconque oserait vous l'adresser... (1). »

Dans la seconde brochure, consacrée au projet de
loi sur le sacrilège, Lamennais se montrait plus violent
encore. A l'entendre, remarque M. Thureau-Dangin (2),
ceux qui avaient proposé cette loi « feignaient un
grand zèle pour la religion », afin de « consacrer le principe de l'athéisme politique ». Car c'est là, disait-il,
« ce que fait le projet de loi, en appliquant les peines
portées contre le sacrilège aux crimes et délits commis
dans les édifices consacrés *aux cultes légalement établis
en France* ». Les évêques qui approuvaient ce projet
« avaient à demi abjuré le christianisme », et il espérait bien que « la loi funeste du sacrilège serait repous-

<hr>

(1) Nettement, *Hist. de la Restauration*, t. VII, p. 46.
(2) *Royalistes et Républicains*, p. 261.

sée avec toute l'indignation, avec toute l'horreur qu'elle devait inspirer à quiconque croit en Dieu ». Il montrait dans M. Lainé et dans M. Corbière « les continuateurs de Henri VIII », et dans M. de Frayssinous « un évêque schismatique usurpateur des drois de Léon XII ».

Les violents manifestes de Lamennais obtinrent, à cause même de leurs excès de langage, un succès prodigieux. « Salut à vous, noble défenseur de la Foi! lui écrivait-on de la petite communauté des Feuillantines. Salut à vous, éloquent avocat des vierges épouses de l'Agneau! Nous avons lu ces brochures admirables... Voyez quel fracas vous occasionnez, petit homme des champs... Ces mauvaises lois, du reste, n'en passeront pas moins, en dépit de vous et de vos dents, ou plutôt de votre plume. »

Toutefois les esprits sensés commencèrent à se demander où s'arrêteraient des exigences qu'aucune concession ne pouvait satisfaire, et qui repoussaient comme athées des lois que des hommes sincèrement religieux regardaient comme préjudiciables à la religion et dangereuses pour le gouvernement. « Je savais bien, écrivit-il alors, qu'il fallait à présent une espèce de courage pour m'avouer; mais, comme je n'écris pas pour plaire aux hommes, peu m'importe ce qu'ils peuvent penser et dire de moi. Il y aura bien du malheur si je ne leur fournis pas, avant la fin de l'année, quelque nouveau motif de me déserter encore davantage. »

Peu de temps après parut la première partie d'un

nouvel ouvrage de Lamennais, intitulé : *La Religion considérée dans ses rapports avec l'ordre politique et civil.* C'était passer de la question plus ou moins spéculative des rapports de la foi et de la raison à la question plus exclusivement pratique des rapports de l'Église et de l'État. Dans cet ouvrage, l'auteur combattait le gallicanisme, tel qu'il est formulé par la déclaration de 1682, et demandait à Rome, siège de la suprématie spirituelle, l'unique solution du problème social. De même que dans l'ordre philosophique il avait cru trouver le *criterium* de la certitude dans le consentement du genre humain ; de même, dans l'ordre politique, il soumet tout à l'Église personnifiée dans le Pape. Sans Pape, point d'Église ; sans Église, point de christianisme ; sans christianisme, point de société : donc le Pape est au-dessus de tout. Mais, tout en proclamant hautement sa croyance à l'infaillibilité du Pape, il laissait apercevoir déjà une indépendance qui alarmait ses meilleurs amis.

Un jour qu'il exposait devant M. Berryer ses idées sur les trois Églises, celle qui combat, celle qui souffre, celle qui triomphe, il se mit tout à coup à prophétiser l'avenir. « Taisez-vous, lui dit son ami, vous me faites peur ! — Et pourquoi ? — Je vois que vous deviendrez chef de secte. — Jamais, s'écria M. de Lamennais ; plutôt rentrer dans le sein de ma mère que de sortir du giron de l'Église. — Je vous dis que vous en sortirez ; je vous en vois sortir. — Et pourquoi ? Et comment ? — Pourquoi ? répliqua M. Berryer, c'est que vous suivez inexorablement vos idées où elles vous mènent, sans qu'aucune considération puisse vous arrêter (1). »

C'était le moment où la piété de Charles X était partout accusée de livrer l'État à l'Église. Des hommes considérables, qui n'étaient pourtant ni des révolutionnaires ni des impies, exploitaient cette accusation avec un effrayant succès. La Cour de Paris venait d'acquitter solennellement, le 3 décembre 1825, le *Constitutionnel*, inculpé de manifestations antireligieuses, le déclarant suffisamment excusé par le péril que couraient les libertés gallicanes. Lamennais jeta sur ce point au Gouvernement le plus provoquant défi. Lui qui, dans ses *Observations* sur les quatre articles, publiées en 1824, avait déclaré « s'en tenir autant que personne au premier », soutint en 1826 que, « sans se séparer de Dieu, » l'on ne peut refuser au Pape le droit de déposer les rois.

« Féli, écrivait l'abbé Jean à M. Querret, le 9 février, va publier la seconde partie de son ouvrage, *la Religion considérée dans ses rapports avec l'ordre politique et civil;* préparez vos oreilles à entendre un beau tapage. Si, de cette fois-ci, il ne va pas en prison, il faut désespérer d'y aller jamais (2). » Une lettre de l'auteur lui-même, adressée au comte de Senfft, le 26 février, ne laisse aucun doute sur son intention bien préméditée de braver en face le Gouvernement. Aussi

(1) Nettement, *Histoire de la littérature française sous la Restauration*, t. II, p. 245. — Lecanuet, *Berryer, sa Vie et ses Œuvres*, p. 68.

(2) Roussel, *Lamennais*, t. I, p. 187.

le ministère public se mit-il en devoir de le poursuivre, et l'épiscopat, qui était encore généralement gallican, rédigea contre lui une protestation en forme,
qui fut signée par un grand nombre de prélats.

Cité devant le tribunal correctionnel de la Seine
pour attaque contre le gouvernement du Roi et les lois
existantes, Lamennais se fit défendre par Berryer, qui
plaida l'incompétence absolue du tribunal civil sur
des questions touchant au spirituel, et la nullité de la
déclaration de 1682. L'avocat soutint que les quatre articles et les propositions qui en ressortaient étaient
des opinions controversables et que le gouvernement
n'avait nul droit d'imposer. Il ne les imposait pas aux
dissidents; pouvait-il les imposer aux catholiques sans
attenter à la liberté de ces derniers? Devait-il établir
pour eux seuls une religion politique? La mise en
accusation était-elle autre chose qu'une entreprise du
pouvoir civil en matière de religion?

Le tribunal acquitta Lamennais sur le grief d'outrages contre le Roi, mais le jugea coupable d'avoir attaqué les lois de l'État, dont la déclaration de 1682
faisait partie, et le condamna au minimum de la
peine, c'est-à-dire à une amende de trente francs (1).
Voici quelques passages du texte du jugement.

« En ce qui touche à la prévention d'attaques à la
dignité du Roi, à l'ordre de successibilité au trône,
aux droits que le Roi tient de naissance :

(1) M. l'abbé Roussel cite la petite allocution que Lamennais
avait composée pour la circonstance, mais qui ne fut pas prononcée.
(*Lamennais,* t. I, p. 183.)

« Attendu que le caractère de l'abbé de La Mennais,
ses opinions, ses sentiments religieux et monarchiques,
ne permettent pas même de supposer l'intention d'un
pareil délit.

« ... Attendu que le livre de M. de La Mennais ne
peut être lu et apprécié que par les personnes instrui-
tes et éclairées, enfin que le caractère de M. de La
Mennais doit être pris en grande considération... »

Ne suffit-il pas de cet exposé des motifs pour montrer
que les juges entendaient bien n'infliger à l'inculpé
qu'une condamnation de pure forme, qui leur était
arrachée par la nécessité d'accorder quelque chose à
de vives sollicitations? Le coup n'en était pas moins
porté : le gallicanisme avait été si violemment renversé, qu'il ne s'en est jamais relevé. Sans doute Lamennais ne s'était point encore déclaré ouvertement
contre la royauté, autrement Berryer ne l'eût pas défendu; cependant son livre n'en parut pas moins aux
royalistes comme le point de partage de sa vie politique.

A l'issue du procès, Lamennais s'empressa d'écrire
à M. Querret : « Vous avez eu tort, mon cher ami, de
vous inquiéter pour moi. C'est toujours, quoi qu'il arrive, une belle position que celle des défenseurs de la
vérité. Avec elle on ne craint rien et on se rit du
monde; car le monde passera, mais la vérité ne passera point. Je continuerai donc de la publier, de la
soutenir hautement, ainsi que je l'ai déclaré devant
les juges (1). »

(1) Roussel, *Lamennais,* t. I, p. 187.

Plusieurs journaux affirmèrent que Lamennais avait dit à ses juges : « Vous saurez ce que c'est qu'un prêtre! » Ces paroles ont fait fortune, répétées par tous les biographes jusqu'à ce jour; elles ne furent certainement pas prononcées alors (1). Une lettre à Mme la comtesse de Senfft nous avertit de l'inexactitude. « Messieurs, aurait-il dit, je dois à ma conscience et au sacré caractère dont je suis revêtu de déclarer devant le tribunal que je demeure inébranlablement attaché aux principes que j'ai soutenus, c'est-à-dire à l'enseignement invariable du chef de l'Église; que sa foi est ma foi, sa doctrine ma doctrine, et que, jusqu'à mon dernier soupir, je continuerai de la professer et de la défendre. »

Lamennais, dit M. Foisset, n'en fut pas moins révolté de la poursuite qui venait d'être dirigée contre lui au nom du Roi, et son ressentiment demeura implacable. A partir de ce jour il tint pour rompus les liens qui l'attachaient aux Bourbons, et ce fut sans retour. « L'État marche à sa destruction, écrit-il à la comtesse de Senfft, le 24 avril 1826, deux jours après la condamnation; les rois chancellent, leurs trônes *vides* ne tiennent plus à rien. Eh bien, je m'attache à ce qui reste, à ce qui restera toujours, à ce qu'on ne vaincra jamais : à la croix de Jésus de Nazareth. »

---

(1) **M.** Houet croit que ce mot fut dit en 1824, lors du procès du *Drapeau blanc*, quand Lamennais fut poursuivi pour un article contenant les plus violentes attaques contre l'Université. (Roussel. *Lamennais*, t. I, p. 186.)

. L'été venu, Lamennais, accompagné de l'abbé de Salinis, se rendit aux eaux de Saint-Sauveur dans les Pyrénées, afin de rétablir sa santé compromise par un commencement de maladie du cœur. L'année suivante, à la Chesnaie, il tomba dangereusement malade et son frère accourut au premier appel. « L'abbé Jean est arrivé ces jours-ci, écrit le 27 juillet M. Gerbet à l'abbé de Salinis. Nous avons le cœur navré. Nous craignons un épouvantable malheur. Priez pour lui et pour nous. » Le 10 août, encore tout ému de la crise terrible que son maître vénéré venait de traverser, l'abbé Gerbet écrivit aussi à M. Laurentie :

«... Grâces à Dieu, le voilà échappé à une affreuse maladie, qui l'avait conduit jusqu'à l'agonie... Il vient d'éprouver que la seule chose qui console et rassure, c'est ce qu'on a fait pour la défense de la vérité. Il disait à son frère, en recevant les derniers sacrements : « Je te lègue la plus belle chose du monde, la vérité à défendre! »... Je voudrais vous donner sur cette maladie des détails qui vous intéresseraient. Mais, tout occupé de soigner sa convalescence, je n'ai que peu de temps libre pour ma correspondance. Je ne vous rapporterai aujourd'hui que deux de ses paroles, qui m'ont profondément touché : « Mon ami, disait-il, j'ai bien assez de la terre. » Une autre fois, je lui demandais ce qu'il voulait boire; comme ses idées commençaient à se brouiller, il ne comprit pas trop bien ce que je lui disais; mais, interprétant ma question dans un sens analogue à sa pensée habituelle, il me répondit :

« On ne peut pas désirer autre chose que ce que Dieu veut (1). »

D'après d'autres détails qui nous ont été conservés, Lamennais tenait entre ses mains défaillantes le chapelet de jaspe que le pape Léon XII lui avait donné dans son audience de congé, et semblait appeler la mort comme une délivrance. A minuit, se sentant défaillir, il pria d'ouvrir la fenêtre. Comme il faisait un clair de lune magnifique : « La nuit est belle, dit son garde-malade. — Oui, répondit-il d'une voix presque éteinte ; mais, pour ma paix, s'il plaisait à Dieu, ce serait la dernière... »

Hélas ! quel contraste entre cette douce et pieuse agonie de l'apologiste et celle de l'apostat que nous aurons à raconter plus tard ! Que ne s'est-il souvenu, à ses derniers moments, de cette parole de la sainte Écriture : *Beati qui in Domino moriuntur,* dont il fit un jour une si touchante paraphrase !

C'était, raconte M. A. Blaize (2), le soir de la fête de tous les Saints. La pluie tombait à torrents, et le vent d'automne emportait dans ses tourbillons les feuilles jaunies des vieux chênes qui ont vu passer tant de générations... Que de voix aimées, se mêlant aux bruits de l'orage, nous criaient de la tombe : Souvenez-vous ! Lamennais descendit au salon où ses disciples se trouvaient réunis, et d'une voix rythmée il lut cet hymne des morts.

(1) Laurentie, *Souvenirs inédits,* p. 255.
(2) *Essai biographique,* p. 179.

« Ils ont aussi passé sur cette terre, ils ont descendu le fleuve du temps; on entendit leur voix sur ses bords, et puis on n'entendit plus rien. Où sont-ils? Qui nous le dira? Heureux les morts qui meurent dans le Seigneur.

« Pendant qu'ils passaient, mille ombres vaines se présentèrent à leurs regards; le monde que le Christ a maudit leur montra ses grandeurs, ses richesses, ses voluptés; ils le virent, et soudain ils ne virent plus que l'éternité. Où sont-ils? Qui nous le dira? Heureux les morts qui meurent dans le Seigneur.

« Semblable à un rayon d'En-haut, une croix, dans le lointain, apparaissait pour guider leur course; mais tous ne la regardaient pas. Où sont-ils? Qui nous le dira? Heureux les morts qui meurent dans le Seigneur.

« Il y en avait qui disaient : Qu'est-ce que ces flots qui nous emportent? Y a-t-il quelque chose après ce voyage rapide? Nous ne le savons pas, nul ne le sait. Et, comme ils disaient cela, les rives s'évanouissaient. Où sont-ils? Qui nous le dira? Heureux les morts qui meurent dans le Seigneur.

« Il y en avait aussi qui semblaient, dans un recueillement profond, écouter une parole secrète, et puis, l'œil fixé sur le couchant, tout à coup ils chantaient une aurore invisible et un jour qui ne finit jamais. Où sont-ils? Qui nous le dira? Heureux les morts qui meurent dans le Seigneur.

« Entraînés pêle-mêle, jeunes et vieux, tous disparaissaient, tels que le vaisseau que chasse la tempête. On compterait plutôt les sables de la mer que le nombre de ceux qui se hâtaient de passer. Où sont-ils? Qui nous le dira? Heureux les morts qui meurent dans le Seigneur.

« Ceux qui les virent ont raconté qu'une grande tristesse était dans leur cœur : l'angoisse soulevait leur poitrine, et, comme fatigués du travail de vivre, levant les yeux au ciel, ils pleuraient. Où sont-ils? Qui nous le dira? Heureux les morts qui meurent dans le Seigneur.

« Des lieux inconnus où le fleuve se perd, deux voix s'élèvent incessamment :

« L'une dit : Du fond de l'abîme j'ai crié vers vous, Seigneur : Seigneur, écoutez mes gémissements, prêtez l'oreille à ma prière. Si vous scrutez nos iniquités, qui soutiendra votre regard? Mais près de vous est la miséricorde et une rédemption immense.

« Et l'autre : Nous vous louons, ô Dieu! nous vous bénissons; saint, saint, saint est le Seigneur Dieu des armées! La terre et les cieux sont remplis de votre gloire.

« Et nous aussi, nous irons là d'où partent ces plaintes ou ces chants de triomphe. Où serons-nous? Qui nous le dira? Heureux les morts qui meurent dans le Seigneur. »

Après sa guérison, Lamennais entreprit une nouvelle édition de l'*Imitation*, accompagnée de *Réflexions*, qui parut chez Belin, et que M. de Sacy regarde comme le chef-d'œuvre de l'écrivain. « M. de Lamennais, dit-il, n'a peut-être imprimé son génie d'une manière durable que sur ces modestes réflexions qu'on lira toujours, parce que le cœur y parle au cœur, que le talent même de l'illustre Breton y a je ne sais quoi de plus parfait et de plus attrayant. »

En 1885, un vénérable chanoine, M. Auber, historiographe du diocèse de Poitiers, écrivit, dans la *Revue littéraire* de l'Univers du mois de février, que la traduction de l'*Imitation*, connue sous le nom de Lamennais, n'était point de lui, mais de M. de Genoude, et que dix-sept seulement des *Réflexions* appartenaient à Lamennais (1). Il faut distinguer avec M. Houet entre les premières éditions et les suivantes. Ce n'est qu'en 1824 que parut la traduction de Lamennais lui-même. Tant qu'il vécut, l'écrivain ne cessa de réimprimer son *Imitation* sans rien changer au texte, mais il n'en fut pas de même pour les Réflexions. « La plupart de celles qu'on lit dans les éditions précédentes, écrit l'éditeur dans l'avertissement de 1828, n'étaient pas de l'auteur de la traduction et l'on avait eu soin d'en avertir, p. x de la préface. On les a retranchées dans celle-ci, et M. de Lamennais y en a substitué de nouvelles, ce qui donne plus d'unité à son travail. »

M. l'abbé Auber avait ajouté que la préface elle-même était de M. de Genoude et qu'elle portait sa signature. « Une pareille méprise, observe M. l'abbé Roussel, était très flatteuse... pour M. de Genoude — qui ne signa de fait que la traduction des premières éditions — mais bien peu pour le goût littéraire de celui qui la commit et de ceux qui la partagèrent. »

(1) Roussel, *Lamennais*, t. I, p. 212.

8

Quand les *Réflexions* parurent, l'abbé de Salinis ne craignit pas de dire qu'elles étaient comme de véritables *post-scriptum* écrits par le tendre et pieux auteur de l'*Imitation* lui-même; et de bons juges ne les trouvèrent pas indignes de figurer à côté des *Élévations sur les mystères* de Bossuet. De nos jours encore, elles sont considérées comme le meilleur ouvrage de l'écrivain, comme le seul peut-être qui soit appelé à lui survivre.

A la suite de l'*Imitation* accompagnée de *Réflexions*, signalons parmi les autres œuvres ascétiques de Lamennais : *le Guide du premier âge*, qui faisait l'admiration de l'évêque d'Orléans, Mgr Dupanloup, bon juge en ces matières; une *Bibliothèque des dames chrétiennes* qui, malgré bien des tentatives, n'a pas été surpassée, et enfin un recueil précieux, la *Journée du chrétien*, où respirent à chaque page le génie et la piété de l'auteur.

Tout en publiant des ouvrages ascétiques, Lamennais n'avait pas renoncé à sa vie de combat. Il continuait d'envoyer au *Mémorial catholique*, rédigé par de jeunes prêtres et quelques laïques dévoués à ses idées philosophiques et à ses thèses sociales, des articles où perçait un esprit de critique, qui ne savait rien ménager, ni dans l'ordre politique ni dans l'ordre religieux.

C'est au gallicanisme qu'il s'en prend d'abord; c'est contre ce vieux reste de l'ancien régime ecclésiastique qu'il dirige surtout ses efforts. Sa puissante logique a facilement raison sur ce point; mais il se perd dans les excès d'un ultramontanisme inconnu même à Rome,

en proclamant l'Église non seulement indépendante
mais dominante. Il prétend faire revivre un moyen âge
idéalisé, en fondant partout des royautés chrétiennes,
subordonnées au principat du pontife romain. Le pape
aurait pour mission de protéger les nations contre la
guerre, l'anarchie et la tyrannie, et de proclamer la
vérité en matière politique comme en matière religieuse. Mais la société, depuis le moyen âge, n'a fait
que s'éloigner de cet idéal, elle se trouve donc en contradiction manifeste avec le catholicisme. Aussi la
législation française, en particulier, n'est-elle à ses
yeux qu' « un mélange hideux d'impiété et d'anarchie ». Il faut, au plus vite, supprimer la protection
accordée aux cultes dissidents, rendre au clergé son
rang et son autorité de premier ordre politique de l'É-
tat, subordonner, en un mot, la société temporelle à
l'Église, le gouvernement au pape ; la théocratie seule
peut nous sauver de la démocratie.

Du reste, si Lamennais invoque souvent le nom du
Souverain Pontife, il n'y est nullement autorisé ; il
compromet le chef de l'Église, mais ne lui obéit pas.
Ses lettres sont remplies de plaintes amères sur l'iner-
tie et le silence de Rome, qu'il voudrait voir agir et
parler sous son impulsion. C'est, ose-t-il écrire, « le
siège de la peur et de la faiblesse au point même de
m'étonner ».

Après le gallicanisme, ce que Lamennais hait et
méprise le plus, c'est le régime représentatif, qui prétend chercher ailleurs que dans la suprématie politique des papes la conciliation entre l'autorité des gou-

vernements et la liberté des peuples. Il n'a pas assez d'outrages contre le « gouvernement dit représentatif, triste assemblage de toutes les corruptions possibles, » contre cette invention de la division des pouvoirs, qui « dégrade les véritables souverains ». — « Je ne saurais m'empêcher de penser, écrit-il, que Dieu a permis l'invention du représentatif dans un siècle d'orgueil, afin d'humilier les hommes en leur montrant jusqu'où peut aller la bêtise humaine. »

Si Lamennais veut tant de bien aux rois, c'est que ceux-ci doivent être les instruments de sa révolution politique et religieuse; on verra comment il les traitera, le jour où il saura qu'il ne peut plus compter sur eux. D'ailleurs, la publicité du *Mémorial catholique* ne lui suffit pas, et il prépare un ouvrage de polémique dont le retentissement sera considérable.

Depuis longtemps Lamennais regardait comme un fait accompli la ruine du trône et l'avènement de la République. Le jour de Pâques de l'année 1827, il avait dit dans le cours d'une conversation ces étranges paroles : « C'en est fait à jamais des Bourbons, et je voudrais que c'en fût fait demain. »

La mesure lui parut comble, lorsque furent promulguées par le ministère Martignac les fameuses ordonnances du 16 juin 1828. Elles renouvelaient les anciennes interdictions contre les congrégations religieuses et en particulier contre les Jésuites dont les établissements d'éducation furent fermés (1). L'auto-

(1) Les ordonnances enlevaient aux Jésuites les huit établisse-

rité devenait ainsi oppressive de l'Église. Lamennais se sépara d'elle et se retourna vers la liberté. Il publia, sous le titre de *Progrès de la Révolution et de la guerre contre l'Église,* un ouvrage dans lequel il ne gardait plus envers le gouvernement aucun ménagement.

Ce livre avait sans doute un dessein généreux, qui était de dévoiler aux yeux des catholiques français les projets formés par les impies contre la religion, et les efforts auxquels ils se livraient pour préparer sa ruine. C'était néanmoins une œuvre injuste, car elle représentait Charles X et une partie du clergé lui-même, par leur faiblesse ou leur entêtement à suivre des doctrines suspectes, comme les complices de cette guerre contre l'Église. « Une immense liberté, disait l'auteur, est indispensable pour que les vérités qui sauveront le monde, s'il doit être sauvé, se développent comme elles le doivent; et les souverains jugent avec raison que cette liberté les tuerait à l'instant même. Ils luttent donc contre elle de toutes leurs forces et niaisement, dans les formes et dans les détails; mais le besoin qu'en a la société est trop grand, pour qu'ils luttent longtemps avec succès. La force irrésistible qui les aurait emportés les brisera. »

Et il ajoutait, en faisant sonner bien haut ses reven-

ments d'éducation qu'ils dirigeaient et, pour les empêcher d'y rentrer, exigeaient des supérieurs des petits séminaires la déclaration qu'ils n'appartenaient à aucune congrégation religieuse. Elles soulevèrent les protestations unanimes de l'épiscopat français. Une commission, présidée par Mgr de Quélen, déclara, après long examen, qu'elle ne voyait dans l'existence et la direction des écoles ecclésiastiques rien de contraire à la charte ni aux lois.

8.

dications : « Nous demandons pour l'Église la liberté promise par la Charte à toutes les religions; la liberté dont jouissent les protestants, les Juifs, dont jouiraient les sectateurs de Mahomet et de Bouddha, s'il en existait en France (1)... Nous demandons la liberté de conscience, la liberté de l'éducation, et c'est là ce que demandent comme nous les catholiques belges, opprimés par un gouvernement persécuteur. »

Censeur amer du pouvoir et de ses ministres, détracteur passionné de Louis XIV, un de nos plus grands rois, de Bossuet, le plus savant de nos pontifes, Lamennais abandonna définitivement « la bande » monarchique dont il avait été « l'un des premiers complices », parce que la théocratie, croyait-il, ne pouvait triompher que par la liberté absolue. « Qu'est-ce que le dernier ouvrage de l'abbé de Lamennais? » demandait un jour la duchesse d'Angoulême à quelqu'un de son entourage? — « C'est un livre, lui fut-il répondu, qui prouve que vous perdez à la fois la monarchie et la religion. Quant à la monarchie, l'abbé en porte le deuil, mais il voudrait sauver l'Église. »

Dans le monde politique et religieux, l'émotion causée par le nouvel ouvrage de Lamennais fut extrême. Les chancelleries des cours européennes commencèrent à s'occuper de ce prêtre audacieux qui ébranlait toutes les colonnes du temple. Son évolution surprit les publicistes libéraux qui lui firent observer

----

(1) Ce que Lamennais regardait alors comme impossible est devenu une réalité avec les essais de propagande de M. Léon de Rosny.

que le libéralisme avait du bon. — « Non, répondit-il, le libéralisme, tel que vous l'entendez, est toujours aussi mauvais que par le passé; voulez-vous le rendre bon? Commencez par le christianiser. » Assailli de tous côtés par les journaux royalistes et ultramontains comme par les philosophes du *Globe*, Lamennais tint tête à l'orage. Mgr de Quélen, dans son mandement de carême, censura le nouvel écrit; l'auteur des *Progrès de la Révolution* répondit au blâme paternel de l'archevêque de Paris par deux lettres qui devinrent une cause de scandale pour tous les pieux fidèles.

Les Lettres à Mgr l'archevêque de Paris ne sont à proprement parler qu'une défense du livre *Des Progrès de la Révolution*. C'est une démonstration nouvelle des idées fondamentales de l'ouvrage, un mordant pamphlet contre le libéralisme et le gallicanisme. Tout le monde remarqua dans ces lettres une ironie impatiente de toute autorité qui annonçait déjà le prêtre révolté de 1834. La colère bouillonne dans chaque ligne, quoiqu'elle n'éclate pas encore. Paul-Louis Courier n'aurait pas parlé autrement des hauts dignitaires ecclésiastiques.

Lamennais voulait à tout prix régénérer la société. L'alliance des deux pouvoirs, qu'il avait d'abord jugée indispensable à l'accomplissement de son dessein, lui semble maintenant un obstacle insurmontable. Il change donc de tactique, et son nouveau plan de campagne se résume en cette formule : *Tout par le pape et pour le peuple*. Elle ne devait pas être son dernier mot. Dans la suite, lorsqu'il désespérera de la faire adopter à Rome, nous le verrons abjurer la théocratie pour embrasser la démocratie. Une nouvelle formule, *Tout pour le peuple et par le peuple*, restera son cri de ralliement jusqu'au dernier soupir.

Les doctrines nouvelles de Lamennais se manifestent clairement dans sa *Correspondance*, où il s'exprime avec plus de liberté que dans ses ouvrages. Dès 1827, il abandonnait complètement la cause de l'ancien régime pour rêver un état complètement nouveau. « Jamais on ne relèvera l'ancien régime, disait-il, et sous presque aucun rapport il ne serait à désirer qu'on le relevât (septembre 1827). » Bonald avait écrit : « Nul État ne peut subsister avec la liberté de la presse. » Selon lui, au contraire, « il y a des vérités à établir et des erreurs qui doivent s'épuiser. La liberté de la presse est nécessaire à ce double but (novembre 1827). » Il reconnaît que « le libéralisme a pour lui cette conscience universelle qui est la plus grande des forces (janvier 1828) ». — « Aucun bien ne peut plus s'opérer sans de grandes catastrophes (novembre 1828) ». — « Tout se prépare pour de grands ébranlements. Les hommes seront emportés comme la paille par la tempête (janvier 1829). » — Pour arriver à ce renouvellement, deux choses sont nécessaires : « éclairer les esprits par la discussion, fortifier les âmes par le combat, d'où il suit que la liberté est aujourd'hui le premier besoin des peuples. » Il écrivait enfin au comte de Senfft, son ami : « Il faut que tout se fasse par les peuples, c'est-à-dire par un peuple nouveau, formé

peu à peu sous l'influence du christianisme mieux
conçu, au milieu des nations en ruine. Quand les catholiques aussi crieront : liberté! bien des choses
changeront. »

Un événement important, la protestation des catholiques belges contre le gouvernement hollandais, vint
confirmer Lamennais dans ses nouvelles aspirations et
lui donner une forte impulsion du côté du libéralisme.
Par les traités de 1815, la Belgique avait été annexée
au royaume des Pays-Bas. Cette annexion violente
souleva deux sortes de protestations : d'une part, celle
des libéraux, qui réclamaient, comme en France,
contre la réaction antilibérale du pouvoir ; d'autre
part, celle des catholiques, qui réclamaient la liberté
de conscience. De là une alliance naturelle entre les
principes libéraux et les principes catholiques. Cette
alliance, commandée par la situation, fit taire les préjugés réciproques, et les deux partis, étroitement
unis, s'élevèrent à la fois contre une même tyrannie.
Ce sont ces principes communs qui inspiraient le *Manifeste* des catholiques.

Dès qu'il eut paru, Lamennais s'empressa de le
proposer comme modèle aux catholiques français.
« C'est, disait-il, un des plus beaux spectacles que l'on
ait vus depuis longtemps. » Il se faisait l'illusion que,
dans cette alliance du libéralisme et du catholicisme,
le premier de ces deux éléments serait absorbé par le
second. Au lieu donc d'opposer sans cesse le catholicisme aux instincts modernes, il voulait qu'on s'empa-
rât de ces instincts au profit du catholicisme ; et, selon

son expression, il fallait « catholiciser le libéralisme (1) ».

Ainsi Lamennais se montrait de plus en plus désabusé du royalisme qu'il confondait avec l'absolutisme.
Lorsque M. Berryer l'adjura, en 1829, de défendre la
royauté légitime, qui venait de se réfugier dans les
bras de ses anciens amis politiques, il répondit dédai-
gneusement : *Jam fœtet* (2).

« La royauté, dites-vous, écrivait-il à M. Berryer :
Mon ami, elle est condamnée, et condamnée bien
justement. Dieu l'a touchée au front comme Caïn. Il y
a guerre entre elle et lui. Ne voyez-vous pas que par
une sorte d'instinct irrésistible, tout se sépare d'elle
comme de quelque chose de maudit? Rangez-vous
donc auprès de cette vieille idole qui tombe! Nulle
main d'homme ne la soutiendra. Et doit-on, peut-on
désirer qu'elle reste encore debout? En vérité, je ne
le pense pas. Qu'est-elle autre chose en soi que la constitution de l'antichristianisme en Europe? Je ne parle
pas des hommes qui peuvent être pieux, mais des
gouvernements, du système social. Le pouvoir est
partout corrompu dans sa racine et ne saurait désormais produire que des fruits de mort. Il dégrade et
pervertit tout ce qui l'approche, tout ce qui s'attache
à lui. Voyez le clergé. Que voulez-vous donc? me de-

---

(1) Cf. Janet, *la Philosophie de Lamennais,* p. 64, 65. — « On
tremble devant le libéralisme, écrivait-il à la comtesse de Senft :
catholicisez-le, et la société renaîtra. »

(2) Foisset, *Vie de Lacordaire,* t. I, p. 120. — C'est le mot de
Marthe sur Lazare mort depuis quatre jours.

manderez-vous, le triomphe du libéralisme? Oui, justement cela, car le libéralisme, absurde dans ses théories, violent dans ses passions, aveugle dans ses projets, après un profond désordre et de grands crimes peut-être, ne fera triompher, ne peut faire triompher qu'une chose, la liberté; et c'est la liberté qui sauvera le monde, parce que la liberté, qu'on cherche tant qu'on voudra, se réduira toujours en ce qu'elle a d'effectif, à l'affranchissement de l'Église (1). »

Toutefois, Lamennais estimait que « la force qui renverse tout n'est qu'une calamité de plus, quand elle n'a pas derrière elle une pensée qui puisse édifier »; et cette pensée, il la cherchait dans le dogme catholique approprié aux besoins du peuple.

Ce qu'il voulait, lui-même nous l'a dit : dégager la religion de « l'édifice politique » où il la trouvait « emprisonnée ». « On doit peu s'étonner des progrès du libéralisme, écrivait-il de la Chesnaie, le 16 juillet 1830, à l'abbé de Hercé, c'est la marche naturelle des choses, et dans les desseins de la Providence, la préparation au salut, je le crois du moins. La religion, emprisonnée dans le vieil édifice politique, véritable cachot de l'Église, ne reprendra son ascendant qu'en recouvrant sa liberté, et c'est là le service que ses ennemis, instruments aveugles d'une puissance qu'ils méconnaissent, ont reçu d'en haut l'ordre de lui rendre. »

(1) Lettre inédite publiée par M. de Lacombe, *Correspondant*, 25 février 1890.

Çà et là, dans la *Correspondance*, on entrevoit que Lamennais, désenchanté du royalisme, pourrait bien un jour être désabusé d'un autre pouvoir tout autrement respectable, dont il commençait déjà à déplorer la faiblesse et l'incurie : « Rome! Rome! où es-tu? » disait-il au moment où il croyait que Rome désapprouvait la protestation des évêques contre les ordonnances de 1828 (1). Il se plaint de l'ingratitude de l'Église à son égard : « Défendez donc la religion, l'Église... L'Église était dans l'arène, livrée aux bêtes... j'ai senti le besoin de combattre pour elle. Aussitôt on lapide le téméraire sans mission. » Enfin il déplore que l'opposition vienne de ceux mêmes dont on devait attendre le soutien : « L'Église, dit-il, en est arrivée à un véritable protestantisme de fait (2). »

Dès le commencement de l'année 1830 l'avenir semblait très menaçant. Le 3 janvier parut le premier numéro du *National,* fondé par MM. Thiers, Armand Carrel et Mignet, avec le but avoué « d'enfermer le gouvernement dans la Charte ou de le faire sauter par la fenêtre ». Le 2 mars s'ouvrit la session parlementaire. Dans le discours du trône, Charles X engagea les Chambres à repousser avec mépris les perfides insinuations que la malveillance cherchait à propager. M. Royer-

(1) Charles X n'avait signé les ordonnances du 16 juin, que parce que ses ministres lui avaient présenté cette mesure comme nécessaire au salut de la religion et de la monarchie. Le pape Léon XII, tout en désapprouvant les ordonnances, conseilla de se soumettre à une autorité plus faible que coupable.

(2) Cf. Janet, *la Philosophie de Lamennais,* p. 65.

Collard, élu président de la Chambre des Députés, fit voter par 221 membres une adresse au roi, qui déclarait qu'entre les vues politiques du gouvernement et les vœux du peuple n'existait aucun concours. Poussé par ses ministres, le Roi, par une ordonnance du 16 mai, prononça la dissolution de la Chambre; mais après les nouvelles élections, les 221 revinrent avec quarante-neuf opposants. Alors Charles X, escomptant le récent succès de la prise d'Alger, et se retranchant derrière l'article de la Charte qui lui donnait le pouvoir « de faire les règlements et ordonnances nécessaires pour l'exécution des lois et la sûreté de l'État », fit signer à tous les ministres quatre ordonnances qui parurent au *Moniteur*, le 26 juillet.

La première suspendait la liberté de la presse périodique et soumettait les journaux à l'autorisation préalable.

La seconde prononçait la dissolution de la nouvelle Chambre.

La troisième modifiait le système électoral et remaniait les collèges électoraux.

La quatrième convoquait les électeurs pour le 13 septembre.

A la stupeur d'un moment causée par la lecture des ordonnances succéda bientôt la résistance ouverte. Dans les bureaux du *National* on rédigea une protestation déclarant le régime légal interrompu, celui de la force commencé, les Français tenus d'obéir aux lois, mais dispensés d'obéir aux ordonnances. Elle fut signée par quarante-quatre journalistes. Une révolution se préparait, et le gouvernement, s'endormant dans une étonnante sécurité, ne prenait aucune mesure pour la combattre. « Un bonnet à poil, placé sur le clocher de Notre-Dame, disait le comte de Bourmont, ministre de la guerre, suffirait à contenir la bourgeoisie. »

Le 27 juillet, pendant que le Roi chassait à Rambouillet, l'émeute s'organisa. Les ouvriers, les jeunes gens des écoles, de vieux soldats de l'Empire, d'anciens gardes nationaux non désarmés, s'attroupèrent aux cris de *Vive la Charte*, arborèrent le drapeau tricolore et élevèrent des barricades. Pendant trois journées, qu'on baptisa plus tard du nom de *glorieuses,* on combattit dans les rues de Paris. Le 29 juillet, malgré la résistance de 14,000 hommes sous les ordres du maréchal Marmont, les insurgés restaient maîtres de la capitale. Charles X, comprenant alors la gravité de la situation, signa le retrait des ordonnances, mais il était trop tard. Après avoir abdiqué en faveur de son petit-fils, le jeune duc de Bordeaux, il prit, avec la famille royale, le chemin de l'exil (1), pendant que la Chambre des députés proclamait le duc d'Orléans roi des Français.

A peine la révolution de 1830 a-t-elle éclaté, que Lamennais la salue comme l'aurore d'une ère nouvelle pour l'Église et pour les peuples. Il écrit à son ami le marquis de Coriolis : « Les vaincus ont, de toute manière, mérité leur défaite, et cette défaite est

(1) Dareste, *Histoire de France*, t. IX, p. 347-367.

sans retour. Il est à désirer que cette conviction devienne universelle, car de fausses espérances pourraient produire des maux infinis. Chacun doit aujourd'hui chercher sa sûreté dans la sûreté de tous, c'est-à-dire dans une liberté commune. La liberté, c'est le droit et la faculté de se défendre contre toute volonté arbitraire et oppressive. Il est à souhaiter ardemment que ce principe prévaille dans le gouvernement que l'on va nous donner; » — et, deux jours plus tard, à Mme de Senfft, le 6 août 1830 : « On va mettre la couronne sur la tête du duc d'Orléans. Le plus grand nombre préférerait la République, une République franchement déclarée, et je suis de ceux-là; mais j'espère que la royauté sera purement nominative; » — et enfin, à M. de Coriolis, le 26 août : « Vous avez mille fois raison; ceci doit, tôt ou tard, finir par la République; j'entends République de droit, car nous avons déjà celle de fait, et comme d'ici à longtemps peut-être nul autre gouvernement ne sera possible en France, j'aimerais mieux pour la tranquillité de ce pays, qu'on mît plus d'unité dans les institutions qu'on nous fabrique; car tout ce qui s'y trouvera opposé à l'esprit républicain ne pourra ni durer ni être changé sans de nouvelles secousses qui ne seront pas médiocrement dangereuses. »

On le voit alors se jeter au plus épais de la mêlée des partis; il parle d'affranchissement de la presse, de liberté pour tous. Comme autrefois il avait entendu consolider les principes monarchiques au profit du pouvoir spirituel, il voulait que la révolution accomplie trouvât son maître dans le catholicisme régénéré. C'est dans ce sens qu'il comprit son rôle et dirigea son action. Il appelle à sa suite tous les catholiques de France et invite Rome à chanter sa victoire immanquable.

« Quelques-uns, dit-il dans la *Préface* des *Troisièmes Mélanges*, ne virent dans les événements de juillet qu'une émeute heureuse ; nous y vîmes un mouvement social, un pas fait par l'humanité vers les destinées meilleures qu'amène infailliblement le progrès intellectuel et moral. On pouvait craindre néanmoins que le catholicisme, compromis sous l'ancien gouvernement, n'eût à souffrir que des fautes commises, et cette crainte, chacun le sait, préoccupait vivement le clergé et la population croyante. On pouvait craindre encore que le principe d'émancipation ne fût, quoique victorieux, arrêté dans son développement. Alors nous conçûmes la double pensée de préserver le catholicisme des malheurs qui le menaçaient, et, en unissant étroitement sa cause à celle de la liberté, de préparer le triomphe durable et pacifique de celle-ci. Tel fut le but que l'on se proposa en fondant l'*Avenir*. »

CHAPITRE VII

1830 - 1832.

Deux mois et demi après la chute de la Restauration, le 16 octobre 1830, parut le premier numéro de l'*Avenir*, portant pour épigraphe cette devise : *Dieu et liberté*. Dieu, c'est-à-dire le catholicisme et son chef infaillible, le Pontife romain ; liberté, c'est-à-dire l'arme avec laquelle on se propose de combattre pour les droits de l'Église.

Dans le premier article Lamennais exposait l'esprit de cette publication, en expliquant la devise du journal. Il ne reste debout, disait-il en substance, que deux principes : Dieu et la liberté. Unissez ces deux principes, et les deux grands besoins de l'âme seront satisfaits. Jusqu'ici les catholiques se sont défiés de la liberté, parce qu'elle était défendue par une philosophie

impie; mais cette philosophie elle-même n'était impie
que parce que la religion s'était associée au despotisme.
On combattait la religion pour combattre l'absolutisme;
mais le vrai christianisme, le christianisme compris
dans son essence et dans son esprit, n'était pas incompatible avec la liberté, car il en est la base. La liberté
a besoin du catholicisme pour fonder le droit sur quelque chose de divin, et les catholiques ont besoin de la
liberté pour répandre leurs doctrines. Toutes les
grandes forces sociales ayant été l'une après l'autre
minées et ruinées, la liberté individuelle, la liberté de
tous, est la seule garantie possible. Donc point d'autre
issue que l'alliance de la liberté et de l'Église. Liberté
par l'Église, mais aussi liberté pour l'Église, telle était
la formule nouvelle que proposait l'abbé de Lamennais (1).

Les principaux collaborateurs de Lamennais étaient
l'abbé Gerbet, l'abbé Lacordaire, l'abbé Rohrbacher,
M. de Coux, M. d'Ault-Dumesnil, le comte Ch. de
Montalembert, M. Harel du Tancrel, et enfin M. Waille,
gérant du journal. L'*Avenir*, dont le nom seul était
toute une profession de foi, eut un succès prodigieux,
non seulement en France, mais dans toute l'Europe et
au delà. On put croire un instant que Lamennais allait
être l'O'Connell de la France et obtenir, après de glorieux combats, l'acte d'émancipation qui tout récemment avait couronné les efforts du grand libérateur
de l'Irlande.

(1) Janet, *la Philosophie de Lamennais*, p. 69.

« La génération actuelle, remarque M. de Montalembert, ne saurait se faire une idée des fortes et généreuses passions qui enflammaient alors tous les cœurs. Il y avait bien moins de journaux et bien moins de lecteurs qu'aujourd'hui (*L'Avenir* ne compta jamais trois mille abonnés)... Mais quelle vie dans les âmes ! quelle ardeur dans les intelligences ! quel culte désintéressé de son drapeau, de sa cause ! que de sillons profonds et féconds creusés dans les jeunes cœurs d'alors par une idée, par un dévouement, par un grand exemple, par un acte de foi ou de courage !... Pour savoir ce qu'il éclata alors d'enthousiasme pur et désintéressé dans les presbytères du jeune clergé et dans certains groupes de francs et nobles jeunes gens, il faut avoir vécu dans ce temps, lu dans leurs yeux, écouté leurs confidences, serré leurs mains frémissantes, contracté, dans la chaleur du combat, des liens que la mort seule a pu briser (1)... »

Les fondateurs de l'*Avenir* ne se contentèrent pas de proclamer leur amour de la liberté ; ils le mirent hardiment en pratique. A côté du nouveau journal ils organisèrent sur de larges bases une *Agence générale pour la défense de la liberté religieuse*, comme l'*Association pour la défense de la religion catholique* s'était autrefois formée à côté du *Mémorial*. Le seul fait de cette succession, observe M. Nettement, indique la marche et le progrès des idées : l'*Association* n'avait qu'un but, défendre la religion contre la Révolution ;

(1) *Le Père Lacordaire*, p. 47, 48.

l'*Agence* en avait un second, défendre la liberté de
l'Église contre le pouvoir (1).

L'*Agence*, due à l'initiative de l'abbé de Salinis, alors
supérieur du collége de Juilly, était une sorte d'association d'assurance mutuelle contre tous les actes
qui attenteraient à la liberté religieuse sur un point
quelconque de la France. Les membres de l'association
s'engageaient à poursuivre le redressement de ces actes
devant l'opinion publique, devant les Chambres, devant les tribunaux, devant la justice de paix jusqu'au
Conseil d'État. Ils donnaient en même temps une forte
impulsion à la presse catholique de province, et pro-
voquaient des associations locales, pour créer partout
des foyers de zèle catholique et des centres de résistance à l'arbitraire administratif, hostile à la liberté
religieuse (2).

L'*Agence* fonda des journaux, des cercles, des associations, et prit l'initiative d'un vaste pétitionnement
en faveur de la liberté d'enseignement. Bien plus,
trois rédacteurs de l'*Avenir*, l'abbé Lacordaire, MM. de
Coux et de Montalembert, invoquant l'article 69 de la
Charte qui garantissait la liberté d'enseignement,
établirent sans autorisation une école libre pour les
enfants catholiques du quartier de la rue de Seine, à
Paris.

« L'école fut ouverte le 7 mai 1831, raconte M. de
Montalembert, après qu'avis préalable en eût été donné

____

(1) *Histoire de la littérature française sous le gouvernement
de Juillet*, t. 1, p. 334.
(2) Foisset, *Vie de Lacordaire*, t. 1, p. 166.

au préfet de police. L'abbé Lacordaire fit un court et énergique discours d'inauguration; nous fîmes chacun notre classe à une vingtaine d'enfants. Le surlendemain, un commissaire vint nous sommer de déguerpir. Il s'adressa d'abord aux enfants : « Au nom de la loi, je vous somme de sortir! » L'abbé Lacordaire dit aussitôt : « Au nom de vos parents dont j'ai l'autorité, je vous ordonne de rester! » Les enfants s'écriaient unanimement : « Nous resterons! » Sur quoi des sergents de ville firent sortir élèves et maîtres, sauf Lacordaire, qui protesta que l'école louée par lui était son domicile, et qu'il y passerait la nuit, à moins qu'il n'en fût tiré par la force. « Laissez-moi, » nous disait-il, en s'asseyant sur un lit de sangle qu'il y avait fait transporter; « je reste ici seul avec la loi et mon droit. » Il ne céda qu'à l'attouchement des sergents de ville : après quoi les scellés furent posés et une instruction judiciaire s'engagea aussitôt contre le maître d'école (1). »

Par ordre de l'autorité, l'école fut fermée et procès-verbal dressé contre les délinquants. Cette affaire, portée devant la cour des Pairs par le comte de Montalembert, qui réclama le privilège de sa récente dignité de pair de France, eut un retentissement extraordinaire. Le jeune « maître d'école », dont c'était le début comme orateur, montra par un éloquent discours quel chef il serait un jour à la tribune des assemblées politiques et à la tête du parti catholique. Les trois accusés

(1) *Le Père Lacordaire,* p. 36.

furent condamnés pour la forme à cent francs d'amende.

Tel fut, observerons-nous avec M. de Montalembert, le premier acte du grand procès de la liberté de l'enseignement, qui ne devait être gagné que vingt ans plus tard. Cent francs d'amende! « c'était acheter à bien bon compte l'honneur et l'avantage d'avoir contraint l'opinion publique à s'occuper d'une question vitale pour notre cause, et les catholiques à reconnaître le seul terrain où il pouvait leur être donné de vaincre un jour (1). »

L'Avenir eut une courte mais brillante carrière, dans laquelle les rédacteurs exposèrent hardiment leurs doctrines qu'on retrouva longtemps, même après la disparition du journal, au fond de toutes les réclamations des catholiques militants. Il importe donc de les préciser, telles que nous les trouvons dans plusieurs lettres de Lamennais. — En religion, séparation complète de l'Église et de l'État (2). — En politique, reconnaissance du pouvoir quel qu'il soit, pourvu qu'il respecte Dieu, maintienne la justice et protège réellement les droits de chacun. — Pour le présent, se réunir autour du principe de liberté, unique moyen d'éviter l'anarchie et de réclamer contre l'oppression.

____

(1) *Le Père Lacordaire*, p. 37.

(2) Cette thèse de la séparation, soutenue aujourd'hui par les écoles radicales les plus opposées au christianisme, est bien de l'invention de Lamennais. C'est lui qui, le premier, l'a introduite dans la controverse politique, et Cavour n'a fait que la reprendre dans cette formule célèbre : *l'Église libre dans l'État libre.*

— Pour l'avenir, associer la religion à la liberté, et pour cela l'affranchir du pouvoir temporel.

Quant à la politique extérieure, l'*Avenir* embrassa avec ardeur la cause des peuples combattant pour leur liberté, surtout lorsque ces peuples étaient catholiques et résistaient à des puissances ennemies de Rome. La révolution belge, l'insurrection polonaise, l'agitation irlandaise lui semblaient comme autant d'efforts du christianisme pour reconstituer le monde sur des bases nouvelles.

Mais c'est principalement du côté de Rome que se tournent les rédacteurs du journal. « Votre puissance se perd et la foi avec elle, disait l'*Avenir* à la papauté. Voulez-vous sauver l'une et l'autre, unissez-les toutes deux à l'humanité telle que l'ont faite dix-huit siècles de christianisme. Rien n'est stationnaire en ce monde. Vous avez régné sur les rois, puis les rois vous ont asservie. Séparez-vous des rois, tendez la main aux peuples, ils vous soutiendront de leurs robustes bras, et, ce qui vaut mieux, de leur amour. Abandonnez les débris terrestres de votre ancienne grandeur ruinée ; repoussez-les du pied comme indignes de vous... Reprenez, avec l'esprit qui les animait, la houlette des premiers pasteurs, et, s'il le faut, les chaînes des martyrs. Le triomphe est certain, mais à ce prix seulement. »

Ces doctrines proclamées hautement par les rédacteurs du journal, sous l'irrésistible impulsion de M. de Lamennais, attirèrent à celui-ci bien des déboires ; mais il protesta de la pureté de ses intentions et de ses sen-

timents. « On m'accuse, écrit-il le 30 mars 1831 à
M. l'abbé E. de Mazenod, d'avoir engagé deux ecclésiastiques, l'un dans une conversation qui a dû avoir
lieu à Paris, l'autre dans une lettre, à s'unir à moi
pour *écraser l'épiscopat;* à quoi l'on ajoute diverses
circonstances qui sont, comme le premier fait, d'in-
fâmes impostures. » « Je sais, dit-il à M. l'abbé Auger,
qu'on vous a communiqué une prétendue lettre de
moi, où sont exprimés des sentiments qui doivent
inspirer une horreur profonde à quiconque est catholique. »

« Catholique sincère, écrivait-il encore de Juilly (1),
le 7 avril, et ne voyant au monde que les intérêts de
la religion, qui me sont mille fois plus chers que la vie,
je voudrais que mon âme fût transparente, afin que
chacun pût y lire mes sentiments les plus secrets. On
y verrait, avec un dévouement plein d'amour pour le
Saint-Siège, un respect profond pour l'épiscopat, et
une soumission qui n'a d'autres bornes que celle due
avant tout par tous les catholiques aux pontifes romains. Voilà sur ce point ma profession de foi, et
j'espère y demeurer fidèle jusqu'à mon dernier soupir.
Oh! que l'état du catholicisme changerait parmi nous,
si l'on aimait par-dessus toutes choses Jésus-Christ et
son Église. Prions-le d'allumer lui-même ce saint
amour dans tous les cœurs (2). »

Belles et touchantes paroles qui devaient recevoir

______

(1) Juilly était alors devenu comme le centre de l'école Menaisienne.

(2) Roussel, *Lamennais*, t. I, p. 273.

si tôt un cruel démenti! Hélas! comme l'esprit humain est, à son insu, un insondable abîme de contradictions! Nous ne pouvons suspecter la sincérité de Lamennais; mais, en présence de la fragilité de notre pauvre nature, combien ne devons-nous pas trembler et redire avec saint Paul : *Qui se existimat stare, videat ne cadat* (1).

L'*Avenir* paraissait depuis deux mois à peine, lorsque Lamennais et Lacordaire comparurent devant le juge d'instruction et furent déférés aux tribunaux, comme prévenus de provocation à la haine et au mépris du gouvernement. Il s'agissait de deux articles, l'un de Lacordaire, adressé à l'épiscopat français contre le droit de nomination des évêques par le Roi; l'autre de Lamennais, intitulé « Oppression des catholiques ». Le succès à l'audience, devant le jury de la Seine, fut complet, surtout dans l'opinion publique, par la sympathie de la foule qui se pressait dans le prétoire, par le talent que déployèrent les orateurs, et par les acclamations ardentes qui accueillirent l'acquittement des deux accusés.

On voulut faire un crime à Lamennais des paroles prononcées en cette circonstance par son défenseur, M. Janvier, homme de grand talent, qui avait employé les mots de *réforme* et de *restauration du catholicisme*. « M. de Lamennais, s'était écrié l'avocat, m'a chargé de vous le dire : depuis quinze ans il travaille à régénérer le catholicisme, et à lui rendre, sous une forme nouvelle et avec des progrès nouveaux, la force et la

____

(1) I Cor., x, 12.

vie qui l'avaient abandonné. » Ces paroles, insérées dans l'*Avenir* sans aucune observation, produisirent une fâcheuse impression.

« Parmi les paroles de mon avocat, écrivit Lamennais à un ami, il y en a eu plusieurs que j'ai regrettées vivement et auxquelles je prévis qu'on ne manquerait pas de donner une interprétation malveillante. Mais je n'avais pas pu les deviner, et je ne pouvais pas davantage établir, au milieu de l'audience, un colloque entre lui et moi, une discussion toute personnelle, étrangère à la cause. » Il était d'ailleurs évident, par l'ensemble du plaidoyer, que l'avocat avait seulement en vue la guerre faite par Lamennais au gallicanisme (1).

Toutefois, il faut l'avouer, les rédacteurs de l'*Avenir*, malgré les meilleures intentions du monde, manquèrent souvent de justesse dans les idées et de justice envers les personnes. « Il eût mieux valu, disait plus tard Lacordaire, qu'une parole moins âpre honorât nos plaintes, et que notre style se ressentît plus du christianisme que de la licence des temps (2). » L'épiscopat de France presque tout entier s'éleva contre leurs audacieuses paroles. Dans plusieurs diocèses la lecture de l'*Avenir* fut défendue; on éloigna des ordres les jeunes gens qui penchaient pour les doctrines nouvelles; des professeurs de théologie furent privés de leurs chaires, et des curés destitués, parce qu'ils partageaient et propageaient les nouveautés proscrites. On

(1) Roussel, *Lamennais*, t. I, p. 272.

(2) *Notice sur le rétablissement en France de l'ordre des Frères Prêcheurs.*

a même prétendu que le gouvernement français avait porté plainte à Rome contre la ligne de conduite des rédacteurs de l'*Avenir*, comme nuisible aux bons rapports entre l'Église et l'État.

Ceux même qui avaient le plus d'amitié pour Lamennais s'inquiétaient de ses témérités. Dans une lettre à M. Bruté, datée du 31 octobre 1831, l'écrivain protesta énergiquement contre certaines craintes formulées par son ami : « L'impression que j'en ai reçue est à peu près la même que si vous me disiez de prendre bien garde à ne pas devenir musulman. Que pourrais-je répondre à cela, sinon que je ne me sens nullement tenté de côté-là, et qu'avec la grâce de Dieu, j'espère bien ne pas tomber dans l'apostasie. »

Désavoué en France et dénoncé à Rome, l'*Avenir* commençait à perdre ses abonnés et touchait à la fin de son aventureuse carrière. « Les ardentes et généreuses sympathies qu'il excitait, remarque M. de Montalembert, n'étaient que trop contrebalancées par la violente répulsion que lui témoignaient à la fois les partisans de l'absolutisme démocratique et les fidèles de l'autorité monarchique. La défiance de plus en plus prononcée de l'épiscopat était un obstacle bien autrement sérieux. A des idées pratiques neuves, justes et honnêtes en elles-mêmes, et qui sont devenues pendant vingt ans le pain quotidien de l'apologétique catholique, nous avions eu le tort d'ajouter des théories excessives et téméraires, puis de soutenir les unes et les autres avec cette logique absolue qui perd toutes les causes qu'elle ne déshonore pas. La renonciation à

l'indemnité stipulée par le concordat était une des
aberrations de cette logique, parfaitement comparable
à celle qui porte aujourd'hui certains esprits à réclamer
l'abolition du pouvoir temporel par amour pour la liberté du pape. De plus, notre œuvre était compromise
aux yeux du clergé, d'un côté, par le système philosophique de M. de la Mennais sur la certitude, dont
il prétendait faire la base de sa politique comme de sa
théologie ; de l'autre, par l'ultramontanisme extrême
du grand écrivain et de ses premiers disciples (1)... »

Désireux de s'assurer qu'ils ne s'écartaient en rien
de la foi, les principaux rédacteurs s'étaient adressés,
le 27 février 1831, au cardinal Weld, le priant de vouloir bien déposer aux pieds de Grégoire XVI, nouvellement élu, la déclaration de leurs doctrines ; mais on
apprit, à la fin d'octobre, que cette pièce n'était point
parvenue à son adresse. La pensée de recourir à Rome
n'était pas nouvelle. Dès le 25 novembre 1830, Lacordaire avait écrit dans un de ses articles : « Nous con-
fions notre protestation au souvenir de tous les Français en qui la foi et la pudeur n'ont pas péri ; à nos
frères des États-Unis, de l'Irlande et de la Belgique ; à
tous ceux qui sont en travail de la liberté du monde,
quelque part qu'ils soient. Nous la porterons, pieds
nus, s'il le faut, à la ville des Apôtres, aux marches
de la confession de Saint-Pierre, et l'on verra qui arrêtera les pèlerins de Dieu et de la liberté ! »

Bientôt l'opposition contre l'*Avenir* devint si violente,

____

(1) *Le Père Lacordaire*, p. 49. .

si universelle, que Lamennais, Lacordaire et de Montalembert résolurent enfin, au mois de novembre 1831, de partir pour Rome afin de consulter l'oracle de toute vérité. Au témoignage de Lacordaire, c'est lui-même qui avait eu le premier la pensée d'un voyage à Rome. « M. de la Mennais, dit-il, accepta sans hésiter ma proposition qu'il aurait dû rejeter, s'il eût été sage (1). » Quant à Montalembert il eut un moment d'hésitation : « Et si nous sommes condamnés? dit-il. — Nous ne pouvons être condamnés, » répondit Lamennais (2). Ils « prirent donc le bâton de pèlerins » pour aller plai-

---

(1) *Testament de Lacordaire*, p. 60. — Le voyage de Rome était sans doute un acte de soumission, mais il devait devenir l'occasion d'une chute terrible. Rome ne se souciait nullement de se prononcer alors, et la sagesse eût consisté à ne point la provoquer. « Jamais, écrivait M. de Sacy dans le *Journal des Débats* (6 juillet 1835), l'esprit inquiet qui nous est propre n'avait mis cette sage cour plus mal à son aise. Il est juste de le remarquer en passant; quoique on se soit souvent plaint dans ce pays-ci des prétentions dominatrices de la cour de Rome et de son envie de se mêler de tout, la vérité est que c'est nous bien plutôt qui avons été la chercher, qu'on me passe le mot, pour la mêler en mille occasions à nos querelles, à nos troubles... La turbulence française a donné, je crois, plus de mal à la cour de Rome que tout le reste de l'univers réuni. La temporisation n'est pas notre vertu. Nous ne savons pas laisser les questions tomber et s'éteindre d'elles-mêmes; il nous faut une décision en forme, un jugement, un éclat. »

(2) Il avait déjà fait la même réponse en 1829, quand le livre des *Progrès de la Révolution* fut dénoncé à Rome. En exprimant la certitude où il était de n'être pas condamné, il avait ajouté : « Il y a des choses qui ne peuvent avoir lieu, *sans quoi les promesses manqueraient.* » Donc, s'il y a contradiction entre ses doctrines et l'infaillibilité, c'est l'infaillibilité qui doit succomber. Voilà tout l'homme. S'il repoussait alors toute idée de révolte, ce n'était pas

der leur cause auprès du Saint-Siège ; mais, avant de partir, ils adressèrent par la plume du plus grand d'entre eux ces touchants adieux à leurs lecteurs.

« Si nous nous retirons un moment, ce n'est point par lassitude, encore moins par découragement, c'est pour aller, comme autrefois les soldats d'Israël, consulter le Seigneur en Silo. On a mis en doute notre foi et nos intentions mêmes, car en ce temps-ci que n'attaque-t-on point ? Nous quittons un instant le champ de bataille, pour remplir un autre devoir également pressant. Le bâton du voyageur à la main, nous nous acheminerons vers la chaire éternelle, et là, nous nous prosternerons aux pieds du pontife que Jésus-Christ a proposé pour guide et pour maître à ses disciples. »

On ne peut douter de la sincérité qui animait les disciples de Lamennais : leur conduite après la condamnation, leur soumission pleine d'un respect filial envers le Père commun des fidèles, ajouta un nouveau lustre à leur gloire. Mais le maître parlait-il avec franchise, lorsqu'il protestait « de toute son âme », s'il était involontairement tombé dans quelque erreur, de donner à sa rétractation toute la publicité possible ? Si l'on considérait ce qui est arrivé, ne serait-on pas en droit de conclure que les lèvres prononcèrent alors des paroles que le cœur désavouait ? Sans doute, la révolte

qu'il fût prêt à se soumettre, c'est qu'il ne croyait pas à la possibilité d'une censure. (*Cf.* Thureau-Dangin, *Histoire de la Monarchie de juillet*, t. I, p. 274.)

fermentait déjà au fond de son âme; toutefois, les fautes commises plus tard ne nous autorisent pas à incriminer les actes du passé. Lamennais a eu de grands torts, mais il a toujours agi en plein soleil. S'il était sincère, qui donc a pu le faire changer de résolution?

Sa correspondance de cette époque nous offre des pages bien douloureuses, qui inspirent la pitié et la commisération plutôt que le mépris et le dédain. Lamennais était en butte à des calomnies qui impliquaient un doute sur ses sentiments comme catholique. Il suffit de rentrer en soi-même, de sonder son propre cœur, pour sentir quelle pénible impression durent produire ces regrettables procédés sur l'âme sensible de l'écrivain, sur son ardente nature, sur son irascible caractère.

Comme il ne sait d'où partent les coups, il s'en prend à tout le monde, au gouvernement, aux évêques, à Rome même. L'avenir de la société et de la religion se présente à ses yeux sous les plus noires couleurs; son imagination s'échauffe, bouillonne, et le fiel découle de son cœur en flots de paroles amères : ce sont déjà les grossièretés de Luther, les sarcasmes d'un chef de secte. Les épithètes d'*animaux* et de *bêtes de proie* sont prodiguées aux ministres. Les Tuileries et l'Académie ne sont plus qu'une *auberge,* « et c'est à qui pourra y descendre; *descendre* est le mot. » Il remonte jusqu'à *Petit-Jean* pour trouver un terme de comparaison digne des membres de la haute Chambre; et quant à la Chambre des députés, il ne sait que dire « pour désigner cette espèce d'êtres. Imaginez-

vous quatre cents (1)... » Deux beaux livres lui restent
à faire : l'un « sur la science, les lumières, le désinté-
ressement, le zèle humble et charitable et la bonne
foi de Nos Seigneurs les évêques de France; » l'autre
pourrait être intitulé : « Des vertus modestes, du savoir et de la candeur des RR. PP. Jésuites (2), » mais

(1) Voici quelques citations empruntées à des lettres de différentes époques :

« Vous avez bien raison de me reprocher mes torts envers Tisa
(le chien favori de Mme de Senfft) : mais aussi j'ai affaire à tant
d'autres *animaux!* Portalis, Feutrier, Vatimesnil, toutes ces *bé-
tes de proie*, m'ont fait négliger ce pauvre animal si doux et si
fidèle. »

« Autre *auberge :* l'Académie française, où il ne tiendra qu'à
vous de surprendre M. le duc au débotté. Lui et les siens dispo-
sant de plusieurs lits aux Incurables, on ne saurait s'empêcher
d'avouer que c'est une acquisition précieuse pour l'Académie. »

> « Près du jardin des Tuileries,
> Est un chantier fort apparent,
> Où *quatre cents bûches pourries*
> Sont à vendre dans ce moment.
> Le vendeur dit à qui l'aborde :
> « — Qui veut des bûches à bas prix?
> Mais, bien entendu, mes amis,
> On ne les livre qu'à la corde! »

(2) « Dès 1823, dit Mgr Dupanloup, lorsque le système de M. de
Lamennais sur les conditions de la certitude était dans tout l'éclat
de sa nouveauté et menaçait d'entraîner les esprits, à la fois sur-
excités et énervés, dans des imaginations téméraires dont les suites
durent toujours, le P. de Rozaven fut un des premiers à élever la
voix pour dénoncer le péril. Plus tard, après 1830, dans un écrit
admirable de sagacité, de modération et de force, il eut encore
l'honneur de contribuer plus que personne à la ruine de ces doctrines intempérantes qui, détruisant au cœur de l'homme le principe et les derniers restes de la raison, abattaient du même coup
les fondements de la foi. » (Lettre au prince A. Galitzin. — Cf. Ap-

par malheur, il ne trouve pas le siècle assez mûr pour les apprécier.

Ce n'était que le prélude des extrémités auxquelles il allait se porter. Si Rome le condamne, eh bien! Rome se condamnera elle-même : « Nous allons demander au Pape si c'est un crime de combattre pour Dieu, la justice, la vérité, et si, définitivement, nous devons cesser ou continuer nos efforts. » Quoi qu'il arrive, il est résolu à poursuivre l'œuvre commencée il y a vingt ans, et à ne l'abandonner qu'avec la vie. « Le tort de Lamennais, observe M. l'abbé Roussel, fut de s'obstiner à défendre l'Église autrement qu'elle ne voulait être défendue, autrement, par suite, qu'il ne devait la défendre (1). »

Le voyage de Lamennais accompagné de Lacordaire et de Montalembert ne fut qu'une longue acclamation de Paris à Marseille. On ne lira pas sans intérêt les pages délicieuses que lui-même a consacrées au récit de son voyage de Marseille à Rome.

« Après nous être arrêtés un peu dans la vieille colonie des Phocéens, toujours florissante par son commerce, toujours hospitalière, nous continuâmes notre

pendice : *La Compagnie de Jésus et le Système philosophique de Lamennais.*) — Le 1er février 1832, Lamennais écrivait de Rome à M. l'abbé Gerbet : « Tout bien examiné, le mieux est de ne pas répondre au P. Rozaven. Dans la prochaine édition de votre livre (*Des Doctrines philosophiques sur la certitude*), ayez soin seulement de faire revenir parmi vos additions les éclaircissements que les attaques de ce Jésuite pourraient rendre utiles, mais sans faire la moindre mention ni de lui ni de son ouvrage. »

(1) *Lamennais*, p. IX.

route, retrouvant à chaque pas quelque grave ou touchant souvenir d'histoire. Ici, Toulon, où commença sous les plis d'un drapeau sanglant, la fortune merveilleuse du plus grand homme des temps modernes; au delà, le golfe de Cannes, où elle parut se relever un moment, pour aller bientôt expirer solitaire sur un rocher de l'Atlantique; et tout auprès, par un doux contraste avec les turbulents soucis et les rêves agités de l'ambition humaine, Lérins, cet asile de paix, où, lorsque l'épée des barbares démembrait pièce à pièce l'empire romain, s'abritèrent, comme l'alcyon sous une fleur marine, la science, l'amour, la foi, tout ce qui console, enchante et régénère l'humanité.

« D'Antibes à Gênes, la route côtoie presque toujours la mer, au sein de laquelle ses bords charmants découpent leurs formes sinueuses et variées, comme nos vies d'un instant dessinent leurs fragiles contours dans la durée immense, éternelle. Aucunes paroles ne sauraient peindre la ravissante beauté de ces rivages toujours attiédis par une molle haleine de printemps. D'un côté, la plaine à la fois mobile et uniforme, où apparaissent çà et là quelques voiles blanches qui la sillonnent en des sens divers. Sur la pente opposée des montagnes, que coupent de fertiles vallées ou de profonds ravins, les inépuisables richesses d'une nature tour à tour imposante, gracieuse, qui s'empare de l'âme, y apaise les tumultueuses pensées, les amers ressouvenirs, les prévoyances inquiètes, et peu à peu l'endort dans la vague contemplation de je ne sais quoi d'insaisissable comme le son fugitif, de mystérieux comme l'univers et d'infini comme son auteur.

« Cependant, telle est la puissance des premières impressions que, dans ces riantes et magnifiques scènes, rien, pour moi, n'égalait celles qui frappèrent mes jeunes regards : les côtes âpres et nues de ma vieille Armorique, ses tempêtes, ses rocs de granit battus par des flots verdâtres, ses écueils blanchis de leur écume, ses longues grèves désertes, où l'oreille n'entend que le mugissement sourd de la vague, le cri aigu de la mouette tournoyant sous la nue, et la voix triste et douce de l'hirondelle de mer.

« Ainsi s'en allaient vers la cité, pendant si longtemps dominatrice et reine, trois obscurs chrétiens, vrais représentants d'un autre âge pour la simplicité naïve de leur foi, à laquelle aussi peut-être se joignait quelque intelligence de la société présente, de son esprit, de ses besoins et de ses vœux, dont nulles résistances n'empêcheront l'accomplissement. »

Partis de Paris, le 22 novembre, les trois rédacteurs de *l'Avenir* arrivèrent à Rome, après vingt-cinq jours de voyage. « Comme je l'avais prévu, écrivait Lamennais à M. de Vitrolles, le 14 janvier 1832, il paraît que notre séjour ici sera long et partant fort ennuyeux. A mon âge, il est pénible d'être hors de ses habitudes. Cependant, il faut bien finir l'affaire qui m'a amené si loin de mon pays. Tous les propos que des intrigants avaient prêtés au Pape sont faux, et il a trouvé fort mauvais qu'on l'ait fait parler. Il n'y a qu'une voix ici sur la parfaite catholicité de nos doctrines ; les dissentiments ne portent que sur des choses de pure politique. Sur ce point, les esprits sont partout divisés, et le moment ne me paraît pas prochain où ils seront d'accord. »

On a dit que si Lamennais apostasia, c'est que Rome n'eut pas pour lui les égards dus à ses anciens services. Rien n'est moins vrai qu'une telle assertion, elle ne repose sur aucun fondement. Lamennais, hélas! était entré à Rome, non pas en enfant soumis, c'est Lacordaire qui l'atteste, mais en homme résolu à garder, sous le rapport politique et social, l'indépendance la plus absolue. Grégoire XVI, instruit de cette disposition que Lamennais ne tenait point secrète, voulut lui donner un paternel avertissement en refusant de le recevoir; mais cette réserve silencieuse ne fut pas comprise (1).

« Le Pape, écrivait le maître à son plus ancien et plus fidèle disciple, l'abbé Gerbet, est un bon religieux, qui ne sait rien des choses de ce monde, et n'a nulle idée de l'état de l'Église. Sa piété réelle et profonde lui inspire un courage passif, c'est-à-dire qu'il souffrirait tout plutôt que de manquer à sa conscience. Mais, en même temps, on ne saurait être plus dépourvu de courage actif : cela passe tout ce qui se peut imaginer. Or, représentez-vous ce vieillard en-

_____

(1) « Il n'est pas douteux, observe M. Caro, qu'à Rome, où il allait offrir sincèrement une réconciliation et d'où il ne rapporta qu'un fond d'incurable aigreur, Lamennais dut embrouiller la situation et la tendre jusqu'à la rupture, par cette maladresse hautaine et cette attitude défiante qui ne sont bien souvent que le déguisement de la timidité chez certains hommes supérieurs. » (*Nouvelles Études morales sur le temps présent*, p. 225.)

touré d'hommes qui mènent les affaires et dont plusieurs ne sont même pas tonsurés; hommes à qui la religion est aussi indifférente qu'elle l'est à tous les cabinets de l'Europe, ambitieux, cupides, lâches comme un stylet, aveugles et imbéciles comme des eunuques du Bas-Empire : voilà le gouvernement de ce pays-ci, voilà ceux qui conduisent tout, et qui sacrifient journellement l'Église aux plus misérables intérêts et le plus sottement conçus de leurs affaires temporelles (1). »

On ne saurait s'imaginer le déplorable effet produit à Rome par de pareils excès de langage, que Lamennais ne se contentait pas de confier à sa correspondance, et qui finirent par arriver jusqu'aux oreilles du cardinal-vicaire. Celui-ci avait accordé une au-

(1) A cette sombre caricature du gouvernement pontifical, il est bon d'opposer ce que le même M. de Lamennais écrivait au mois de mars 1832. « On ne saurait trop louer généralement la régularité du clergé romain. Les cardinaux lui en donnent l'exemple, ainsi que celui d'une piété sincère. Quant aux études, elles sont concentrées presque exclusivement dans le corps religieux. Vous trouverez là des hommes qui unissent les plus hautes vertus à une science théologique profonde et variée. Ce sont les vrais conservateurs de la doctrine et des traditions. Par leurs habiles et sages conseils, ils dirigent les travaux des congrégations, qui préparent, pour les soumettre au Souverain Pontife, la décision de toutes les affaires de l'Église universelle. Exempts pour la plupart de passions et de préjugés, d'un esprit élevé, humble et calme, ils ont dans leur génie impartial et naïf, dans la simplicité affectueuse de leurs manières, dans leur suave douceur, quelque chose d'excellemment propre à lier entre eux et au centre commun les membres dispersés par toute la terre, de la grande famille chrétienne. » (*Des Maux de l'Église,* opuscule composé chez les Théatins, tant à *Sant' Andrea della valle* qu'à Frascati, au printemps de 1832.)

dience aux rédacteurs de l'*Avenir;* mais au jour indiqué, un billet fort poli, mais très net, leur fit savoir qu'on ne pouvait les recevoir.

Le cardinal Pacca, bon et saint vieillard, auquel l'abbé E. de Mazenod avait recommandé Lamennais, intervint auprès du souverain Pontife (1). Sur une demande adressée par « les pèlerins » au cardinal secrétaire d'État, une audience fut accordée pour le 13 mars, mais avec cette condition qu'il ne serait fait aucune allusion à ce qui avait amené à Rome les rédacteurs de l'*Avenir.* Si la condition fut observée, le mérite n'en revient pas à Lamennais qui, durant toute l'entrevue, ne cessa de tourner la conversation vers le sujet qui le préoccupait si fort; mais Grégoire XVI feignit toujours de ne pas comprendre.

Un curieux récit de cette audience, mais, nous semble-t-il, un peu fantaisiste, nous a été conservé par un ami des derniers jours, qui l'avait recueilli de la bouche de Lamennais (2). En abordant le Saint-Père, Lamennais fléchit le genou. Grégoire XVI le releva aussitôt avec un sourire de bonté. Il tenait à la main une vaste tabatière en lapis-lazuli. « En usez-vous? » dit-il en soulevant lentement le couvercle. Lamennais accepta par déférence, en se disant qu'il n'était pas venu là pour priser. — « Aimez-vous l'art? ajouta brusquement le Pape. — Quelquefois, Saint-Père. —

(1) « Au lieu d'écrire, disait plus tard Mgr de Mazenod, j'aurais dû accompagner moi-même les pèlerins à Rome! Ce qui s'est passé ne serait pas arrivé!... »

(2) Eug. Pelletan, *les Uns et les Autres.*

Quelquefois n'est pas assez. — Je l'aime à son heure, reprit Lamennais avec une pointe d'humeur, mais aujourd'hui... — C'est cependant ce qu'il y a de mieux à Rome, interrompit Grégoire XVI. — Après une autre chose, répliqua Lamennais, et si Votre Sainteté veut bien me permettre... » Le Pape lui coupa encore la la parole. — « Vous avez visité l'église de Saint-Pierre aux Liens? — Oui, Saint-Père, et plût à Dieu que ce fût la seule église aux liens dans la chrétienté! » Le Souverain Pontife laissa tomber l'allusion. — « Et vous y avez admiré le *Moïse* de Michel-Ange ? — C'est son chef-d'œuvre : mais pour moi, avec toute la dévotion... — Vous pourriez vous tromper, reprit vivement le Pape. Je veux vous montrer un autre chef-d'œuvre de Michel-Ange qui pourrait soutenir la comparaison. » Et il alla chercher sur son bureau une statuette d'argent : « Reconnaissez-vous la griffe du lion? » ajouta-t-il en la présentant à Lamennais. Celui-ci la regarda d'un air distrait, en homme préoccupé d'une autre pensée. « Regardez-la bien, » reprit Grégoire XVI. Lamennais la regarda encore. « Je voudrais pouvoir vous l'offrir, mais ici rien ne m'appartient : je l'ai reçue, je dois la transmettre. » Et il étendit la main sur la tête de Lamennais et lui donna sa bénédiction. L'audience était finie; elle n'avait duré qu'un quart d'heure.

Au retour de l'audience, Féli écrivit à son frère, le 13 mars, un récit un peu différent de celui qui précède : « Nous sortons de chez le Pape, qui nous a reçus avec infiniment de bonté, et qui nous a donné à chacun une médaille. Il m'a aussi donné sa bénédiction pour toi

et pour tous les enfants qui sont dans tes écoles. Nous
avons été présentés par le cardinal de Rohan, qui a eu
pour nous toutes sortes de bons procédés (1). Nos ennemis tenaient fort à ce que nous n'eussions point d'audience, et depuis notre arrivée ils assuraient hautement que nous n'en aurions pas. Elle nous a été
accordée de très bonne grâce, sur la demande que nous
en avons faite directement au cardinal Bernetti. On a
aussi remué ciel et terre pour empêcher que nos doctrines ne fussent examinées : elles le seront néanmoins,
nous en avons la certitude. Seulement, il est à croire
que cet examen sera long, à cause de la lenteur avec
laquelle tout se fait ici et de l'importance de la chose
elle-même. »

D'accord avec ses amis, Lamennais avait décidé de
présenter à Grégoire XVI, non plus un exposé des doctrines, mais un *Mémoire justificatif* de l'œuvre accomplie par le journal l'*Avenir* et l'*Agence générale pour la
défense de la liberté religieuse*. Ce mémoire, de cinquante-deux pages, rédigé presque en entier par Lacordaire, et communiqué au Pape par le cardinal
Pacca, doyen du Sacré-Collège, examinait en détail
les deux systèmes de conduite qui étaient possibles en
France pour le clergé après la révolution de 1830 : ou
rester attaché au pouvoir et se perdre avec lui, comme
on l'avait fait sous la Restauration, et cela en faveur
d'un gouvernement nouveau essentiellement hostile,
et qui, sans aller jusqu'à la persécution, voulait l'as-

---

(1) Le cardinal duc de Rohan, réfugié à Rome depuis la révolution de Juillet, était un ami d'enfance de M. de Montalembert.

servissement de l'Église ; ou s'unir au parti de la liberté pour obtenir une liberté de conscience entière, la liberté d'enseignement pour les catholiques et la liberté d'association pour les congrégations religieuses. Entre ces deux deux systèmes, il était impossible d'hésiter.

Le mémoire se terminait par ce cri de soumission filiale dicté par Lamennais avant le départ de Paris : « O Père, daignez abaisser vos regards sur quelques-uns d'entre les derniers de vos enfants qu'on accuse d'être rebelles à votre infaillible et douce autorité. Les voilà devant vous ; lisez dans leur âme ; il ne s'y trouve rien qu'ils veuillent cacher. Si une seule de leurs pensées, *une seule*, s'éloigne des vôtres, ils la désavouent, ils l'abjurent. Vous êtes la règle de leurs doctrines. Jamais, non, jamais, ils n'en connaîtront d'autres. O Père, prononcez sur eux la parole qui donne la vie, parce qu'elle donne la lumière, et que votre main s'étende sur eux pour bénir leur obéissance et leur amour ! »

Quelques jours après, le cardinal Pacca écrivit aux rédacteurs de l'*Avenir*, les engageant au nom du Pape qui rendait justice à leurs intentions et tenait compte des services rendus, à quitter Rome et à attendre en paix une décision que la sagesse de l'Église voulait différer. « C'était, écrit M. de Montalembert, une solution peu brillante et peu flatteuse, mais à coup sûr la plus favorable qu'il nous fût permis d'espérer (1). » Lacordaire n'y vit avec raison qu'un avertissement paternel,

_____

(1) *Le Père Lacordaire*, p. 53.

le plus doux qu'on pût imaginer, celui qui laissait le
moins de trace, qui ne décidait rien et ne compromet-
tait personne. Lamennais, au contraire, se livrait in-
considérément à son humeur, ne prêtant l'oreille qu'à
deux ou trois détracteurs clandestins de l'autorité
pontificale. Après la lettre du cardinal Pacca, Lacordaire lui posa résolûment cette alternative : « Ou bien
il fallait ne pas venir, ou bien il faut nous soumettre
et nous taire. » L'abbé de Lamennais refusa de l'ac-
cepter; il répondait : « Je veux hâter et provoquer une
décision immédiate, et je veux l'attendre à Rome,
après quoi j'aviserai. » C'est ainsi qu'il s'enfonçait de
plus en plus dans une aigre dissonance avec tout son
passé, avec tout ce qui devait le retenir et l'éclairer.
Dès le surlendemain, Lacordaire partit pour la France,
« avec les plus tristes pressentiments et les plus tristes
adieux; » Montalembert résolut de voyager dans le sud
de l'Italie; Lamennais, lui, déclara qu'il resterait à
Rome pour suivre l'affaire.

« Je me suis souvent étonné, écrit-il dans les *Affaires
de Rome*, que le Pape, au lieu de cette sévérité silencieuse, ne nous eût pas dit simplement : Vous avez cru
bien faire, mais vous vous êtes trompés. Placé à la tête
de l'Église, j'en connais mieux que vous les besoins et
les intérêts, et seul j'en suis juge. En désapprouvant
la direction que vous avez donnée à vos efforts, je rends
justice à vos intentions. Allez, et désormais, avant d'intervenir en des affaires aussi délicates, prenez conseil
de ceux dont l'autorité doit être votre guide. » Ce peu
de paroles, ajoute-t-il, aurait tout fini.

Peut-être en parlant ainsi, Lamennais se croit-il après coup plus de douceur, plus d'humilité et de résignation qu'il n'en avait au fond. L'âpreté de cette nature énergique laisse planer quelque doute sur cette soumission éventuelle à laquelle il paraît croire. Un mot décisif, un mot accompagné de bonté eût été sans doute pour lui une délivrance; mais rien ne fut dit. On resta de part et d'autre dans cette attitude de froide réserve et de silencieuse défiance qui envenimait tout et brisait l'âme sensible et nerveuse de Lamennais.

Le 24 avril 1832, il écrivit à son frère : « Quelque désir que j'aie d'abréger mon séjour ici, je prévois que l'été se passera et peut-être l'automne, avant que je puisse retourner en France. Il faut, *quoi qu'il en coûte,* se soumettre à ce que Dieu veut. J'ai eu et j'ai encore beaucoup à souffrir, et je pourrais dire souvent : *Tristis est anima mea usque ad mortem.* L'état de l'Église et de la société, les persécutions particulières auxquelles nous sommes en butte, mes affaires personnelles, tout pèse sur mon âme, et après le départ de Montalembert, il me faudra porter seul tout cela. Toutefois la Providence me soutient (1)... »

A ces impressions calmes et résignées succédaient de temps à autre des bouffées de colère et des accès d'impatience. « J'espère, écrit-il à Mme de Senfft, que mon séjour à Rome ne se prolongera pas désormais longtemps, et l'un des plus beaux jours de ma vie sera celui où je sortirai de ce grand tombeau où

____

(1) Roussel, *Lamennais*, t. II, p. 22.

l'on ne trouve plus que des vers et des ossements. Oh! combien je me félicite du parti que j'ai pris, il y a quelques années, de me fixer ailleurs et que vous m'avez tant reproché (1). J'aurais traîné dans ce désert moral une vie inutile, me consumant d'ennui et de chagrin. Ce n'était pas là ma place. J'ai besoin d'air, de mouvement, de foi et d'amour, de tout ce qu'on cherche vainement au milieu de ces vieilles ruines sur lesquelles rampent comme d'immondes reptiles, dans l'ombre et dans le silence, les plus viles passions humaines. »

Cependant les jours et les mois s'écoulaient, et le Saint-Siège différait sans cesse la décision si impatiemment désirée. Enfin, las d'attendre, Lamennais s'écria dans un moment de mauvaise humeur : « Puisqu'on ne veut pas me juger, je me tiens pour acquitté! » Il partit donc brusquement de Rome, et en passant à Florence il notifia son intention de reprendre la publication de l'*Avenir*.

C'est dans ce sens qu'il avait déjà écrit à l'abbé Gerbet, le lendemain même de l'audience du pape : « Ne négligez rien pour soutenir *et pour étendre* l'*Agence*, en attendant qu'on soit en état de prendre un parti au sujet de l'*Avenir*. » Et le 29 avril, il ajoutait : « L'avis unanime des personnes qui sont attachées à nous et à la grande cause que nous avons essayé de défendre, c'est que nous devons, sans hésiter, pour peu que cela

(1) Allusion à son premier voyage de Rome en 1824, et à la proposition que lui fit le pape Léon XII, en lui offrant le chapeau de cardinal.

soit possible, recommencer l'*Avenir*. C'est de ce côté, et de ce côté seul, qu'il faut tourner ses vues et ses efforts (1). »

Tel n'était pas l'avis de Lacordaire qui, dès le 22 avril, avait écrit à M. de Montalembert encore hésitant sur le parti à prendre : « Charles, écoute bien ce que je vais te dire : quand M. de la Mennais créa l'*Avenir*, il perdit une grande partie de ses anciens amis, des plus ardents de ses collaborateurs ; s'il exécute son nouveau plan, souviens-toi qu'un grand nombre d'amis et de collaborateurs l'abandonneront, et que, trompé par les libéraux dans une action sans possibilité de succès, *il n'y a rien d'assez triste dans le langage pour dire ce qui arrivera.* »

(1) « L'impartiale histoire, observe M. Foisset (*Vie du R. P. Lacordaire*, t. I, p. 214), doit dire que, pendant toute la durée de son séjour à Rome, Lamennais n'avait cessé d'être confirmé dans ses illusions, non seulement par le P. Ventura, mais par le P. Olivieri et par d'autres théologiens des plus considérables de la ville sainte. On lui répétait sans relâche que ses doctrines étaient irréprochables et qu'elles ne seraient jamais condamnées. On lui exprimait le regret qu'il eût interrompu la publication de l'*Avenir*. On le pressait de reprendre ses travaux de journaliste sans s'occuper des oppositions épiscopales. Dans une dernière conférence avec le cardinal Micara, à laquelle assistait Montalembert, cette Éminence leur avait dit en propres termes : « Vous êtes en règle « et parfaitement libres de refaire ce que vous avez fait, de redire « ce que vous avez dit. Si vous aviez erré, le Saint-Siège vous en « aurait certainement avertis. Il s'est tú : que voulez-vous lui de- « mander encore ? Une approbation formelle ? Il n'en donne jamais. « Allez donc, et recommencez à défendre l'Église, qui, plus que « jamais, a besoin d'être défendue. A l'exemple des Pères, lors- « qu'ils se sont trouvés en des circonstances semblables, vous avez « parlé avec énergie : parlez avec plus d'énergie encore ; c'est ce

La déclaration que fit Lamennais de reprendre la publication de l'*Avenir* devenait une faute, étant donné qu'il voulût éviter la rupture et rester soumis au Saint-Siège. Ainsi provoqué, Grégoire XVI se vit contraint à parler. Il pouvait d'autant moins se taire, que la voix de l'écrivain était alors toute puissante, non seulement sur une fraction très active du clergé français, mais encore sur tout le parti catholique belge et sur l'émigration polonaise.

« que je ferais à votre place. » (Lettre de M. de Lamennais à son frère, 1ᵉʳ juillet 1832.)

CHAPITRE VIII

1832 - 1834.

Banquet à Munich. — L'Encyclique *Mirari vos*. — Lettre du cardinal Pacca. — Soumission des rédacteurs de l'*Avenir*. — Révolte intérieure de Lamennais. — Séparation de Lacordaire. — Bref du Pape à Mgr d'Astros et réponse de Lamennais. — Bref à l'évêque de Rennes et réponse. — Soumission absolue et félicitations. — Causes de la chute de Lamennais.

Lamennais avait quitté l'Italie et se trouvait à Munich avec Ch. de Montalembert, lorsqu'il y fut rejoint le 29 août par l'abbé Lacordaire. « La rencontre était solennelle, raconte celui-ci dans ses *Mémoires;* la conversation s'engagea, je m'efforçai de lui démontrer combien était vaine l'espérance de reprendre la publication de l'*Avenir*, et quel coup il allait porter tout ensemble à sa raison, à sa foi, à son honneur. A la fin, soit que mon discours l'eût convaincu, soit que ma séparation plus prononcée lui eût fait impression, il me dit ces mots : « — Oui, c'est juste, vous avez bien vu (1)!... »

(1) Lacordaire, *Notice sur le rétablissement des Frères Prêcheurs en France*, p. 65.

Le lendemain, au milieu d'un banquet offert aux trois voyageurs par les écrivains et les artistes les plus éminents de Munich, Lamennais reçut l'Encyclique du 15 août 1832, par laquelle Grégoire XVI annonçait aux patriarches, archevêques et évêques du monde catholique son élévation au trône pontifical (1). Le successeur de saint Pierre avait saisi cette occasion pour *confirmer ses frères dans la foi,* en prononçant de sa bouche infaillible la condamnation solennelle de certaines doctrines contraires à l'enseignement de l'Église. Quelques-unes avaient été développées dans l'*Avenir;* mais, par égard pour les personnes, le Saint-Père, en remplissant un devoir sacré de son ministère apostolique, ne voulut désigner ni les noms des auteurs, ni les ouvrages d'où l'on avait extrait les propositions réprouvées (2).

En quittant la salle du festin, le Maître dit d'une voix saccadée mais résolue à ses deux compagnons : « Je viens de recevoir une Encyclique du Pape contre nous... Nous ne devons pas hésiter à nous soumet-

(1) Il est d'usage dans l'Église, qu'au début de son pontificat, le successeur de saint Pierre adresse une lettre encyclique à tous les évêques. Les troubles des États Romains à l'avènement de Grégoire XVI ne lui avaient point permis jusque-là de se conformer à cet usage.

(2) « Le Saint-Père, écrivait le cardinal Pacca à Lamennais, en remplissant un devoir sacré de son ministère apostolique, n'a cependant pas voulu oublier les égards qu'il aime à avoir pour votre personne; tant à cause de vos grands talents que de vos anciens mérites envers la religion. L'encyclique vous apprendra que votre nom et les titres mêmes de vos écrits, d'où l'on a tiré les principes réprouvés, ont été tout à fait supprimés. »

tre!... » Rentrés à l'hôtel ils rédigèrent aussitôt, sans hésitation aucune, cette protestation de soumission à l'Encyclique *Mirari vos*, qui ne fut publiée qu'à leur retour à Paris.

« Les soussignés, rédacteurs de l'*Avenir*, membres du conseil de *l'Agence pour la défense de la liberté religieuse* :

« Convaincus qu'ils ne pourraient continuer leurs travaux sans se mettre en opposition avec la volonté formelle de celui que Dieu a chargé de gouverner son Église,

« Croient de leur devoir, comme catholiques, de déclarer que, respectueusement soumis à l'autorité suprême du Vicaire de Jésus-Christ, ils sortent de la lice où ils ont loyalement combattu pendant deux années. Ils engagent instamment leurs amis à donner le même exemple de soumission chrétienne.

« En conséquence :

« 1° L'*Avenir*, provisoirement suspendu depuis le 15 novembre 1831, ne reparaîtra plus ;

« 2° L'*Agence générale pour la défense de la liberté religieuse* est dissoute à dater de ce jour. Toutes les affaires entamées seront terminées, et les comptes liquidés dans le plus bref délai possible (1). »

(1) Cette formule, remarque M. Foisset, n'impliquait au fond, l'abandon d'aucune des opinions soutenues par l'*Avenir*, mais uniquement la cessation du journal et de l'Agence, c'est-à-dire une abstention purement extérieure. Lamennais ne voyait dans l'Encyclique qu'un acte de gouvernement et non une décision doctrinale. (*Vie du R. P. Lacordaire*, t. I, p. 220.)

Par ordre exprès du Souverain Pontife, le cardinal
Pacca avait été chargé d'écrire confidentiellement à
M. de Lamennais, pour lui exposer franchement les
points principaux qui, après examen, avaient déplu davantage. La lettre du cardinal avertissait les rédacteurs
de l'*Avenir* — que le Vicaire de Jésus-Christ avait été
douloureusement affecté de les voir discuter et décider,
en présence du public, des questions qui appartenaient
au gouvernement de l'Église ; — que leurs doctrines
sur *la liberté civile et politique* tendaient de leur nature
à exciter et à propager partout l'esprit de sédition et
de révolte de la part des sujets contre les souverains ;
— que leurs opinions sur *la liberté des cultes* et *la liberté de la presse* étaient en opposition avec l'enseignement, les maximes et la pratique de l'Église (1) ; —
enfin, que l'acte d'union proposé sous ce titre : « A
tous ceux qui, malgré le meurtre de la Pologne, le
démembrement de la Belgique et la conduite des gouvernements qui se disent libéraux, espèrent encore en
la liberté du monde, » que cet acte est réprouvé pour
le fond et pour la forme, devant produire des résultats

(1) « Ces doctrines, lisons-nous dans la lettre du cardinal
Pacca, ont beaucoup étonné et affligé le Saint-Père, car si, dans
certaines circonstances, la prudence exige de les tolérer comme
un moindre mal, elles ne peuvent être présentées par un catholique comme un bien ou comme une chose désirable. » C'est la
célèbre distinction de la thèse et de l'hypothèse : la *thèse*, c'est-
à-dire les principes invariables qui constituent la doctrine dogmatique de l'Église ; l'*hypothèse,* c'est-à-dire les tempéraments nécessaires que les circonstances imposent souvent dans l'application
pratique.

qui peuvent le confondre avec d'autres unions plusieurs fois condamnées par le Saint-Siège.

« Voilà, ajoutait le cardinal Pacca, la communication que Sa Sainteté me charge de vous faire parvenir dans une forme confidentielle. Elle se rappelle avec une bien vive satisfaction la belle et solennelle promesse faite par vous à la tête de vos collaborateurs, et publiée par la presse, *de vouloir imiter, selon le précepte du Sauveur, l'humble docilité des petits enfants, par une soumission sans réserve au vicaire de Jésus-Christ.* Ce souvenir soulage mon cœur ; je suis sûr que votre promesse ne manquera pas. De cette manière vous consolerez l'âme affligée de notre Très Saint-Père, rendrez la paix et la tranquillité au clergé de France, qui, vous ne l'ignorez pas, est en proie à des divisions, lesquelles ne peuvent que devenir dangereuses aux fidèles et à l'Église ; et vous ne ferez que travailler à votre solide célébrité selon Dieu, en imitant l'exemple du grand homme et du prélat, modèle de votre nation, dont le nom sera à jamais cher et précieux à l'Église, et qui fut bien plus illustre après son acte glorieux qu'il ne l'était auparavant. Vous l'imiterez sans doute, ce noble exemple, vous en êtes digne. Je vous en félicite d'avance. »

C'en était fait des espérances de Lamennais ; l'édifice qu'il voulait élever n'avait aucune base solide ; l'architecte souverain, chargé de la revision des travaux, prévient le monde catholique de ne plus chercher un abri sous ce toit fragile qu'un coup de vent pourrait renverser, et qui ne repose pas sur la pierre que la

parole divine a rendue inébranlable. Que faire en cet
instant suprême? Le constructeur continue d'avoir
confiance en son œuvre qui lui semble offrir, au milieu des décombres de la société, un asile assuré. Son
âme se débat sous l'étreinte d'une crise violente; cependant il a promis de se soumettre à la décision du
Souverain Pontife, et il tient parole.

« Dieu, dit Lacordaire, nous avait réunis à Munich
pour signer ensemble une adhésion sincère à la volonté
du Père des fidèles, sans distinction, sans restriction,
sans même faire la réserve de la manière dont nous
avions entendu nos doctrines, et dont elles pouvaient
concorder avec la prudence théologique dont avait usé
le rédacteur de l'acte pontifical. Contents d'avoir combattu pour l'affranchissement de l'Église et sa réconciliation avec le droit public de notre patrie, nous
traversâmes la France en vaincus victorieux d'eux-
mêmes (1). »

Il en avait coûté beaucoup à Lamennais de paraître
renoncer indéfiniment à la pleine manifestation de ses
idées politiques. Un jour qu'il montait lentement avec
Lacordaire une côte près de Saverne, il s'écria tout à
coup : « Si nous ajoutions un mot à notre déclaration,
le mot *quant à présent?* Nous dirions : « ils sortent
quant à présent de la lice. » Lacordaire n'eut pas de
peine à démontrer qu'avec un pareil correctif, la déclaration devenait insuffisante, et qu'il valait mieux se

(1) *Notice sur le rétablissement des Frères Prêcheurs en
France*, p. 67.

taire tout à fait. Lamennais n'insista point, mais il venait de trahir le fond de son âme. Il n'abandonna point la pensée de rentrer dans la lice le plus tôt possible, et c'est cette arrière-pensée qui acheva de le perdre (1).

Le Pape accueillit avec une joie paternelle la déclaration de soumission filiale des rédacteurs de l'*Avenir*, et il en témoigna hautement sa satisfaction. M⁸ʳ Garibaldi, auditeur à la nonciature de Paris, avait même dit à M. de Coux : « Je suis chargé par le Souverain Pontife de vous exprimer toute la joie que lui a fait éprouver la déclaration du 10 septembre ; le Saint-Père en est pleinement satisfait, et si M. de la Mennais jugeait à propos de lui écrire, il recevrait une réponse qui lui ferait tout à la fois honneur et plaisir. » Lamennais s'excusa de donner suite à ces ouvertures. Il craignait que « la réponse du Pape ne fût conçue en des termes qui impliquassent de sa part *une soumission plus étendue* que celle qui était dans son âme (2) ».

Il y a, dit Montaigne, des défaites triomphantes à l'envi des victoires! Si donc Lamennais eût été fidèle à son beau mouvement de Munich, il eût grandi, comme Fénelon, dans l'opinion publique, par le seul effet de son silence. « Mais, observe Lacordaire, des nuages terribles passaient et repassaient sur ce front déshérité de la paix ; des paroles entrecoupées et menaçantes sortaient de cette bouche qui avait exprimé l'onction de l'Évangile. Il me semblait quelquefois que

_____

(1) Foissset, *Vie du R. P. Lacordaire,* t. I, p. 220.
(2) *Œuvres inédites,* t. II, p. 125.

je voyais Saül : mais nul de nous n'avait la harpe de David pour enlever ces soudaines irruptions de l'esprit mauvais, et la terreur des plus sinistres prévisions s'accroissait de jour en jour dans mon esprit abattu (1). »

De retour à Paris, les rédacteurs de l'*Avenir* tinrent fidèlement ce qu'ils avaient promis ; les affaires du journal et celles de l'Agence furent liquidées. Partout, dans les provinces, leurs amis montrèrent sans hésiter la même soumission. Cependant, à peine leur déclaration avait-elle été connue, que déjà on murmurait à voix basse des paroles de défiance et de mécontentement. « Elle n'était pas complète, assez explicite, disait-on ; elle rappelait trop le *silence respectueux* des jansénistes. » Des intrigues s'ourdirent, on sema secrètement la calomnie ; puis vinrent les provocations directes, les insultes, les outrages publics. « On espérait, observe Lamennais, engager par là des discussions aussi délicates que dangereuses dans notre position. Nous reconnûmes le piège et nous l'évitâmes en nous taisant (2). »

(1) *Notice*, p. 68.

(2) « Après la condamnation prononcée par le Souverain Pontife Grégoire XVI, contre les doctrines libérales de l'*Avenir,* dit Mgr de Ladoue, il se fit dans la polémique des journaux religieux un silence que l'on put prendre pour une obéissance absolue.

« Il n'en était rien, car, quelques années après, le libéralisme catholique se ravivait et se groupait en école, sinon en secte. Les hommes éminents qui se trouvaient à la tête de cette école lui donnèrent rapidement une très grande extension, et firent pénétrer l'idée libérale dans l'esprit de la jeunesse catholique et d'un très grand nombre d'hommes politiques. C'est dans cette situation que se trouvait la France, nous pourrions dire l'Europe, au moment

Si Lamennais se taisait alors par prudence, il n'en gardait pas moins au fond du cœur un vif ressentiment de l'acte qui l'avait frappé. Il obéissait d'action, non de volonté; c'était l'esclave subissant la verge qu'il ne peut éviter, non l'enfant aimant quand même la main qui le châtie. Il songeait aux moyens d'échapper à l'Encyclique : le Pape a condamné mes doctrines religieuses, il ne peut rien sur mes croyances politiques. D'ailleurs, qui a parlé? est-ce le pape? est-ce Grégoire? Le Pape, au nom de l'Église, ou Grégoire, comme docteur privé? — Distinction illusoire! Lamennais, égaré par la passion, mettait le pied sur un terrain glissant. En vain essayerait-il de s'arrêter, il faut qu'il descende, et qu'il descende toujours jusqu'au fond de l'abîme.

Sainte-Beuve nous a laissé, dans ses *Nouveaux Lundis,* un souvenir de cette révolte intérieure qui fermentait chez Lamennais, et du contraste qui existait entre le maître et ses disciples. « Je me rappelle, dit-il, que lorsque l'abbé Lacordaire revint de Rome avec M. de Lamennais, étant allé leur faire visite dans la rue de Vaugirard, où ils étaient logés, je vis d'abord dans une chambre du rez-de-chaussée M. de Lamennais, qui s'exprimait sur ce qui s'était passé à Rome et sur le Pape avec un laisser aller qui m'étonna, puisqu'il venait de se soumettre ostensiblement. Il parlait du Pape, comme un de ces hommes qui sont destinés à amener les grands remèdes désespérés.

de l'ouverture du concile du Vatican. Or, ce fut de cette situation anormale que naquirent les principales difficultés contre lesquelles eut à lutter l'assemblée conciliaire. »

« Au contraire, lorsque j'allai voir l'abbé Lacordaire, qui était dans une chambre au premier étage, je fus frappé du contraste; celui-ci ne parlait qu'avec une extrême réserve et soumission des mécomptes qu'ils avaient éprouvés, et il employa notamment cette comparaison du « grain, qui, même en le supposant de « bonne nature, a besoin d'être retardé dans sa ger- « mination, et de dormir tout un hiver sous terre ». C'est ainsi qu'il expliquait et justifiait, même en admettant une part de vérité dans les doctrines de l'*Avenir*, la sévérité et la résistance du Saint-Siège (1). »

Le 27 septembre, Lamennais se rendit de Paris à la Chesnaie où le suivirent Gerbet et Lacordaire; mais ce dernier, raconte M. de Montalembert, découvrit bientôt l'illusion qu'il s'était faite en se figurant que l'abbé de Lamennais se résignait à sa défaite et saurait en profiter pour servir l'Église et sa propre gloire. Chaque jour, il vit grandir la distance qui les séparait dans leurs jugements sur le passé et sur l'avenir. « Lamennais rongeait son frein, le cœur ulcéré par de sombres ressentiments : il rêvait la guerre générale, un bouleversement rapide et universel qui remettrait toutes choses à leur place et lui à la sienne. » Par ce désaccord perpétuel, la vie commune devenait insupportable. Enfin, n'y pouvant plus tenir, Lacordaire brisa le lien qui l'enchaînait à l'infortuné dont il prévoyait le naufrage (2).

(1) T. IV, p. 450.
(2) *Le Père Lacordaire,* p. 60.

« Je quittai la Chesnaie, dit-il, le 11 décembre 1832, seul, à pied, pendant que M. de Lamennais était à la promenade qui suivait ordinairement le dîner. A un certain point de ma route, je l'aperçus, à travers les taillis, avec ses jeunes disciples; je m'arrêtai, et, regardant une dernière fois ce malheureux grand homme, je continuai ma fuite (1). » Lacordaire prévoyait-il alors l'avenir? Nous serions porté à le croire d'après cette lettre qu'il écrivit à M. de Montalembert, le 15 mai 1833. « Je m'honorerai à jamais de cette époque de ma vie, à cause de la pureté de mes intentions, et de la résistance que j'ai opposée, malheureusement seul, à un homme qui s'est perdu, parce que tous ses amis ont été fascinés par sa gloire et l'ont adoré à genoux... L'avenir prononcera, peut-être dès ce monde, lequel de nous a été le plus habile, parce qu'il a été le plus chrétien (2). »

Entouré de ses amis, Lamennais avait repris à la Chesnaie sa vie d'autrefois, cette vie à la campagne, « au sein de la nature, dit-il, dont l'attrait, toujours si puissant, le devient davantage encore lorsqu'on a vu de près les passions des hommes et les bruyantes misères de la société; nul désir, nul regret, nul ennui n'y vint un seul instant troubler la paix de mes soli-

(1) *Testament*, p. 77.

(2) Le 23 décembre 1858, Lacordaire écrivait à M. Foisset : « Je ne l'ai quitté, dès la fin de 1832, après l'avoir accompagné à la Chesnaie, que par l'impression douloureuse que sa vue me causait. *Je voyais sa chute comme si déjà elle eût été accomplie.* Cette vision m'est encore présente après vingt-cinq ans, et rien après cela ne m'a surpris dans les profondeurs de cette chute. »

11.

taires heures d'étude. » Loin de récriminer contre Rome, il donnait extérieurement à tous l'exemple de l'obéissance et de la résignation, s'appliquant à calmer l'effervescence de l'imagination ardente de ses plus jeunes disciples, et rendant à leur cœur la paix dont il ne jouissait pas lui-même. Ce dernier séjour à la Chesnaie fut pour le maître plein d'amertume et de tristesse. Sans doute, raconte Lacordaire, la maison avait repris son caractère accoutumé, mélange à la fois de solitude et d'animation; « mais si les bois avaient les mêmes silences, si le ciel de l'Armorique n'était pas changé, il n'en était pas de même du cœur du maître. »

Un jour qu'il parlait des outrages, des persécutions de tous genres auxquels il était alors en butte, Lamennais laissa entendre que, plutôt que de céder et de se retirer de la lutte entreprise pour la défense des principes religieux et sociaux, il préférait la prison, l'exil, la mort. « Voyez-vous cette pendule, dit-il à ses disciples qui l'entouraient. On lui dirait : Si tu sonnes dans dix minutes, on te coupera la tête, que, dans dix minutes, elle ne sonnerait pas moins l'heure qu'elle doit sonner. Faites comme cette pendule, Messieurs! Quoi qu'il puisse arriver, sonnez toujours votre heure. » Noble conseil, dirons-nous avec M. Barbey d'Aurevilly, quand c'est l'heure de la vérité et du devoir; mauvais, au contraire, quand c'est l'heure de la fausse conscience et de l'orgueil (1). Quoi qu'il en soit, cette

____

(1) *Les Prophètes du passé*, p. 162.

étrange boutade frappa vivement ceux qui l'enten-
dirent; ils crurent y voir comme une image de la
destinée inflexible de leur maître.

En dépit de sa soumission si prompte et si respectueuse à l'Encyclique du 15 août 1832, et du silence
avec lequel il laissait tomber les plus violentes provocations, Lamennais continuait d'être en butte à des
attaques qui ne faisaient qu'exaspérer son irascible nature. Rome était contente de la déclaration rédigée à
Munich; mais, en France, on affectait de plus en plus
de n'être pas satisfait. On avait bien, disait-on, dissous
l'*Agence générale* et supprimé le journal l'*Avenir*, mais
on n'avait pas désavoué formellement les doctrines, et
c'était précisément ce désaveu qui constituait la vraie
soumission. Ces paroles de défiance étaient même par-
venues jusqu'à Grégoire XVI, qui sembla douter un
instant de la sincérité de Lamennais; car, dans une
lettre à Mgr d'Astros, archevêque de Toulouse, il fit
allusion à la profonde douleur qu'il éprouvait « des
bruits répandus parmi le public ».

Le Pape, après avoir rappelé la déclaration de M. de
Lamennais, du 10 septembre, s'en expliquait de la sorte :

« Cette déclaration nous inspira d'abord la confiance
que les auteurs et les partisans des projets qui faisaient surtout l'objet de nos plaintes, avaient obtem-
péré à notre jugement avec sincérité, pleinement, absolument, sans aucune sorte d'ambiguïté, et que dans
la suite ils en donneraient des témoignages plus con-
vaincants, avec les sentiments de foi dont ils ont dit
souvent et dans les termes les plus expressifs qu'ils

étaient animés pour le Vicaire de Jésus-Christ. Cet espoir si doux avait relevé notre âme; mais ce qu'on répand aujourd'hui encore dans le public nous jette de nouveau dans la douleur : *at dolorem adhuc injiciunt, quæ etiam nunc perferuntur in vulgus.* »

Après avoir pris connaissance de ces paroles, Lamennais crut utile d'adresser au Souverain Pontife, par l'intermédiaire de Mgr de Lesquen, évêque de Rennes, une nouvelle protestation de filiale obéissance; malheureusement, il l'écrivit sous le coup d'une impression fâcheuse qui l'engagea dans une fausse voie d'où il ne voudra plus sortir.

« 4 août 1833.

« Très Saint-Père,

« Quelque répugnance que j'éprouve à distraire Votre Sainteté des graves affaires qui sont l'objet de sa sollicitude, il est de mon devoir de m'adresser directement à elle dans les circonstances personnelles où je suis placé.

« Lorsque le jugement de Votre Sainteté sur la manière dont moi et mes amis avions entrepris de défendre les droits des catholiques en France nous fut connu, à l'instant même nous protestâmes publiquement et dans toute la sincérité de notre âme de notre soumission pleine et entière à la volonté du Vicaire de Jésus-Christ, et Votre Sainteté daigna me dire que ce témoignage solennel de notre obéissance filiale l'avait également satisfaite et consolée.

« Cependant, je vois, Très Saint-Père, avec une profonde douleur, par un bref que Votre Sainteté a adressé à M. l'archevêque de Toulouse et que les journaux ont publié, qu'on a réussi à inspirer à Votre Sainteté des sentiments de défiance à notre égard : par quels moyens et sur quels fondements? Je l'ignore. Quels sont ces bruits répandus dans le public et qui ont de nouveau contristé votre cœur? Plus sur ce point j'interroge ma conscience, moins je découvre ce qui a pu fournir contre nous le sujet d'un reproche (1). Ce que je sais avec toute la France, c'est que l'*Avenir* a cessé de paraître; que l'*Agence générale* a été dissoute et les comptes rendus aux souscripteurs; que nul d'entre nous n'a songé à entreprendre depuis rien de semblable, et qu'ainsi nous avons prouvé notre obéissance à Votre Sainteté, non pas seulement par de simples paroles, mais par des actes effectifs aussi éclatants que le soleil.

« Toutefois, puisqu'on a rendu de nouvelles explications nécessaires, je me sens obligé de déposer derechef humblement aux pieds de Votre Sainteté l'exposition de mes sentiments qu'on a calomniés près d'Elle, et en conséquence, je déclare :

« Premièrement, que par toute sorte de motifs, mais principalement parce qu'il n'appartient qu'au

---

(1) Lamennais ne se rappelait-il donc plus ses épanchements épistolaires qui avaient eu du retentissement au dehors, et dont des copies avaient bien pu parvenir jusqu'à Rome? Et le cardinal Bernetti, secrétaire d'État, avait-il donc si grand tort de dire : « Ces messieurs prétendent qu'ils se taisent, mais nous savons qu'ils agissent; c'est le silence des Jansénistes. » (Paroles citées dans une lettre de Lacordaire à M. de Montalembert, 13 juillet 1833.)

chef de l'Église de juger de ce qui peut lui être bon et utile, j'ai pris la résolution de rester à l'avenir, dans mes écrits et dans mes actes, totalement étranger aux affaires qui la touchent (1);

« Secondement, que personne, grâce à Dieu, n'est plus soumis que moi, dans le fond du cœur et sans aucune réserve, à toutes les décisions émanées ou à émaner du Saint-Siège apostolique sur la doctrine de la foi et des mœurs, ainsi qu'aux lois de discipline portées par son autorité souveraine.

« Tels sont, Très Saint-Père, mes sentiments réels, établis d'ailleurs par ma vie entière. Que si l'expression n'en paraissait pas assez nette à Votre Sainteté, qu'Elle daigne elle-même me faire savoir de quels termes je dois me servir pour la satisfaire pleinement; ceux-là seront toujours les plus conformes à ma pensée qui la convaincront le mieux de mon obéissance filiale.

« Je suis, Très Saint-Père, avec le plus profond respect, de Votre Sainteté,

« Le très humble, » etc.

(1) « Rien n'est plus anticatholique que cette phrase, remarque Lacordaire. S'il en était ainsi, l'Église serait bien malheureuse. Jamais ses enfants, sous aucun prétexte, ne doivent être étrangers à ce qui la touche; ils doivent y prendre part selon leur position et leurs forces, comme M. de la Mennais l'avait fait jusqu'à présent, mais ils doivent y prendre part en se soumettant à la direction du Saint-Siège, et non pas en voulant la conduire eux-mêmes... Aucun talent, aucuns services, ne compensent le mal que font à l'Église une séparation, quelle qu'elle soit, une action en dehors de son sein. J'aimerais mieux me jeter à la mer avec une meule de moulin au cou que d'entretenir un foyer d'espérances, d'idées, de bonnes œuvres même, à côté de l'Église. » (Lettre du 6 octobre 1833.)

Cette lettre paraissait sans doute soumise et résignée; cependant elle ne manquait pas d'une certaine
nuance d'amertume et de mauvaise humeur. Lamennais promettait de rester désormais « totalement étranger » aux affaires qui touchaient l'Église, et réservait
implicitement toute sa liberté pour les questions relatives à l'ordre purement temporel. Cette distinction
subtile parut indigne de la franchise habituelle de Lamennais. Un catholique, un prêtre surtout, dit très
bien l'abbé Roussel, « doit non seulement souscrire
aux décisions doctrinales émanées du Saint-Siège,
mais encore savoir, même en matières purement civi-
les et politiques, lui sacrifier ses opinions personnelles, toutes les fois qu'on le lui demande au nom de la
paix de l'Église ou de la tranquillité de l'État (1). »
Pour n'avoir voulu faire qu'à moitié ce sacrifice, Lamennais ne le fit pas du tout, comme la suite ne tar-
dera pas à le montrer.

Dans un bref adressé à l'évêque de Rennes, le Pape
se plaignit de la lettre de Lamennais, de cette lettre
qui « montrait clairement que son auteur conservait
les principes dont on lui avait demandé la rétractation (2) ». Grégoire XVI demandait de nouveau que
l'écrivain s'engageât à suivre uniquement et absolument la doctrine exposée dans l'Encyclique, et à ne
rien écrire ou approuver qui ne fût conforme à cette

(1) *Lamennais*, t. II, p. 162.
(2) Dans une lettre du 23 février, publiée par le *Journal de la
Haye*, Lamennais témoignait ouvertement garder tous les principes qu'il soutenait auparavant.

doctrine. Le Pape blâmait, en outre, la traduction du *Livre des pèlerins polonais* de Mickiewicz, que **M. de Montalembert** venait de faire paraître, et qui avait été accompagnée, en guise de préface, d'un *Hymne à la Pologne* par M. de Lamennais (1).

Mgr de Lesquen, en transmettant le bref, exprima « l'espoir d'une docilité filiale qui consolerait le cœur du Pape et rassurerait l'Église justement alarmée. » Lamennais répondit d'une manière évasive, réservant de nouveau son indépendance pour le temporel, en vue de la mission de réformateur chrétien qu'il se croyait appelé à remplir. « Très Saint-Père, disait-il le 5 novembre, il me suffira toujours d'une parole de Votre Sainteté, non seulement pour lui obéir en tout ce qu'ordonne la religion, mais encore pour lui complaire en tout ce que la conscience permet.

« En conséquence, la lettre encyclique de Votre Sainteté, en date du 15 août 1832, contenant des cho-

---

(1) « Il est impossible, observe M. Nettement, de ne point reconnaître, dans le *Livre des Pèlerins polonais*, le principe générateur de la langue que M. de Lamennais allait bientôt parler dans les *Paroles d'un croyant :* le mélange d'inspiration biblique et évangélique et de violence révolutionnaire, de mysticisme et de démocratie, de poésie et de politique, de prière et de malédiction, de paraboles touchantes et de cris de colère, s'y trouve avec la division par versets, et c'est à cette source que l'auteur de l'*Indifférence* l'a puisé. » (*Histoire de la littérature française sous le gouvernement de Juillet*, t. I, p. 343.)

La traduction des *Pèlerins polonais* ayant été condamnée à Rome, Lamennais écrivit à son jeune ami pour l'exciter à la lutte : « Le vin est tiré, il faut le boire. » M. de Montalembert, heureusement pour lui, résista au génie tentateur qui l'aurait entraîné dans sa chute.

ses de natures diverses, les unes de doctrine, les autres de gouvernement, je déclare :

« 1° Qu'en tant qu'elle proclame, suivant l'expression d'Innocent I, *la tradition apostolique*, qui, n'étant que la révélation divine elle-même, perpétuellement et infailliblement promulguée dans l'Église, exige de ses enfants une foi parfaite et absolue, j'y adhère *uniquement et absolument*, me reconnaissant obligé, comme tout catholique, *à ne rien écrire ni approuver qui y soit contraire*.

« 2° Qu'en tant qu'elle décide et règle différents points d'administration et de discipline ecclésiastique, j'y suis également soumis sans réserve.

« Mais, afin que, dans l'état actuel des esprits, particulièrement en France, des personnes passionnées et malveillantes ne puissent donner à la déclaration que je dépose aux pieds de Votre Sainteté, de fausses interprétations qui, entre autres conséquences que je veux éviter et dois prévenir, tendraient à rendre peut-être ma sincérité suspecte, ma conscience me fait un devoir de déclarer en même temps que, selon ma ferme persuasion, si, dans l'ordre religieux le chrétien ne sait rien qu'écouter et obéir, il demeure, à l'égard de la puissance spirituelle, entièrement libre de ses opinions, de ses paroles et de ses actes, dans l'ordre purement temporel. »

Ainsi, c'est en accentuant plus fortement la distinction des « choses de doctrine et des choses de gouvernement, » que Lamennais répondait au Souverain Pontife qui lui avait demandé de s'engager à suivre

« uniquement et absolument » la doctrine exposée dans l'Encyclique. Respectueusement soumis « à l'égard de la puissance spirituelle, » il se reconnaît « entièrement libre dans l'ordre purement temporel ». A l'occasion de cette lettre, l'évêque de Rennes déclara, dans une circulaire à son clergé, qu'il considérait l'abbé de Lamennais « comme ayant renoncé lui-même à tous les pouvoirs qu'il avait reçus de lui ou de ses vicaires généraux, et qu'il se réservait personnellement de les lui rendre, lorsqu'il aurait des preuves satisfaisantes de sa soumission entière à la décision du Souverain Pontife. »

Cette mesure canonique allait entraîner la dissolution de la congrégation de Saint-Pierre dont Lamennais était supérieur. Les disciples du maître songèrent alors à se disperser. La Chesnaie fut abandonnée, et le séminaire de Malestroit ne tarda pas à être fermé.

Lamennais se trouvait à Paris, lorsque l'archevêque reçut du cardinal Pacca une lettre annonçant que le Pape, après avoir pris connaissance du mémoire explicatif de l'écrivain, demandait encore une fois l'adhésion pure et simple du prêtre aux doctrines de l'Encyclique du 15 août 1832. Ne soyons pas étonnés de cette exigence de l'autorité pontificale à l'égard de Lamennais. « L'histoire atteste, écrivait M. l'abbé Gerbet, que le Saint-Siège n'est jamais exigeant qu'à regret, et les paroles paternelles de Grégoire XVI, leur commentaire officiel dans les lettres du cardinal Pacca, font voir qu'en cette circonstance en particulier Rome n'a point dérogé à ses habitudes. Nulle autorité sur la terre ne connaît mieux le prix de la tempérance dans le commandement; mais elle sait aussi que la modération doit se modérer elle-même, et s'arrêter à la limite au delà de laquelle elle mettrait en péril les intérêts de la foi (1). »

Informé de la réponse catégorique du Souverain Pontife, Lamennais hésita quelque temps sur la conduite à tenir; puis, cédant aux instances de M. Laurentie (2), son ami, il rédigea en latin et signa, le 11 décembre 1833, une protestation par laquelle il déclarait « dans les termes mêmes de la formule contenue dans le bref de Grégoire XVI du 5 octobre 1833, suivre uniquement et absolument la doctrine exposée dans l'Encyclique *Mirari vos*, et s'engager à ne rien écrire ou approuver qui ne fût conforme à cette doctrine (3). » Cette déclaration fut remise à Mgr de Quélen, archevêque de Paris, qui la fit passer sous les yeux du Pape par les soins du cardinal Pacca.

Des cris de joie accueillirent un acte de soumission aussi catégorique. Et cependant, qui le croirait, si on n'en lisait l'aveu écrit de sa main : Lamennais avait déjà abjuré dans son cœur la foi de son baptême; il

______

(1) *Université catholique*, t. IV, p. 17.

(2) *Souvenirs inédits*, p. 226.

(3) *Ego infra scriptus, in ipsa verborum forma quæ in Brevi summi Pontificis Gregorii XVI, dato die 5 octobr. an. 1833, continetur, — doctrinam Encyclicis ejusdem Pontificis litteris traditam me unice et absolute sequi confirmo, nihilque ab illa alienum me aut scripturum esse aut probaturum.*

Lutetiæ Parisiorum, die 11 decembr. an. 1833.

F. L\ Mennais.

avait abjuré l'Église, « tout sans exception, tout ce qui avait rempli sa vie antérieure (1) ». Mais, en perdant la foi, il avait perdu le sens de la sincérité la plus vulgaire. Lui qui avait écrit au cardinal Pacca : « J'ai vu avec beaucoup de peine que Sa Sainteté ait considéré certaines expressions de ma déclaration du 5 novembre comme une clause restrictive de ma soumission à l'Encyclique, jamais cette pensée n'a été la mienne; » il tenait intérieurement l'Encyclique pour une énormité, et il regardait tout ce qu'il écrivait à Rome comme des mots en l'air qui ne le liaient « ni pour le présent, ni pour l'avenir (2) ».

« Deux jours après (13 décembre), raconte M. Laurentie, je reparus chez Lamennais, comme pour le féliciter de nouveau. Il était cette fois triste et muet. Je m'informai d'un ami présent de la cause de ce silence morne. C'était, me fut-il répondu, la lettre d'adhésion qui le bourrelait « Quoi, dis-je à l'abbé de « Lamennais, vous êtes troublé pour avoir fait un acte « catholique. — Quel acte ! reprit-il de cette voix amère « que ses amis ont connue. J'ai signé ! j'ai signé !... « J'aurais signé que la lune était tombée en Chine (3) ! »

S'il faut en croire Lamennais expliquant sa conduite dans les *Affaires de Rome*, ce n'est que pour « conserver la paix » et « sous l'expresse réserve de ses devoirs envers son pays et l'humanité », qu'il signa la déclaration qu'on lui demandait. « Je savais très bien, dit-il,

(1) Lettre à M. de Montalembert, 13 décembre 1833.
(2) Lettre à M. de Montalembert, 19 février 1834.
(3) *Souvenirs inédits*, p. 227, 304.

que je signais implicitement que le Pape était Dieu,
et je l'aurais signé explicitement pour la même fin. »

Cependant le Pape, à qui l'adhésion de Lamennais
avait été transmise, recommandait à l'archevêque de
Paris de le féliciter de sa soumission ; il lui faisait aussi
adresser des compliments par Mgr Garibaldi, chargé
d'affaires du Saint-Siège à Paris. « Nous avons béni,
disait-il dans un bref du 28 décembre 1833, le Père des
lumières, duquel nous vient cette si grande consolation, qui, nous le disons vraiment avec le Psalmiste,
a réjoui notre âme en proportion de la multitude de
nos douleurs. » Il ajoutait en terminant : « Continuez
donc, cher fils, à procurer à l'Église de pareils sujets
de joie dans les routes de la vertu, de la docilité à la
foi, et employez les dons du talent et du savoir que
vous possédez si éminemment, pour que les autres
pensent et parlent unanimement, suivant la doctrine
tracée dans notre Encyclique (1). »

Quand le bref de félicitation de Grégoire XVI parvint à Paris, les catholiques se réjouirent, et Mgr de
Quélen pressa Lamennais d'écrire au Saint-Père une
lettre de remerciement ; mais celui-ci ne savait comment décliner une invitation qui rendait sa position
de plus en plus fausse. Il répondit que le silence lui
semblait plus respectueux. D'ailleurs, en écrivant, il
ne pouvait guère, disait-il, éviter l'un ou l'autre de
ces inconvénients, ou mécontenter Rome, s'il se tenait
dans de vagues généralités, ou s'engager au delà de ce

(1) V. *Appendice*, le Bref du Souverain Pontife.

que la conscience lui permettait, s'il s'exprimait de manière à satisfaire pleinement le Saint-Siège (1).

Hélas! encore quelques mois, et l'on verra le chef, jusque-là si glorieux, quitter ses troupes, déserter sa cause, et passer avec armes et bagages à l'ennemi. Mais déjà la hiérarchie politique et la hiérarchie ecclésiastique ne sont plus à ses yeux « que deux spectres, qui s'embrassent dans un tombeau (2) ». « Je voudrais, écrit-il à M. de Montalembert, changer notre langage sur un point et substituer le mot de *christianisme* à celui de *catholicisme*, pour mieux montrer que nous ne voulons plus avoir rien à faire avec la hiérarchie (3). » Il lui annonçait, un autre jour, qu'il avait conçu « de très grands doutes sur plusieurs points du catholicisme, » qu'il s'était décidé « à cesser désormais toute fonction sacerdotale (4) ».

Au moment où nous sommes arrivés, Lamennais n'agissait déjà plus par des motifs de foi; il se laissait guider par des considérations purement humaines (5).

(1) Foisset, *Vie du R. P. Lacordaire*, t. I, p. 265.
(2) *Lettre à Mme de Senfft*, 23 janvier 1833.
(3) 2 mai 1833.
(4) 1er janvier 1834. — Plusieurs biographes de Lamennais prétendent que c'est à la Chesnaie, le jour de Pâques de l'année 1833, que Lamennais célébra sa dernière messe, en présence de ses disciples auxquels il distribua la communion. — « Non pas la toute dernière messe qu'il ait dite, observe Sainte-Beuve, mais la dernière qu'il ait célébrée au temps de Pâques. » (*Causeries du Lundi*, t. XV, p. 16.)
(5) « Les erreurs de M. de Lamennais, dit M. Ch. Sainte-Foi, avaient pour racine un certain naturalisme secret qui ne distinguait point assez l'ordre surnaturel et celui de la nature. De

Mais dans l'ordre de la nature, l'homme ne saurait se faire une continuelle violence, *violentum non durat;* et dans l'ordre de la grâce, il ne peut rien sans le secours de Dieu, *sine me nihil potestis facere.* Lamennais, méprisant l'appel surnaturel de la grâce divine qui sollicite doucement son cœur, pour ne s'appuyer que sur des motifs naturels fournis par l'humaine intelligence, se prive *volontairement* d'un secours puissant contre les difficultés qui vont l'assaillir; il est tombé par sa faute. Sans doute les obstacles qu'il a rencontrés étaient grands, plus grands que pour bien d'autres hommes; ils ne furent jamais insurmontables. Dieu lui avait réservé des grâces proportionnées à ses besoins; il ne sut pas en profiter. Son frère et ses amis, qui vécurent de sa vie pendant bon nombre d'années, n'ont-ils pas triomphé de ces mêmes écueils contre lesquels il est venu se briser? Admettons, si l'on veut, des circonstances atténuantes qui diminuent l'odieux de sa chute; mais loin de nous la pensée de faire planer au-dessus de la tête de l'apostat, comme une nécessité à laquelle il ne pouvait se soustraire, cette fatalité que de nombreuses publications récentes essaient de faire prévaloir pour absoudre toutes les fautes.

M. Thureau-Dangin, dans son *Histoire de la Monarchie de Juillet,* nous paraît avoir mis en lumière avec beau-

même que l'Église semblait n'être dans son système que le développement nécessaire de la société du genre humain, ainsi la grâce se présentait à lui comme l'épanouissement de l'énergie naturelle de l'homme. » (*Notice biographique et littéraire sur l'abbé Rohrbacher,* p. XI.)

coup de sagacité cette phase troublée de la vie de Lamennais. Il nous le montre, après la révolution de 1830, exalté par ses idées de réforme de la société; et cette exaltation, loin de s'apaiser, ne fait que s'enflammer chaque jour davantage, à mesure que le calme et l'ordre se rétablissent. « Il est bon, écrit-il à Montalembert, son disciple bien-aimé, de recommencer à parler, pour préparer la position qui devra désormais être la nôtre, dès que nous serons suffisamment dégagés de celle qui nous a valu tant de déboires. Au lieu de nous faire les champions du catholicisme, laissons-le entre les mains de la hiérarchie, et présentons-nous simplement comme les hommes de la liberté et de l'humanité. » C'est par là surtout, ajoute M. Thureau-Dangin, que Lamennais tend à se séparer du chef de l'Église. La révolte purement religieuse, si elle s'était tout d'abord présentée à lui, l'aurait probablement effrayé et fait reculer; mais il y glisse par la pente de la révolte politique.

Dans les explications qui accompagnent les documents inédits publiés par lui, M. l'abbé Roussel a très bien résumé les principales causes de la chute de Lamennais. « Doué, nous dit-il, d'une intelligence supérieure, au service de laquelle il eut le malheur de mettre une imagination sans frein; d'une volonté à la fois inflexible et fantasque; d'un tempérament excessivement irritable et bilieux, qui donnait à chaque instant les démentis les plus cruels à son cœur essentiellement tendre et charitable, ce fut, somme toute, un homme fort incomplet. Engagé de bonne heure dans une lutte ardente, acharnée, pour la défense des causes les plus nobles, qui semblaient alors les plus désespérées, il se vit discuté, combattu, non seulement par ses ennemis naturels, mais encore par ceux-là mêmes sur la bienveillance et l'appui desquels il croyait avoir le droit de compter. Cédant alors à la violence de sa nature impétueuse et presque sauvage, il ne ménagea personne, puisque personne ne le ménageait;... et, son caractère s'aigrissant de plus en plus, il ne tarda pas à confondre ses contradicteurs les plus honorables avec ses plus déloyaux adversaires (1). »

Enfin, George Sand, dans son mystique roman de *Spiridion*, nous montre, sous les traits d'Hebronius, par quelle opération d'esprit Lamennais abandonna peu à peu la religion surnaturelle, pour s'attacher aux rêves humanitaires de son imagination. « Trop éloigné de ces âmes vulgaires (ses contradicteurs) par la grandeur de sa nature pour pouvoir comprendre leurs faiblesses, il se prit pour elles d'un immense dédain, et s'en détourna avec dégoût, et dressa vers le ciel sa tête désormais solitaire... Il ne put bientôt plus séparer, malgré sa puissance d'abstraction, le catholicisme des catholiques... Cela l'amena, sans qu'il s'en aperçût, à considérer le catholicisme sous ses côtés les plus faibles, comme il l'avait jadis considéré sous les plus forts... La liberté d'examen, qu'il avait autrefois dédaignée, rentra victorieusement dans son esprit... Bientôt même il en fit un usage plus audacieux que tous

(1) *Lamennais*, t. II, p. 456.

ceux qui l'avaient proclamée. Il remonta de conséquence en conséquence à la révélation elle-même, et
força de redescendre sur la terre cette religion qui voulait cacher sa tête dans les cieux. »

Nous n'oserions transcrire les paroles de colère que
Lamennais laissait échapper dans l'intimité, s'il n'é-
tait nécessaire de montrer jusqu'à quel excès de dé-
raison peut tomber l'orgueil froissé.

« Il n'y a maintenant nulle part rien à faire pour
l'homme de bien. Je déteste également tous les partis
qui divisent la France : folie partout, corruption partout. Le catholicisme était ma vie, parce qu'il est celle
de l'humanité; je voulais le défendre; je voulais le
soulever de l'abîme où il va s'enfonçant chaque jour :
rien n'était plus facile. Les évêques ont trouvé que cela
ne leur convenait pas. Restait Rome : j'y suis allé, et
j'ai vu là le plus infâme cloaque qui ait jamais souillé
des regards humains. L'égout gigantesque des Tarquin
serait trop étroit pour donner passage à tant d'immon-
dices. Là, nul autre Dieu que l'intérêt; on y vendrait
les peuples, on y vendrait le genre humain, on y vendrait les trois personnes de la Sainte Trinité, l'une
après l'autre, ou toutes ensemble, pour un coin de
terre ou pour quelques piastres. J'ai vu cela, et je me
suis dit : Ce mal est au-dessus de la puissance de
l'homme, et j'ai détourné les yeux avec dégoût et avec
effroi (1). »

Lamennais, comme les Italianistes de nos jours,

____

(1) *Œuvres posthumes*, t. II, p. 247.

séparait le Pape de son entourage : « Le Pape est pieux
et voudrait le bien... Mais Dieu l'a mis entre les mains
d'hommes au-dessous desquels il n'y a plus rien. »
Ces sourds rugissements de dépit et de rage ne seront
jamais capables d'étouffer les cris d'admiration, de
reconnaissance et d'amour de ces milliers de pèlerins
qui, chaque année, visitent la Ville Éternelle.

Le 2 décembre 1833, Lacordaire écrivit à un ami
ces prophétiques paroles : « Le malheur de M. de la
Mennais n'est pas tant dans son caractère altier, dans
son peu d'instinct des affaires humaines et divines, que
dans son mépris pour l'autorité pontificale et pour la
situation douloureuse du Saint-Siège. Il a blasphémé
Rome malheureuse : c'est le crime de Cham, le crime
qui a été puni sur la terre de la manière la plus visible et la plus durable, après le déicide... Malheur à
qui trouble l'Église! malheur à qui blasphème les apôtres! La destinée de l'Église est d'être victorieuse encore : les temps de l'Antéchrist ne sont pas venus;
M. de la Mennais n'arrêtera pas par sa chute ce mouvement formidable de la vérité : cette chute même y
servira. »

Rappelons-nous que Lamennais était parfois sujet à
des accès d'humeur noire qui lui troublaient l'esprit
et l'empêchaient de juger sainement des hommes et
des choses. Que n'a-t-il pas dit de Paris et de la société
de son temps, de Genève et des autres pays qu'il a
visités en Europe? Paris! c'est la capitale de toutes
les sottises, de toutes les bassesses et de toutes les
noirceurs. Genève! il avait cette ville en horreur et

aurait mieux aimé cent fois vivre chez les Turcs qu'au
milieu de son abominable population ; en Turquie,
on ne vous coupe pas la langue avant de vous couper
la tête. La société ! c'est en grand le chariot de Thespis,
avec cette différence que les acteurs aspirent à se barbouiller de sang, au lieu de lie de vin. L'état actuel !
c'est une pièce à la Shakespeare, où le bouffon se mêle
au sérieux et le niais au tragique ; c'est la guerre des
punaises et des araignées.

L'Europe lui pèse ; il ne voit partout qu'intérêt vil,
hypocrisie et mauvaises passions : pas une étincelle
de vrai zèle, d'amour réel de Dieu et des hommes ;
quelque chose de l'enfer sous le manteau du roi comme
sous la souquenille de l'ouvrier, sous la simarre du
magistrat comme sous la robe du moine. Il désespère
du présent, et l'avenir lui paraît plus noir qu'une nuit
de janvier ; il annonce sans cesse un bouleversement
universel ; il croit à chaque instant toucher à la catas-
trophe de ce drame terrible ; quelque chose d'en haut
pèse sur l'humanité comme une vengeance ; des événements se préparent tels que le monde n'en a jamais vus.

« Entendez-vous ces bruits souterrains qui, de caverne en caverne, se prolongent par toute l'Europe ?
Quand l'explosion viendra, et le moment n'en est pas
loin, tout ce qui dort se réveillera, et les hommes, à
genoux sur les décombres, s'écrieront : Ce jour est
vraiment le jour de la justice divine !... Empereurs,
czars, rois absolus, rois constitutionnels et les autres
que je ne nomme pas, voyez comme ils s'en vont tous

et comme ils ont l'air d'être pressés de s'en aller, tant ils sont attentifs à ne pas manquer une seule des sottises qui peuvent assurer et hâter leur départ. Oh! la belle procession! Rangez-vous un peu que je la voie passer. Adieu, bonnes gens! partez! Puisque cela vous plaît, cela me plaît aussi... *Andate dunque, andate e buon viaggio!* »

/ Ne semble-t-il pas, comme l'observe M. Sainte-Beuve, que faire ainsi des extraits dans la correspondance de Lamennais, c'est, en quelque sorte, « prendre des notes au chevet d'un malade qui, dans les accès de redoublement d'une fièvre continue a d'affreux cauchemars? » « Je ne connais pas de spectacle plus navrant, dit à son tour M. Caro, que cette peinture de l'humanité sous ce sombre pinceau qui l'outrage et la déshonore à plaisir. Quand on quitte ces tristes pages, il semble que l'on sorte d'un de ces cercles de l'enfer de Dante, où l'on voit s'agiter, sous une pluie de feu et dans les lacs glacés, la troupe hurlante des damnés. On a besoin, après cela, de revoir la belle lumière du jour, de retrouver le visage aimé de quelque enfant radieux, le sourire et l'étreinte d'un ami. On a besoin de croire au printemps et à la vie (1). » .

Qu'aime-t-il donc, ce fier Breton qui déteste Rome, Paris, Genève, l'Europe, le monde? Il écrivait de Londres, au milieu d'un mois de septembre superbe, qu'il n'y a pas de beau temps hors de son pays, qu'il ne peut penser à la France sans une tristesse profonde, et

_____

(1) *Nouvelles Études morales sur le temps présent*, p. 240.

pourtant il ne fait autre chose du matin au soir. Ah!
la France, sa chère France, est l'objet de toutes ses
affections. Sans doute, elle renferme beaucoup de mal,
mais le mal y est moins mauvais qu'ailleurs. C'est encore le pays où il y a le plus de vie, et y a-t-il de la
vie ailleurs? « O ma patrie, terre douce et sacrée, que
mes os reposent dans ton sein! De tous mes vœux,
c'est là le plus cher, et le seul à peu près que je forme
désormais dans ce monde de fantômes et de misères. »
Ces dernières paroles sont du mois de janvier 1834,
année qui devait marquer tristement dans la vie de
Lamennais.

CHAPITRE IX

1834 - 1836.

Lamennais s'est soumis, ou plutôt il a demandé la paix; mais le repos auquel il avait toujours aspiré lui semble une torture; il cherche dans un avenir incertain un nouvel aliment à l'ardeur qui le consume. Il s'imagine voir les larmes qui coulent des yeux des peuples, entendre leurs cris de détresse, et il entreprend de les consoler par un livre qui brisera avec tout son passé. « L'écrit en question, dit-il à son beau-frère, n'est point une boutade d'humeur passagère, mais le fruit de mûres réflexions. » Il énumère ensuite les motifs qu'il a de le publier : accomplir un devoir, en montrant que le salut, l'unique salut, se trouve dans l'intime union de la justice et de la liberté; fixer aux yeux du public sa position équivoque et fausse. Il avoue que « ses paroles sont âpres, qu'elles blesseront, qu'elles doivent blesser »; il supplie même quelques amis de ne pas lire ce petit livre qui va paraître et qui leur déplaira fortement; cependant, il en appelle au jugement de Dieu : « Je sais qu'on calomniera mes intentions, qu'on refusera de me comprendre, mais Dieu me jugera. »

On ne sait que trop, remarque M. Janet, ce qui advient des natures faibles, lorsqu'elles ont été obligées de céder à des obsessions pressantes. Vaincu et humilié, Lamennais se laissa aller, par une réaction inexcusable, à un acte de révolte et de colère qui retentit dans le monde entier. Il est impossible d'expliquer cet acte, si l'on songe surtout à la rétractation du 11 décembre; il est difficile de comprendre cette rétractation elle-même, si l'on songe que le brûlot qui allait allumer l'incendie dans l'Église était déjà prêt depuis le mois de juillet 1833 (1).

Tout à coup le bruit se répandit qu'un nouvel ouvrage de M. de Lamennais allait paraître. L'archevêque de Paris, qui portait à l'auteur une tendre amitié, s'en émut dans l'intérêt de l'Église, et il lui écrivit le 20 avril 1834, pour lui demander ce qu'il fallait penser de cette rumeur qui le présentait comme prêt à lever l'étendard de la révolte.

---

(1) *La Philosophie de Lamennais*, p. 93. Lamennais avait lu quelques passages de son nouvel ouvrage à M. de Montalembert, et celui-ci lui avait conseillé de ne pas le publier. « Ce livre, lui avait-il dit avec franchise, est écrit avec un admirable talent, mais vous ne pouvez le publier après votre soumission. » M. de la Mennais se contenta de répondre : « Nous verrons. »

« Accoutumé, disait-il, à traiter avec vous d'une manière aussi franche que cordiale, je me hâte de vous demander le mot de ce que je viens d'apprendre, de ce qui me paraît une énigme et peut-être une calomnie, d'après ce que vous m'avez dit plus d'une fois. On m'annonce donc, on me confie à l'oreille et sous le plus grand secret, que mécontent de la conduite peu mesurée de tels et tels, et de nouvelles poursuites en cour de Rome dont vous auriez été l'objet, vous seriez malheureusement décidé à lever de nouveau l'étendard; qu'un ouvrage, brochure de deux cents pages, déposé chez un imprimeur de Paris, va être sous peu jeté dans la circulation avec un grand scandale. C'est à vous, loyal Breton, que je m'adresse pour savoir ce que je dois croire de ces murmures, et s'il y a seulement une apparence qui les justifie. Votre réponse me rendra plus ferme à repousser les accusations. Jusqu'ici j'affirme à tous ce que vous m'avez dit : que *vous étiez résolu à garder un absolu silence sur les matières de religion.* Vous me rendrez un véritable service en me donnant là-dessus un petit mot d'éclaircissement. Je vous le demande en ami qui vous est et qui vous sera toujours bien sincèrement et bien tendrement dévoué. »

A cette lettre si amicale et si tendre de Mgr de Quélen, Lamennais répondit, le 28 avril, en invoquant la réserve qu'il avait faite, lorsqu'il avait adhéré à la doctrine de l'encyclique.

« Je n'écrirai jamais, disait-il, ainsi que je l'ai déclaré, que sur des sujets de philosophie, de science et de politique. Le petit ouvrage dont on vous a parlé est de ce dernier genre. Il y a un an qu'il est composé, et par sa forme, qui exclut tous les raisonnements suivis, il est particulièrement destiné au peuple. Ce qui m'a presque soudainement décidé à le publier, c'est l'effroyable état dans lequel je vois la France d'un côté et l'Europe de l'autre s'enfoncer tous les jours. Il est impossible que cet état subsiste; une pareille oppression ne saurait être durable, et, comme vous le savez, je suis convaincu que rien ne pouvant arrêter désormais le développement de la liberté politique et civile, il faut s'efforcer de l'unir à l'ordre, au droit, à la justice, si l'on ne veut pas que la société soit bouleversée de fond en comble. C'est là le but que je me suis proposé. J'attaque avec force le système des rois, leur odieux despotisme, parce que le despotisme qui renverse tout droit est mauvais en soi, et parce que, si je ne l'attaquais pas, ma parole n'aurait pas l'influence que je souhaite pour le bien de l'humanité. Je me fais donc peuple, je m'identifie à ses souffrances et à ses misères, afin de lui faire comprendre que s'il n'en peut sortir que par l'établissement d'une véritable liberté, jamais il n'obtiendra cette liberté qu'en se séparant des doctrines anarchiques, qu'en respectant la propriété, le droit d'autrui, et tout ce qui est juste. Je tâche de remuer en lui les sentiments d'amour fraternel et la charité sublime que le christianisme a répandus dans le monde pour son bonheur. Mais, en lui parlant de Jésus-Christ, je m'abstiens soigneusement de prononcer un mot qui s'applique au christianisme déterminé par un enseignement dogmatique et positif. Le nom même d'Église ne sort pas de ma bouche une seule fois. Deux choses néanmoins, à mon grand regret, choqueront beaucoup une certaine classe de personnes qui, probablement, ne démêleront pas clairement mes intentions. La première, c'est l'indignation avec laquelle je parle des rois et de leur système de gouvernement; mais qu'y puis-je? Je résume des faits et je ne les crée pas. Le mal n'est pas dans le cri de la conscience et de l'humanité; il est dans les choses, et tant mieux si elles sont reconnues et senties comme mal. La seconde est l'intention que j'attribue aux souverains, tout en se jouant du christianisme, d'employer l'influence de ses ministres pour la faire servir à leurs fins personnelles; mais c'est encore là un fait évident, un fait que personne ne conteste, et je ne dis pas qu'ils aient réussi dans cet abominable dessein. »

C'est à l'insu de tous les hommes qui auraient pu lui donner de sages conseils, et contre l'opinion formelle de son beau-frère, M. A. Blaize, que Lamennais, après en avoir lu quelques passages à des amis, résolut de jeter dans le monde, comme un brandon de discorde, les *Paroles d'un Croyant* (1). Il publia ce livre

---

(1) Dans une lettre à M. Blaize, Lamennais écrivait : « Ni M. Gerbet ni aucun de ceux à qui je l'ai lu n'y ont rien trouvé qui blesse en aucune manière la religion. » Pendant les jours douloureux qu'il passa à la Chesnaie après le retour de Rome, l'abbé Gerbet avait, en effet, reçu communication de quelques-uns des chapitres des *Paroles d'un Croyant;* mais on sait combien il est difficile

en fuyant, comme une œuvre mauvaise qu'il n'osait s'avouer à lui-même, et qu'il voulait laisser sur la conscience du premier venu qui se rencontrerait pour la produire (1).

M. Sainte-Beuve, chargé par Lamennais du manuscrit de cet ouvrage, a donné sur sa publication des détails qui ne sont pas sans intérêt. « Tout à la fin de mars, ou dans les premiers jours d'avril 1834, M. de Lamennais avec qui j'étais lié alors (et avec lui on ne l'était pas à demi), m'écrivit un mot dans lequel il m'exprimait le désir de me voir pour une affaire qui pressait. Je courus chez lui ; il demeurait à l'extrémité de la rue de Vaugirard, dans une grande maison qu'il occupait avec quelques-uns de ses amis. En arrivant, je vis à la porte un carrosse, et en traversant la cour, je rencontrai l'archevêque de Paris, M. de Quélen, qui venait de visiter M. de Lamennais, et, sans doute, de lui prodiguer les égards pour le contenir.

« En entrant à mon tour dans la chambre d'où sortait le prélat, en m'asseyant sur la chaise de paille où l'avait fait asseoir M. de Lamennais, je m'aperçus que celui-ci était très agité ; il ne me laissa pas même commencer : « Mon cher ami, me dit-il sans plus de

___

d'apprécier des fragments isolés, quand on ne connaît pas la pensée qui en explique la vraie portée. L'impression si pénible qu'il ressentit à sa lecture montre bien qu'il ne l'avait pas approuvé même au point de vue théologique.

(1) Laurentie, *Souvenirs inédits*, p. 305. — L'idée de ce livre singulier, étrange, tout pétri de douceur et d'amertume, d'amour et de haine, lui fut, dit-on, suggéré par la lecture des *Pèlerins polonais*, de Mickiewicz. (Voir plus haut, p. 196.)

« préambule, il est temps que *tout cela* finisse ; je vous
« ai prié de venir. Voici, ajouta-t-il en ouvrant le ti-
« roir de la petite table de bois près de laquelle nous
« étions assis et en y prenant un assez mince cahier
« d'une fine écriture, voici un petit écrit que je vous
« remets et que je voudrais que vous fissiez paraître
« le plus tôt possible. Je pars dans deux jours, arran-
« gez cela auparavant avec un libraire ; vite, très vite,
« je vous en prie. Je n'y veux pas mettre mon nom. »

« Je lui répondis que j'allais à l'instant m'occuper
de trouver ce libraire, chose bien aisée avec son nom,
un peu plus difficile peut-être avec la condition de
l'anonyme. J'allai immédiatement chez l'éditeur Eugène Renduel, qui consentit au premier mot, en regrettant seulement que l'auteur ne voulût point se
nommer. Mais quand je retournai le lendemain trouver
M. de Lamennais, sa pensée avait fait du chemin ; il
consentait à mettre son nom au livre. Il reçut la visite
du libraire, s'entendit avec lui, et partit en me laissant
le soin de l'impression : « Vous êtes maître absolu,
« me dit-il, vous changerez ce qu'il vous plaira. »
C'était une parole de confiance dont j'entendais bien
ne pas user.

« L'impression commença. Je dois faire un aveu
qui n'est pas à l'honneur de l'esprit critique ; je ne
parle que du mien. A peine en possession du petit
écrit, je l'avais parcouru, et je n'en avais pas apprécié
toute la valeur, toute la vitalité. Nous étions alors des
raffinés en matière de style. La forme un peu déclama-
toire, un peu apocalyptique de cet éloquent pamphlet,

m'avait caché d'abord ce qu'il y avait là-dedans de
flamme communicative et de puissance d'éruption, —
de ce qui faisait dire plus tard à l'auteur : « C'est égal!
« la fibre humaine a vibré. » Je fus averti d'une singulière manière. Un matin que je reportais les épreuves,
on me prévint que l'imprimeur, M. Plassan, désirait
me parler. « Vous êtes chargé, me dit-il, de l'impres-
« sion d'un écrit de M. de Lamennais qui va faire bien
« du bruit; mes ouvriers eux-mêmes ne peuvent le
« composer sans être comme soulevés et transportés;
« l'imprimerie est toute en l'air. Je suis ami du gou-
« vernement, je ne puis mettre mon nom à cette pu-
« blication; mais, comme l'affaire est commencée, je
« ne refuse pas mes presses. On a le temps de chercher
« un autre nom d'imprimeur. » Je n'étais que passif
en tout ceci; je prévins l'éditeur, M. Renduel, et je ne
sais plus comment les choses s'arrangèrent.

« Seulement, à un moment de l'impression, un passage du chapitre XXXIII, où est décrite une vision, me
parut passer toute mesure en ce qui était du Pape en
particulier et du catholicisme. Il n'entrait pas dans mon
esprit que M. de Lamennais prêtre, et, à cette date,
n'ayant nullement rompu avec Rome, pût se permettre une telle hardiesse. J'usai de la faculté qui m'avait
été laissée; je pris sur moi de rayer deux lignes et de
mettre des points. Ces points ont subsisté depuis dans
toutes les éditions, je crois, et l'auteur ne m'a jamais
parlé de cette suppression (1). »

(1) *Nouveaux Lundis*, t. I, p. 39-41.

Lamennais n'avait d'abord composé cet écrit que pour lui-même et comme pour décharger le trop plein d'irritation et de tristesse qui débordait de son cœur palpitant et meurtri; quand il résolut de le donner au public il ne se faisait point illusion sur le soulèvement extraordinaire qui en serait la suite. Les *Paroles d'un Croyant* produisirent, comme s'y attendait l'auteur, un effet prodigieux, non seulement à Paris et en France, mais en Europe où le livre fut traduit dans toutes les langues. On le lisait partout, dans les ateliers, dans les salons, dans les cafés, dans les chaumières et jusque sur les places publiques. C'était comme un défi jeté, au nom de la liberté que donne au monde le Christianisme, à tous les pouvoirs de la terre et d'abord au plus auguste de tous, celui du Pape.

Par les *Paroles d'un Croyant*, Lamennais, suivant un mot célèbre, « tomba parmi les malfaiteurs intellectuels de son temps (1). » L'apôtre avait enseigné que tout pouvoir vient de Dieu, un prêtre de Jésus-Christ se levait pour enseigner que le Pouvoir est fils de l'Enfer : les rois sont tous des monstres, les prêtres sont les séides des rois. Tel était le fond banal du livre; la forme n'était qu'un pastiche du style biblique, « une apocalypse toute bariolée de prières et de blasphèmes (2). » « Lamennais, écrit M. Renan, créa pour composer cet ouvrage étrange, avec des réminiscences de la Bible et du langage ecclésiastique, cette

(1) *Mémoires* de M. Guizot, t. III, p. 82.
(2) Nettement.

manière harmonieuse et grandiose qui réalise le phé-
nomène unique dans l'histoire des littératures d'un
pastiche de génie. »

Dans le monde conservateur on ne trouvait pas
d'expression assez forte pour caractériser l'horreur
qu'inspirait à tous « cette œuvre abominable », où
tous les principes sociaux étaient attaqués. « C'est un
club sous un clocher, » disait M. Molé, et M. Royer-
Collard s'écriait : « C'est quatre-vingt-treize faisant ses
Pâques! » Et d'autres ajoutaient : « C'est l'apocalypse
de Satan! — C'est Babeuf débité par le prophète Ezé-
chiel! — C'est le bonnet rouge planté sur la croix (1)! »

Au milieu de toutes ces invectives qui arrachaient à
Lamennais le cri de triomphe cité par Sainte-Beuve,
écoutons la voix de Mlle de Lucinière à qui la raison et
le cœur dictaient de justes plaintes. Profitant de la liberté que lui a toujours laissée son illustre ami, elle
lui dénonce la chimère qui va bientôt le dévorer, en
signalant ce dangereux esprit d'utopie auquel il va tout
sacrifier.

« Vos *Paroles d'un Croyant*, écrit-elle, sont venues
fondre sur nous comme un orage imprévu!... Vos ennemis tressaillent d'allégresse, et vos amis s'affligent...
Nous avons lu votre ouvrage en petit comité d'amis...

(1) « Certes, écrit M. Nettement, ceux-là avaient été déjà bien
coupables qui, violant la majesté royale, avaient placé l'ignoble
emblème des passions démagogiques sur le front auguste de
Louis XVI. M. de Lamennais venait de faire quelque chose de pis ;
les *Paroles d'un Croyant*, c'était le bonnet rouge posé sur la croix
de Jésus-Christ. » (*Histoire de la littérature française sous le
gouvernement de Juillet*, t. I, p. 351.)

Oh! quelle pureté, quelle élévation de style! Que de beautés surtout, que de suaves pensées renferment quelques chapitres où vous avez laissé parler votre cœur! Ils reposent l'âme des chapitres précédents qui l'avaient trop douloureusement ému.

« Mon excellent ami, me pardonnez-vous maintenant? Mais avec vous il y a vingt ans que j'ai l'habitude de penser tout haut. Je vous dirai donc que je ne conçois pas comment vous avez pu rêver l'existence possible d'une République telle que vous la dépeignez. Où trouverez-vous ce peuple capable d'être uni par les seuls liens de la charité, de se guider uniquement par le code évangélique, de n'avoir besoin ni de chefs ni de lois?... Nous ne valons pas mieux en 1834 qu'en 1789. Encore y a-t-il moins de religion maintenant dans les classes populaires, et ce sont ces classes que l'on mettra d'abord en avant. Alors, sauve qui pourra... Moi, pauvre fille, je ne puis m'expliquer, dans ma simplicité, comment un cœur tel que le vôtre a voué tant de haine à l'autorité, puisque « toute autorité « vient de Dieu ».

« Mon meilleur ami sur la terre, que je suis désolée de vous voir suivre une telle route, vous qui sembliez destiné à fournir une si belle et si utile carrière! Il est certain que vous vous trompez sur la mission que le Seigneur vous avait donnée à remplir. Vous êtes abusé par votre ardente imagination. Un jour vous regretterez amèrement d'avoir usé votre génie à soulever les passions... »

Rien de plus juste que cette appréciation dictée par

une clairvoyante amitié. Dans les *Paroles d'un Croyant*, en effet, on sent beaucoup plus le visionnaire que le penseur ; mais, s'il y a des pages qui pour l'horreur le disputent à certaines scènes de l'*Enfer* de Dante, il y en a d'autres si suaves qu'on les croirait tirées textuellement des chapitres les plus touchants des *Évangiles*.

Qu'on se rappelle la scène lugubre où le *Croyant* nous montre, par une nuit sombre et sous un ciel sans astres, sept monarques assis sur un trône composé d'ossements, buvant du sang humain dans un crâne, et conspirant, le pied sur un crucifix, contre la liberté, contre la science, contre la religion, contre tous les biens qui font l'honneur et la grandeur de l'humanité. La scène des sept spectres est plus effrayante encore. Mais à quoi peuvent servir ces horribles peintures, semblables aux hallucinations d'un cerveau malade, si ce n'est à ôter aux hommes le sens de la réalité et à déchaîner sans motifs contre les chefs d'État les passions populaires ?

Et cependant, à côté de ces pages sombres et irritées, qui font penser aux prédications ardentes de Knox et des puritains, que de morceaux pleins de suavité et de tendresse, qui leur servent, pour ainsi dire, de repoussoir ! Il suffit de citer la touchante élégie de la mère et de la fille et celle du pauvre exilé dont toutes les strophes se terminent par ce pathétique refrain : « L'exilé partout est seul (1). »

Quoi qu'il en soit, remarque Sainte-Beuve, « ce fut

(1) Ferraz, *Traditionalisme et Ultramontanisme*, p. 233.

comme le coup de canon qu'on tire en mer pour dissiper le brouillard ». Il devint dès lors manifeste pour tous que Lamennais était entré à pleines voiles dans un océan nouveau.

« Celui que Dieu a touché est toujours un être à part, dit très bien M. Renan; il est, quoi qu'il fasse, déplacé parmi les hommes; on le reconnaît à un signe (1). » Or le sceau de la réprobation, observerons-nous avec M. de Pontmartin, s'incrustait peu à peu sur ce large front qu'illuminaient autrefois les clartés célestes de l'apologétique chrétienne. Vainement Lamennais prétendait que son âme était en paix; il suffisait de le voir pour sentir qu'il mentait. Désirant savoir ce que pensait son ami Berryer, il se présenta un jour chez lui avec ce rire amer qui trahissait à la fois l'orgueil et la souffrance.

« Eh bien, lui dit-il, vous m'en voulez, vous êtes irrité contre moi?

— Oui.

— Je vous ai étonné, n'est-ce pas?

— Non, vous ne m'avez pas étonné.

— Comment! N'ai-je pas renié mon passé? Ne trouvez-vous pas que j'ai été bien inconséquent?

— Non; tout au contraire, vous avez été trop conséquent! Vous m'avez effrayé dès la publication de votre premier volume sur l'*Indifférence*. » Puis, lui rappelant la scène de la Chesnaie que nous avons racontée (2), il ajouta :

(1) *Revue des Deux-Mondes*, 15 août 1857.
(2) Voir plus haut, p. 124.

« Vous n'avez jamais été royaliste. Vous détestiez l'Empire, oui, parce qu'il vous opprimait, mais vous n'avez applaudi au retour de la monarchie que parce que vous espériez qu'elle donnerait la domination au prêtre. Elle n'a pas adopté vos idées. Vous vous êtes tourné vers le pape, vous lui avez dit : « Mettez le « pied sur la tête de tous ces rois. » Vous avez été à Rome. On n'a pas accueilli vos conseils; et maintenant vous cherchez à gagner les peuples. Vous leur demandez à leur tour de mettre le pied sur la tête du pape et de tous ces rois qui ne vous ont pas suivi. Tout cela est conséquent. Non, vous n'avez pas changé (1). »

Ils discutèrent ainsi longtemps sans parvenir à s'entendre, Lamennais affirmant toujours son inconséquence et Berryer se refusant toujours à l'admettre. L'auteur des *Paroles d'un Croyant* dut se rappeler alors les paroles que lui avait dites un jour son ami : « Décidément, vous avez manqué votre vocation. Vous auriez été un terrible corsaire, comme vos compatriotes de Saint-Malo. » Les lettres du fils de l'armateur, devenu corsaire de l'erreur, continueront de nous le montrer au naturel, avec tous ses défauts, avec ses compensations et ses avantages, dans cette seconde navigation qui ne fut pas plus que l'autre exempte de bourrasques et de tempêtes (2).

Rentré dans la solitude de la Chesnaie, l'auteur des *Paroles d'un Croyant*, nous le constatons de nouveau

(1) Lecanuet, *Berryer, sa vie et ses œuvres*, p. 78.
(2) *Nouveaux Lundis*, t. I, p. 42.

par une lettre de M. de Kertanguy à l'abbé Jean, avait
cessé de dire la messe (1). « Ce n'est pas assurément,
ajoute-t-il, que je veuille lui en faire un crime ; il est
dans une position si extraordinaire ! Néanmoins je ne
puis m'empêcher de regretter bien vivement qu'il se
soit imposé cette privation horrible (2). » Cependant
Lamennais continua d'aller à la messe plusieurs années
après avoir cessé de la dire, et il pratiqua durant ce
temps-là l'abstinence des jeûnes prescrits par l'É-
glise (3).

Les *Paroles d'un Croyant* avaient paru à la fin d'a-
vril 1834, avec cette dédicace au peuple : « Ce livre a
été fait principalement pour vous ; c'est à vous que je
l'offre. Puisse-t-il, au milieu de tant de maux qui sont
votre partage, de tant de douleurs qui vous affaissent
sans presque aucun repos, vous ranimer et vous consoler un peu ! Vous qui portez le poids du jour, je voudrais qu'il pût être à votre âme fatiguée ce qu'est, sur
le midi, au coin d'un champ, l'ombre d'un arbre, si
chétif qu'il soit, à celui qui a travaillé tout le matin
sous les ardents rayons du soleil. Vous vivez en des
temps mauvais, mais ces temps passeront. Espérez et
aimez. L'espérance adoucit tout, et l'amour rend tout
facile.

Grégoire XVI, au premier coup d'œil jeté sur le
livre, fut saisi d'horreur, en même temps qu'ému de
compassion sur l'aveuglement de l'auteur. Celui qu'il

(1) Voir plus haut, p. 202.
(2) Roussel, *Lamennais,* t. II, p. 200.
(3) *Ibid.,* t. I, p. 180.

13.

avait traité avec tant d'indulgence et de bonté venait
de rompre ses engagements solennels d'entière soumission. Dans un livre « peu considérable par le volume,
mais immense par la perversité, » il avait entassé tout
ce qui peut produire le bouleversement des choses
divines et humaines. Le pontife, gardien de la foi, ne
pouvait dissimuler par son silence un coup si funeste
porté à la saine doctrine. Le 15 juillet 1834, fut donc
promulguée contre les *Paroles d'un Croyant* l'encyclique qui commence par ces mots : *Singulari nos* et qui
se termine ainsi :

« C'est pourquoi, après avoir entendu quelques-uns
de nos vénérables frères cardinaux de la sainte Église
romaine, de notre propre mouvement, de notre science
certaine, et de toute la plénitude de notre puissance
apostolique, nous réprouvons, condamnons et voulons
qu'à perpétuité on tienne pour condamné et réprouvé
le livre dont nous venons de parler, qui a pour titre
Paroles d'un Croyant, où par un abus impie de la parole
de Dieu, les peuples sont criminellement poussés à
rompre les liens de tout ordre public, à renverser l'une
et l'autre autorité, à exciter, nourrir, étendre et fortifier
les séditions dans les empires, les troubles et les ré-
bellions : livre renfermant, par conséquent, des propositions respectivement fausses, calomnieuses, téméraires, conduisant à l'anarchie, contraires à la parole
de Dieu, impies, scandaleuses, erronées, déjà condamnées par l'Église, spécialement dans les Vaudois,
les Wiclefites, les Hussites et autres hérétiques de
cette espèce. »

Le devoir du docteur accompli, le cœur du père reparaissait. Le Pape suppliait Celui qui « dirige et redresse les sages, » de ramener dans les voies de la justice ce fils égaré. « Oh! qu'il sera beau, qu'il sera fortuné, disait-il, le jour où il nous sera donné. de recevoir dans notre sein paternel ce fils revenu à lui-même! »

Quand il eut connaissance de l'encyclique *Singulari nos*, Lamennais, prodigue obstiné, resta sourd aux instantes prières du père commun des fidèles. « Je gémis, écrivit-il le 27 juillet 1834, qu'un pouvoir que j'ai tant aimé, tant vénéré, soit descendu à un pareil degré d'ignominie. » Et quelques jours plus tard : « Vous vous trompez en me supposant des troubles de conscience au sujet de l'encyclique du Pape; je n'en éprouve pas l'ombre, et mon projet est bien de recommencer à dire la sainte messe, dès que j'aurai l'assurance de n'être pas chassé du seul asile que j'eusse en ce monde, par une interdiction publique. » Le 20 août il ajoutait : « Les lignes tracées par Grégoire XVI, et qu'on ne prend pas même la peine de lire, sont comme les bandelettes qui enveloppent la momie : il parle à un monde qui n'existe plus; sa voix ressemble à un de ces bruits vagues qui retentissent, solitaires, dans les tombeaux sacrés des prêtres de Memphis. »

Lamennais, qui planait jusque-là dans les régions les plus sublimes, n'était plus, en quelque sorte, retenu à l'orthodoxie que par un fil; il rompit ce faible lien, et tomba de tout le poids de son génie dans l'abîme. A partir de ce moment commença pour lui une vie triste, désolée, sans affections comme sans espérances.

Que s'était-il passé dans l'âme de Lamennais, au moment de sa condamnation? Il y a là un de ces mystères qui ne seront éclaircis qu'au dernier jour à la lumière de la justice divine. Cependant, comme Dieu ne permet ces scandales que pour notre instruction, il est utile de dire ce que nous pensons des causes de sa chute.

« Lorsqu'on se rappelle le passé de Lamennais, observe Mgr de Salinis, deux traits de son âme pouvaient faire craindre pour lui : l'absence de charité et l'orgueil de la pensée. Il suffit de relire les articles polémiques insérés par M. de Lamennais dans les divers journaux et recueils religieux de l'époque, pour comprendre jusqu'où allait son défaut de charité. Ce n'était pas seulement les doctrines qu'il attaquait avec force, mais il était impitoyable envers les défenseurs de ces doctrines. Et, quand une de ces flèches acérées, qu'il lançait, avait atteint son but, il était heureux; on eût dit qu'il eût remporté une victoire. L'orgueil qui faisait le fond de son âme était le principe secret et non avoué de ce défaut de charité; l'humiliation de ses adversaires servait de piédestal à son désir de domination.

« Toutefois, ajoute Mgr de Salinis, nous croyons pouvoir signaler une cause plus directe, qui explique aussi peut-être une autre chute... Ces hommes se croyaient utiles à Dieu; ils étaient convaincus qu'ils avaient rendu, l'un par la prose, l'autre par les vers,

de si notables services à Notre-Seigneur Jésus-Christ,
qu'ils n'ont pas pu comprendre qu'ils aient été traités
l'un par l'Église, l'autre par la Providence, comme de
simples hommes (1). »

Grégoire XVI, dans l'Encyclique *Singulari nos,* ne
s'était pas contenté de condamner les *Paroles d'un
Croyant;* il avait aussi formellement improuvé le système philosophique de l'auteur de l'*Essai sur l'indifférence.* « Attendu qu'en suivant le système nouvellement introduit, disait-il, entraîné par un amour téméraire et sans frein de nouveautés on ne cherche plus
la vérité où elle est certainement, mais que, laissant
de côté les traditions saintes et apostoliques, on introduit d'autres doctrines vaines, subtiles, incertaines,
qui ne sont point approuvées par l'Église et sur lesquelles les hommes les plus vains pensent faussement
qu'on peut établir et appuyer la vérité (2). »

L'encyclique de 1834 portait le dernier coup à l'é-
cole menaisienne. Tous les disciples du maître se sé-
parèrent de lui l'un après l'autre, et Lamennais se
trouva seul. Ces dernières années, écrivait l'abbé Ger-

----

(1) *Divinité de l'Église,* t. II, p. 46. — Que voulez-vous, disait M. Laurentie à l'abbé Gerbet, il faut bien que tout homme
obéisse à l'autorité du Pape ! — Oui, mais M. de Lamennais n'est
pas un homme comme un autre. » On comprend dès lors cette parole de Lacordaire : Lamennais « s'est perdu, parce que tous ses
amis ont été fascinés par sa gloire et l'ont adoré à genoux. »

(2) Ces paroles de l'Encyclique qu'on appliquait en France à la
doctrine du sens commun, les catholiques allemands les regardaient
comme étant dirigées contre la doctrine du docteur Hermès, mort
professeur de théologie à l'Université de Bonn. (Roussel, *Lamennais,* t. II, p. 238.)

bet dans l'*Université catholique* où il réfutait les *Paroles d'un Croyant*, ont vu un fait bien rare dans les annales de l'Église; en s'exilant loin d'elle, M. de la Mennais n'a été accompagné par aucun de ceux qui avaient partagé ses travaux. Tous se sont rangés à la droite du vicaire de Dieu, et ils n'ont suivi que de leurs regards tristes celui qui s'engageait à gauche, dans une route qui ne peut conduire qu'aux abîmes... Dieu lit dans le fond de notre âme, ajoutait-il. Il y voit le désir de donner, s'il le fallait, tout notre sang pour obtenir à Tertullien tombé la grâce d'une seule larme. »

Le nouveau Tertullien s'occupa alors des problèmes les plus ardus de la métaphysique et des sciences exactes, en continuant de travailler à un ouvrage qu'il avait entrepris depuis longtemps et qu'il publia plus tard sous le titre d'*Esquisse d'une philosophie*. Lamennais avait cessé de croire à la mission divine de l'Église, le jour où elle refusa de se mettre, sur ses instances, à la tête du mouvement social dont son regard pénétrant apercevait l'avènement qu'il appelait de tous ses vœux. Telle fut l'origine du lugubre mystère de son apostasie. La négation de la divinité de l'Église amena logiquement, fatalement tous ses autres malheurs. Il se croyait encore catholique qu'il n'était déjà plus chrétien, puisqu'il rejetait alors la révélation et le surnaturel, et le poids d'une erreur l'entraînait sans cesse vers une autre toujours plus profonde.

L'attitude de Lamennais, dirons-nous avec M. Caro, est curieuse à étudier durant la crise qui brise en deux son existence. « Ni retour mélancolique sur le passé, ni inquiétude sur l'avenir qui s'ouvre à lui avec ses perspectives illimitées et obscures, à un âge où il est si dur de s'exiler de ses habitudes, de son foyer intellectuel et moral, de ses amitiés les plus chères, à cinquante-deux ans. Pas de plainte, pas de gémissement. Pas un mot qui puisse attendrir les témoins de cette grande crise. Pas un cri où se révèle l'angoisse. Il part, le front haut, pour les régions nouvelles que son exil va parcourir. Il franchit la limite de ce vieux monde dont il a été un des plus glorieux enfants, sans retourner la tête, sans jeter un mot d'adieu derrière lui à tout ce qu'il a tant aimé. Aux sollicitations qu'on lui fait, il n'a qu'une réponse : « Rome, désormais, n'a « plus rien à me dire; et je n'ai rien à dire à Rome. « Chacun a sa voie qu'il n'a point choisie, sa voie pro- « videntielle où il faut qu'il marche. Une irrésistible « puissance nous conduit où nous devons aller. » Aux âmes pieuses qui jettent vers le pèlerin en route un cri de tendre désespoir il dit : « Ne vous pressez point « de juger. Dieu ne laissera pas le monde dans cette « grave et horrible incertitude. » Voilà tout, et déjà il est bien loin, mêlé au plus avant des luttes démocratiques (1). »

M. l'abbé Roussel (2) a raconté comment l'archevêque de Paris, qui comptait Lamennais parmi les prêtres de son diocèse, essaya, en 1835, de ramener au bercail la brebis égarée. « Il s'y croyait obligé, dit-il, non

____

(1) *Nouvelles Études morales sur le temps présent*, p. 245.
(2) *Lamennais*, t. II, p. 273.

seulement par les liens de l'amitié, de la communauté
d'origine, mais aussi par sa qualité de pasteur. » Néanmoins il craignait une démarche prématurée, qui ren-
drait la situation encore plus inextricable. A Mlle de
Lucinière, qui le conjurait d'aller trouver le malheureux apostat, il écrivit le 20 avril, en lui faisant part
de ses perplexités (1).

« Hélas! Mademoiselle, que je suis affligé! Mais que
puis-je faire, sinon prier! *La personne* n'est sans doute
revenue ici qu'avec un parti pris, et à moins d'un
miracle, mes tentatives seraient inutiles. Si je savais
qu'après bien des rebuts et des duretés, après mille
peines et mille chagrins, il me fût donné de ramener
au vrai ce pauvre ami, Dieu m'est témoin que je ne
m'épargnerais pas. Il me semble que vous, qui êtes
plus liée, pouvez faire entendre plus souvent et plus à
propos les paroles du dévouement, de la raison et de
la conscience; je crois donc que vous feriez une bonne
œuvre en restant ici. Répétez souvent combien mon
cœur et mes bras sont ouverts et quel serait le bonheur
que j'éprouverais si l'on me donnait la permission
d'assurer du retour et de la constance. Oh! que Notre-
Seigneur nous a donné le grand secret : *se renoncer
soi-même;* mais tous n'entendent pas ce langage. Que
de belles qualités perdues; quel talent dont le compte
sera terrible! Pouvoir sauver, et ne faire que perdre,
c'est une bien malheureuse puissance, ou plutôt, c'est
un bien funeste emploi de la puissance. »

(1) Roussel, *Lamennais,* t. II, p. 275.

Une lettre de l'abbé Jean, en date du 21 mai (1), nous apprend que Lamennais avait promis à Mlle de Lucinière d'aller voir l'archevêque de Paris; mais un sentiment de méfiance le fit reculer au dernier moment, et il repartit pour la Chesnaie sans avoir tenté une démarche qui aurait peut-être été pour lui le salut. « J'espère, écrivait Mgr de Quélen, le 9 juin, que ce pauvre ami ne m'aura fui que par pudeur, et ce sentiment me donnerait quelque espoir. Prier, prier encore, sans se lasser, voilà la ressource qui ne manque jamais. Dieu aura pitié de nous, et il nous consolera (2). »

Le digne prélat se trompait, remarque M. l'abbé Roussel, en attribuant la conduite de Lamennais à un sentiment de *pudeur*. « L'infortuné ne voyait plus, dans beaucoup de ses vrais amis, que des perfides qui lui tendaient sans cesse de nouveaux pièges, ou tout au moins des fâcheux qui venaient le troubler dans ce qu'il appelait sa quiétude : il les évitait, à ce double titre, le plus soigneusement possible (3). »

Malgré l'inutilité de ses démarches, l'archevêque de Paris ne cessait de s'intéresser à Lamennais. Il se rappelait ce que lui avait écrit l'abbé Jean : « Mon pauvre frère, ce pauvre, autrefois si riche, est bien digne de pitié! De grâce ne l'abandonnez pas. Je n'ose espérer que, dans sa position actuelle, il vous écoute d'abord avec un cœur docile; mais néanmoins, je vous en conjure, ne pensez pas pour cela que vos paroles

(1) **Roussel**, *Lamennais*, t. II, p. 279.
(2) **Id.**, *Lamennais,* t. II, p. 284.
(3) ld., *Lamennais,* t. II, p. 285.

ne fassent aucune impression sur lui et qu'elles soient tout à fait perdues : il se roidira d'abord, je le crains bien; cependant il n'en sentira pas moins le prix de vos bontés; vos douces et paternelles exhortations lui feront une de ces blessures dont parle la Sainte Écriture, une de ces blessures qui guérissent, et plus tard, il nous consolera par sa soumission (1). »

Ayant un jour appris qu'on avait rencontré Lamennais priant dans une église, Mgr de Quélen crut apercevoir dans cet acte de piété un commencement de conversion, et dans la joie de son âme, il écrivit à Mlle de Lucinière cette lettre où l'on sent battre un cœur d'apôtre :

« Paris, le 30 août 1836.

« Mademoiselle,

« Je viens d'apprendre, et j'espère que l'on m'a dit l'exacte vérité, que votre, je devrais dire *notre* pauvre ami s'est rapproché des consolations de la religion, les seules qui peuvent faire supporter les maux sans nombre de la vie présente. J'ai entendu assurer qu'il allait à la messe, c'est un pas pour la dire un jour. Oh! que je serais heureux d'apprendre qu'il se met en état de célébrer les saints Mystères qui faisaient autrefois sa joie et son bonheur. Que j'aimerais à lui ouvrir les portes du sanctuaire aimable du Dieu des vertus! Je hâte ces moments par mes prières; ne cessez vous-

____

(1) Roussel, *Lamennais*, t. II, p. 280.

même d'implorer le Seigneur, pour qu'il ne permette pas qu'une brebis de son troupeau, qu'un ministre de son Église, qui pourrait encore en être l'ornement, périsse et devienne un sujet de chute pour plusieurs.

« Votre ami est ici depuis quelque temps, je ne l'ai pas vu, pourquoi me fuirait-il? A-t-il trouvé de l'amertune dans mes conversations? du moins, je ne crois pas avoir à me le reprocher. Si vous trouvez l'occasion favorable pour me rappeler à son souvenir, dites-lui que, moi aussi, je suis bien affligé et de toutes sortes de manières; mais que son retour au bercail de Jésus-Christ me ferait oublier bien des peines. Mon cœur ne lui sera jamais fermé, pas plus que celui du Père commun; il trouvera aussi dans le clergé de véritables frères dont la tendre charité le consolera des années malheureuses qui ont pesé sur lui, comme sur nous.

« C'est en descendant du saint autel que j'ai eu ce matin la pensée de vous écrire. Dieu peut faire des miracles, je lui demande, par l'intercession de Marie, de ramener ce pauvre ami dans la voie de la vérité, de la justice et de la piété, hors de laquelle sa vie se dissipera dans la douleur, et se terminera dans d'éternels gémissements (1). »

Cette touchante lettre dont Mlle de Lucinière communiqua quelques passages à Lamennais, ne produisit aucun effet sur son esprit et sur son cœur. L'archevêque poussa la condescendance jusqu'à lui écrire directement; mais celui-ci, tout en reconnaissant qu'il

____

(1) Roussel, *Lamennais*, t. II, p. 319.

n'avait eu qu'à se louer « de ses procédés, de sa bienveillance, et de son zèle plein de sagesse (1) », refusa
de répondre à de si charitables et paternelles avances.

Dès l'année 1833, Lamennais avait écrit à l'abbé
Combalot ces lignes navrantes : « J'ai quitté pour
jamais mon ancien champ de bataille... Instruit par
l'expérience, je suis bien résolu à me placer désormais,
comme écrivain, en dehors de l'Église et du catholicisme. Mais en dehors du catholicisme, en dehors de
la foi, il y a la raison; en dehors de l'Église, il y a
l'humanité : Je me renferme dans cette sphère. » S'il
s'était maintenu jusque-là dans les limites de l'orthodoxie, Lamennais allait bientôt s'en écarter, en son-
dant les bases de l'autorité qui avait été si longtemps
sa ligne de conduite. C'est ce qu'il fit d'une manière
éclatante dans un ouvrage qu'il préparait depuis plusieurs années et que la presse religieuse réprouvait
d'avance : « Je lui en parlai dimanche, écrit Mlle de
Lucinière, le 3 octobre 1836. Je lui témoignai mon
inquiétude et la douleur que j'aurais, ainsi que ses
vrais amis, si, comme on le disait, il attaquait *de
front l'Église.* Il me répondit que personne ne connaissait positivement le fond de son ouvrage qu'il
envoyait feuille par feuille à l'impression, et qu'il fallait laisser dire (2). »

Hélas ! les journaux ne s'étaient pas trompés. Vu les
dispositions d'esprit où se trouvait alors l'écrivain, il

(1) *Affaires de Rome*, p. 146.
(2) Roussel, *Lamennais*, t. II, p. 324.

devait sortir de sa plume toute autre chose que l'apologie de Rome et de l'Église. Déserteur de la cause sacrée pour laquelle il avait si vaillamment combattu, Lamennais entra par la publication des *Affaires de Rome* dans la voie nouvelle qui s'ouvrait devant lui. C'était l'histoire lamentable de la marche qui l'avait conduit, lui l'apôtre de l'infaillibilité absolue du Pape, à travers une série inouïe de tergiversations et de rétractations, jusqu'à la révolte ouverte contre l'exercice le plus légitime de l'autorité pontificale.

Avant de publier son ouvrage, Lamennais en avait communiqué le manuscrit à M. de Montalembert, qui n'avait pas encore définitivement rompu avec son ancien maître. Tout en reconnaissant l'authenticité des documents, Montalembert constata plusieurs inexactitudes dans l'exposition des faits, et déclara qu'il s'opposait, autant qu'il était en lui, à une publication de nature à égarer l'opinion et qu'il considérait comme un acte de déloyauté. M. de Lamennais répondit qu'il réfléchirait, et, trois mois après, en décembre 1836, parurent les *Affaires de Rome*.

La publication des *Affaires de Rome*, remarque M. Nettement, était un acte décisif (1). Les *Paroles d'un Croyant* avaient pu, à la rigueur, être considérées comme un acte de délire d'une intelligence malade, comme un écart de l'imagination plutôt que de la raison. Cette fois, il ne s'agissait plus des sombres rê-

(1) *Histoire de la littérature française sous le gouvernement de Juillet*, t. II, p. 353.

veries d'une imagination enivrée de ses propres fantômes ; c'était le cri de l'orgueil blessé éclatant en paroles longuement méditées. M. de Lamennais voulait,
de propos délibéré, rompre avec l'Église.

Et maintenant, se demande-t-il à la fin de l'ouvrage,
que va faire la papauté après avoir rompu radicalement avec la société moderne? Continuera-t-elle à
combattre les aspirations des peuples? Mais le mouvement qui les emporte est si irrésistible et si général
que les résistances que Rome y opposerait ne sauraient l'arrêter, et qu'elle y perdrait le peu de popularité qui lui reste. Renoncera-t-elle aux maximes qu'a-
près un mûr examen elle a cru devoir embrasser?
Mais ce serait s'infliger à elle-même le plus éclatant
démenti et donner à toutes les nations le signal du
mépris de son autorité. Elle ne peut, en effet, être considérée comme infaillible qu'à la condition de se montrer immuable. Lamennais croit donc que l'Église est
dans une impasse d'où il lui sera impossible de sortir,
si le christianisme ne subit pas quelque grande transformation.

Cette transformation du christianisme est d'autant
plus vraisemblable, suivant Lamennais, que celle qui
s'accomplit dans l'orde politique a en lui son principe,
et dérive directement de la grande maxime chrétienne :
« Soyez parfaits, comme votre Père céleste est parfait. » C'est, sous une forme théologique, la doctrine
du progrès illimité, préconisé par les disciples de
Saint-Simon. Seulement, suivant lui, ce n'est pas sous
l'influence d'une religion nouvelle, mais sous celle

de la religion chrétienne, que ce progrès doit se réaliser. Et par ces mots de *religion chrétienne*, Lamennais n'entend point le catholicisme, qui est, dit-il, devenu étranger à la race humaine, ni le protestantisme,
qu'il a si violemment attaqué autrefois. Il entend par
là un christianisme qu'il ne définit pas nettement et
dont on ne peut rien dire, sinon que c'est un christianisme « progressif et évolutionniste », par opposition
au christianisme « fixe et immobile » des âges antérieurs (1).

« Je désire, disait-il en terminant, qu'on regarde ce
court écrit comme destiné à clore la série de ceux que
j'ai publiés depuis vingt-cinq ans. J'ai désormais des
devoirs plus simples et plus clairs. Le reste de ma vie
sera, je l'espère, consacré à les remplir selon la mesure de mes forces. Il n'est demandé à personne rien
de plus. Qu'on ne s'y trompe pas, le monde a changé :
il est las des querelles dogmatiques. Le génie de la dispute qui a ébranlé tant de vérités n'en affermit jamais
une seule. Maintenant on commence à comprendre
que la violence ne persuade personne, que la contrainte
détourne de la foi, que la vérité et la charité sont
deux sœurs divines à qui, en les envoyant sur la terre,
le Père céleste a dit : Allez et ne vous séparez jamais.
Voulez-vous que les hommes vous écoutent, parlez-
leur un langage d'union, annoncez-leur des doctrines
de paix, rappelez-leur la loi éternelle dont l'amour est
le sommaire. Dites-leur qu'ils seront chrétiens quand

(1) Ferraz, *Traditionalisme et Ultramontanisme*, p. 235.

ils sauront aimer, heureux et libres quand ils seront chrétiens. »

Après avoir lu ce triste livre où Lamennais, en racontant ses démêlés et sa rupture avec Rome, se déclarait l'ennemi personnel du pape et de la papauté, et s'efforçait de déshonorer l'Église, à laquelle il appartenait encore par le caractère sacré du sacerdoce, Mme Swetchine s'était écriée : « Il n'y a qu'un ange et qu'un prêtre qui puissent tomber si bas. » Lacordaire lui écrivit de Rome, le 24 novembre 1836 :

« La lecture des *Affaires de Rome* m'a causé une impression de tristesse incroyable ; je ne m'attendais pas à trouver ce mépris sourd et continu du malheur de l'Église, cette habileté implacable qui dépouille l'épouse divine de tous ses restes de gloire pour la montrer à tout l'univers, nue, pauvre, souillée de plaies et toute crucifiée comme son Maître. Il y a là un triomphe sur la misère, et sur quelle misère! qui fait frissonner d'un bout à l'autre; ensuite, une cessation de foi si sensible à chaque phrase, et un souvenir si présent de ce que fut la foi dans ce cœur, que l'âme en est consternée...

« Si l'Église de Dieu avait été outragée dans sa gloire humaine ou dans sa gloire divine, au temps du moyen âge ou au temps des martyrs, ce ne serait rien, pour ainsi dire; mais elle a été outragée au temps où la compassion même peut entrer dans le cœur de ses ennemis! Il s'est trouvé, parmi les ennemis, tel qui lui a jeté un lambeau de vêtement pour se couvrir un peu. Et un de ses fils, un de ses fils de prédilection, un homme qu'elle avait comblé de gloire, une âme sortie de ses entrailles, un chrétien lui a ôté ce pauvre lambeau qui couvrait à demi sa nudité (1)! »

A cette époque, raconte M. Laurentie (2), « Lamennais était devenu seul, en réalité. Ses amis d'autrefois l'avaient fui, d'autres amis ne lui étaient pas venus encore ; tout lui manquait, la gloire de la veille et la popularité du lendemain. Il y eut pour lui des jours de vide et d'angoisse. On vint me dire après dix ans qu'il était cruel de laisser cette âme dans l'isolement, et que tous ceux qui avaient aimé M. de Lamennais devaient aller l'entourer d'affections, que leur présence lui serait un bon souvenir, qu'elle suffirait peut-être pour réveiller sa vieille foi. Un petit billet devait me donner le droit de franchir les barrières de sa solitude.

« J'allai donc frapper à cette porte, qui, depuis si longtemps, ne s'était pas ouverte pour moi, et ce fut M. de Lamennais qui vint me l'ouvrir. Quelle entrevue ! et quel entretien ! Trois heures durant, toutes les vieilles questions furent remuées, et comme elles l'étaient en sens contraire de ma croyance de chrétien et de catholique, j'étais navré, et je dis à M. de Lamennais ma douleur.

« Oh ! mon ami, je serais le plus malheureux des hommes, si ce que je vous dis devait vous ôter votre foi ! — Mais, repris-je, c'est sur vous que je gémis du fond du cœur, vous qui nous avez enseigné à défendre

(1) *Correspondance du P. Lacordaire avec Madame Swetchine*, p. 93, 94.

(2) *Souvenirs inédits*, p. 227.

le christianisme, et qui n'êtes plus chrétien. — Vous vous trompez, je suis chrétien toujours. — Expliquez-moi donc comment vous l'êtes, je vous supplie; car, pour moi, le christianisme est quelque chose de très précis; c'est un ensemble de vérités, ou, si vous voulez, de dogmes, de croyances, de mystères, de sacrements, et, pour vous tout dire en un mot, cet ensemble repose sur un dogme fondamental, celui de la présence réelle dans l'Eucharistie... » Et il m'interrompit à ce mot. « Mais, dit-il, *je garde* l'Eucharistie! — Comment! vous gardez l'Eucharistie! — Oui, l'Eucharistie, ajouta-t-il, est partout; l'homme mange l'homme, il mange le fruit de son travail; il mange sa sueur... »

« J'étais muet de stupeur, et cependant M. de Lamennais gardait une condescendance affectueuse, et il me parlait avec amitié, comme si j'avais dû être consolé par des explications si tendrement données. Hélas! je venais de voir que tout était consommé, et qu'à la place de la foi du prêtre, il ne restait que la chimère du panthéiste. »

Voilà donc où l'orgueil a conduit M. de Lamennais! Sans doute, la supériorité de son génie lui avait suscité des envieux et des ennemis; mais cette circonstance ne change rien au fond des choses. Ce grand mot d'*infaillibilité du genre humain,* invoqué par lui dès le second volume de l'*Essai sur l'indifférence,* cachait en réalité l'infaillibilité d'une intelligence enivrée d'elle-même. C'est donc bien l'orgueil qui, dès le principe de ses égarements, l'a aveuglé et fait rompre avec le trône; c'est encore l'orgueil qui l'a fait rompre avec le Saint-Siège, parce que le Saint-Siège n'a pas voulu se soumettre à l'infaillibilité du genre humain représenté par un écrivain qui tenait alors le sceptre des intelligences. Ainsi, de toutes les croyances qui avaient contribué à la gloire de Lamennais, il ne reste plus rien dans son esprit; il ne lui reste que sa croyance en lui-même et sa croyance au genre humain : « ou plutôt, comme le dit M. Nettement, il ne lui reste que l'orgueil qui, s'agrandissant à mesure qu'il dévore cette intelligence, domine les ruines qu'il a faites et menace de ses tristes, mais inflexibles regards, la chrétienté dont il vient de déserter le drapeau (1). »

(1) *Histoire de la littérature française sous le gouvernement de Juillet*, t. I, p. 362.

CHAPITRE X

1835 - 1854.

Depuis l'avènement du duc d'Orléans au trône, sous
le nom de Louis-Philippe Ier, trois années s'étaient
écoulées pendant lesquelles la presse, le pamphlet,
la caricature, les complots, les émeutes, les attentats
meurtriers avaient ébranlé le gouvernement et mis en
danger la personne du roi. Au commencement de 1834,
les partis hostiles étaient vaincus, l'ordre matériel
paraissait rétabli, l'industrie et le commerce reprenaient leur activité ordinaire. Quelques efforts encore,
et le ministère, qui essayait de concilier l'ordre avec
la liberté, pouvait espérer d'en finir avec l'esprit révolutionnaire. Pour atteindre ce but, une loi fut pro-

posée, qui aggravait les dispositions de l'article 291
du code pénal, en vertu duquel sont défendues les
réunions de plus de vingt personnes. La nouvelle loi,
adoptée le 26 mars, atteignit non seulement les réunions, mais encore les associations, même divisées en
fractions de vingt personnes, sous quelque prétexte
que ce fût.

Menacées dans leur existence, les sociétés secrètes
et les associations républicaines songèrent à prévenir
le danger en frappant un grand coup. Des insurrec-
tions éclatèrent au mois d'avril à Lyon, à Paris et
dans plusieurs autres villes; mais ces tentatives infructueuses furent aussitôt réprimées par la force. Profitant de sa victoire, le gouvernement obtint le 16 mai
une loi sévère contre les détenteurs d'armes et de
munitions de guerre. En même temps, il choisit 121
accusés parmi les hommes qui s'étaient le plus compromis dans les derniers troubles, et, malgré les protestations des intéressés et les obscurités de la Constitution à cet égard, le procès dit *d'Avril* fut confié
à la Chambre des pairs. Lamennais allait saisir cette
occasion pour faire publiquement son entrée dans le
parti républicain, en acceptant le titre de défenseur
des accusés.

« Il ne s'agit pas pour nous, disaient les chefs du
parti républicain d'alors, d'un procès judiciaire à soutenir; il s'agit d'une victoire politique à remporter.
Ce ne sont pas nos têtes que nous avons à défendre,
mais nos idées. Apprenons à l'Europe, apprenons au
monde quelle foi est la nôtre, et pour quels principes

il nous a plu de jouer cette formidable partie. Qu'importe que nos ennemis aient vaincu par le glaive et puissent compléter leur succès par l'échafaud, s'il reste démontré que de notre côté se trouvaient la vérité, l'amour du peuple et la justice? »

Pour réaliser ce grand dessein, raconte Louis Blanc, les prisonniers résolurent de convoquer à Paris tous les hommes qui, par leurs talents et leurs services, étaient en état de représenter dignement le parti républicain. Le comité de défense parisien avait distribué entre les membres les plus capables du parti les principales branches de la science de gouverner, assignant à l'un la partie philosophique et religieuse, à l'autre la partie administrative, à celui-ci les arts, à celui-là l'économie politique. C'est au titre de philosophe religieux que Lamennais fut appelé à prendre place parmi les défenseurs des accusés d'avril; mais il n'eut pas à intervenir : un arrêt de la cour interdit la défense des accusés par des personnes étrangères au barreau.

Dans un écrit publié après la mort de Lamennais et intitulé *Du Procès d'avril et de la République*, on trouve l'esquisse du discours qu'il se proposait de prononcer. C'est un véritable réquisitoire dressé contre la monarchie de Juillet, en même temps qu'une apologie des prolétaires de Lyon; mais on ne voit pas que le grand écrivain se soit beaucoup soucié d'exposer les doctrines philosophiques ou religieuses du parti républicain.

L'adhésion de Lamennais aux principes de la démocratie put être considérée comme définitive après la publication des *Troisièmes Mélanges* (1), précédés d'une *Préface* dans laquelle l'auteur reconnaît avoir souvent changé d'opinions, et déclare qu'il s'est souvent trompé, même gravement. M. E. Boré, à qui Lamennais avait communiqué la Préface des *Mélanges*, eut le courage d'écrire franchement à son maître qu'elle n'était pas de son goût. L'auteur déconcerté se justifia comme il put : « La Préface, répondit-il, n'est pas ce que tu attendais. Je l'ai écrite pour moi, pour fixer ma position, pour diriger quelques esprits vers certaines questions importantes dont la solution ne se trouve certainement pas dans le cadre rétréci et rigoureusement tracé où on la cherche. » Ne sent-on pas sous ces paroles la prétention de se croire plus éclairé que tout le monde, et le désir de régenter l'Église et la société?

Essayons, à la suite de M. Caro, de scruter jusqu'au fond de cette âme inquiète, passionnée, et de faire voir comment s'était préparé lentement, à l'insu même de Lamennais, ce mouvement qui l'emporta brusquement d'un pôle à l'autre du monde des idées.

De l'absolu de la théocratie à l'absolu de la démocratie, « ce qui comble l'abîme, dit-il, ce qui permet

---

(1) Le premier volume des *Mélanges religieux et philosophiques* avait paru en 1819 et les *Nouveaux Mélanges*, en 1826. Les *Troisièmes Mélanges* n'étaient que la réimpression des articles de *l'Avenir*, dont Lamennais essaya de former un corps de doctrine sous ce titre : *Le Catholicisme dans ses rapports avec la société politique.*

du moins de comprendre qu'à un certain jour l'abîme
se trouva franchi, c'est cette théorie même de la certitude, qui est le fond de l'*Essai de l'indifférence*, et qui
transporte l'autorité de la raison individuelle, fût-elle
le génie même, à la raison universelle, véritable système de démocratie appliqué à la métaphysique, théorie
du suffrage universel développée dans la région des
idées; c'est ensuite cette habitude, cette tournure
particulière de son esprit qui le portait à se préoccuper
du christianisme social et politique bien plus que du
christianisme intérieur et spirituel; c'est enfin la haine
égale et continue qui l'anima dans les périodes les plus
diverses de sa vie contre les pouvoirs humains usur-
pateurs (selon lui) de l'autorité et du droit. Il se mêlait ainsi, jusque dans les emportements de sa théorie
ultramontaine, une sorte de démocratie de ligueur qui
faisait de sa politique le plus singulier mélange d'idées
théocratiques et de langage révolutionnaire. Il réclamait d'abord les droits des peuples pour les mettre
sous la seule tutelle dont il reconnût la légitimité :
celle du pape. Plus tard il supprima le tuteur et confia
directement les droits du peuple au peuple souverain.
Sa démocratie ultramontaine une fois condamnée, il
s'en tint purement et simplement à la démocratie (1). »

En 1837, Lamennais fut invité à passer une partie de
l'été à la campagne, au château de Frescu, ou de
Sans-Souci, à une demi-lieue au nord de Sézanne, en
Champagne. Il y composa le *Livre du Peuple,* dans le-

____

(1) *Nouvelles Études morales sur le temps présent*, p. 243.

quel il tâchait d'imiter la vigueur et la précision de
Rousseau, l'harmonie et la grâce de Bernardin de
Saint-Pierre. « Chaque soir au retour de la promenade,
raconte M. Peyrat, il nous lisait à la clarté d'une lampe
son travail du jour. De petits carrés de papier conte-
naient ces fragments, j'allais dire les strophes de ces
préceptes lyriques. Combien ces ébauches, dans leur
rudesse native, étaient plus vives, plus pittoresques,
plus éloquentes! « O peuple, disait-il, tu n'as pas le
« droit de tremper ton doigt dans la mer, et de verser
« sur ta langue une seule goutte du sel dont Dieu rem-
« plit les gouffres de l'Océan. » Depuis, en polissant
ce premier jet, il l'a affaibli; car il était artiste, un
artiste merveilleux souverainement amoureux de la
forme, et il se délectait à ciseler la phrase, qui devait
contenir sa pensée, comme un vase de marbre ou d'ai-
rain (1). »

Le *Livre du Peuple* renfermait tout un traité de morale sociale. Lamennais, après avoir enseigné l'intime
corrélation des droits et des devoirs, y traçait le devoir dans toutes les directions, devoirs individuels et
devoirs généraux, devoirs envers la famille, envers la
patrie et l'humanité.

Là, comme dans les *Affaires de Rome*, l'auteur célèbre avec enthousiasme l'idée religieuse, qui coor-
donne dans une vaste synthèse tous les devoirs de
l'homme et l'empêche, en ouvrant à ses regards de
vastes horizons, d'incarner ses espérances dans la boue

______

(1) *Béranger et Lamennais*, p. 116.

de cette terre. Mais il ajoute qu'il ne faut pas confondre la religion, essentiellement une et impérissable, avec les formes qu'elle revêt suivant les temps et les lieux, et il donne à entendre que le christianisme n'est, lui non plus, qu'une de ces formes locales et passagères. Bientôt, en effet, suivant Lamennais, le christianisme dégagé de l'enveloppe matérielle qui le recouvre, reparaîtra plus jeune et plus brillant que jamais (1).

« La pensée du *Livre du Peuple*, écrit M. Laurentie, est une pensée déjà fort usée. C'est un pâle reflet de celle qui parut si resplendissante et si hardie dans les *Paroles d'un Croyant*. L'abbé de Lamennais a beau faire, il a beau chercher de la poésie, il a beau rajeunir son style, il a beau créer des images pour peindre les misères de l'humanité, il ne dira rien qui n'ait été dit sur la condition du peuple. Tous les tribuns du monde ont épuisé cette plainte, devenue triviale et vulgaire... » A dater de cette publication on commença d'observer, non sans raison, que Lamennais, en perdant la foi catholique, avait perdu son talent d'écrivain (2).

(1) Ferraz, *Traditionalisme et Ultramontanisme*, p. 237.
(2) « Non seulement, remarque Barbey d'Aurevilly, le fond des choses s'est rapetissé, la pensée a souffert dans ce qu'elle a de plus intime; mais ce qui reste parfois aux intelligences égarées, aux grands coupables de l'esprit, — car l'esprit a des scélérats comme la conscience, — l'art lui-même a fléchi; la forme s'est altérée, et tout Lamennais a péri. Littérairement, je n'ai point à prouver cet effacement d'un grand talent devenu vulgaire. Beaucoup d'esprits, parmi ceux qui n'ont ni les anciennes croyances que l'abbé de

C'est encore en vue de l'éducation de la démocratie qu'il écrivit pour le journal *le Monde* une série d'articles qui composent le volume de ses œuvres intitulé *Politique à l'usage du Peuple*. « Que dites-vous du *Monde*, écrivait Béranger au pasteur Napoléon Peyrat? Je le lis avec attention et intérêt. Mais malgré le succès qu'on dit qu'il obtient, j'y vois, selon moi, plus de talent que de suite, plus de dévouement que d'utilité. Quelle conclusion mettre au bout de cette éloquence? »

Après la liquidation du journal *le Monde*, Lamennais, toujours obsédé du désir de communiquer ses idées au public, eut un instant la pensée de fonder une autre feuille quotidienne; mais, se trouvant sans associés et sans capitaux, il dut bientôt renoncer à ce projet, et il revint au grand ouvrage qui l'occupa toute sa vie. « Je me suis décidé à finir ma *Philosophie*, écrit-il à M. Marion (1). Ce sont trois volumes que je ne puis achever, en moins de deux ou trois ans. »

Lamennais a abandonnées, ni l'horreur des nouvelles qu'il a embrassées, ont remarqué cet affaissement d'une haute intelligence, au double point de vue de la pensée philosophique et de l'art d'écrire. » (*Les Prophètes du passé*, p. 139.)

Lerminier, qui avait loué bruyamment les *Paroles d'un Croyant*, ne trouve dans le *Livre du Peuple* qu' « un livre de colère et de mansuétude, de sédition et d'ascétisme, matérialiste et mystique, se détruisant lui-même, sans unité, sans effet possible, sans danger... »

(1) « Chrétien fidèle, âme généreuse, dit M. Edm. Biré, M. Marion n'était pas resté étranger aux entreprises des deux Lamennais : fondation de l'Institut des « Frères de l'instruction chrétienne; Agence générale pour la défense de la liberté religieuse; » création du journal l'*Avenir*, etc. Aux jours de sa puissance, sous

Vers la fin de 1840, sous le ministère de M. Thiers, un petit événement de famille vint l'arracher pour un temps à ses travaux purement intellectuels. Son neveu, Ange Blaize, fut jeté en prison comme membre d'un comité électoral. L'indignation s'empara de Lamennais, et, ne pouvant se résigner à cette arrestation arbitraire, il écrivit à M. de Vitrolles : « On l'accuse du délit d'association réformiste; quant au fait, il est vrai, c'est-à-dire qu'il s'est occupé activement, comme moi et comme tant d'autres, de la réforme électorale. Ne suis-je pas membre d'un comité, de deux même, publiquement constitués pour ce but et dans lesquels figurent MM. Laffitte, Dupont (de l'Eure), Arago, Martin (de Strasbourg), et plus de soixante personnes dont les noms ont été imprimés? On ne nous dit rien à nous, mais on espère avoir meilleur marché de jeunes gens qu'on croit sans défense. Nous verrons cela. Quant à moi, je suis las de cette infâme tyrannie, et, dût-elle me jeter à mon tour dans les cachots, parmi les voleurs, je ne me tairai pas, je le jure. »

Le 30 octobre parut chez Pagnerre la brochure *le Pays et le Gouvernement* avec cette épigraphe : « Il n'y eut plus dans la ville que deux sortes de gens : ceux qui souffraient la servitude et ceux qui, pour leurs intérêts particuliers, cherchaient à la faire souffrir... » Dénoncée par la presse ministérielle à la vigilante ri-

la Restauration, Chateaubriand, qui connaissait et appréciait le mérite de son compatriote, avait voulu l'appeler à un poste important. M. Marion avait refusé. Il était Breton, et il ne voulait pas être autre chose. » (*Gazette de France*, 7 mars 1893.)

gueur de MM. les gens du Roi, la brochure fut saisie et des poursuites furent ordonnées contre l'auteur et son éditeur. Les prévenus se laissèrent d'abord frapper par défaut, et le 27 décembre l'affaire revint devant le jury de la Seine. L'éditeur fut acquitté, mais la cour condamna l'écrivain à un an de prison et deux mille francs d'amende.

Le journal *le Commerce* ayant dit qu'il avait quitté l'audience en proie à une vive impression de tristesse et de douleur, Lamennais lui écrivit : « On a pu remarquer sur ma figure des traces de la fatigue que j'ai dû éprouver d'une séance de douze heures; mais c'est là tout. Lorsqu'on est frappé pour avoir eu le sentiment profond des dangers et de l'abaissement de son pays blessé dans son honneur, menacé dans son existence, pour avoir compati du fond de l'âme aux souffrances de ceux que la société délaisse dans leur détresse, et avoir réclamé la justice à laquelle ils ont droit, on n'est pas triste, monsieur, on est fier. »

Au commencement de l'année 1841, Lamennais se constitua prisonnier à Sainte-Pélagie d'où il data plusieurs opuscules, *du Passé et de l'Avenir du Peuple*, *de l'Esclavage moderne* et des *Discussions critiques*, qui passèrent presque inaperçus.

C'est la première fois qu'il aborde, pour en dénoncer l'iniquité, les systèmes socialistes proprement dits, le communisme de Robert Owen, les théories de Saint-Simon et les utopies de Ch. Fourier. Quant à lui, son socialisme, plus imaginatif que dogmatique, est plein de rêves et de chimères. Il prophétise sans imposer aucun système. A l'en croire, nous marchons vers une ère nouvelle où l'œil de l'homme verra ce qu'il n'a point encore vu, où son oreille entendra ce qu'elle n'a pas entendu, organisation merveilleuse où les difficultés qu'a pressenties dans tous les siècles l'antagonisme des intérêts, se résoudront dans un immense et irrésistible mouvement d'universelle fraternité !

Voulons-nous pénétrer dans la prison de Sainte-Pélagie et connaître la vie qu'y mène Lamennais? Lui-même va nous introduire et nous décrire son régime dans une lettre adressée à M. Marion, son fidèle ami de Saint-Malo.

« J'ai une chambre assez vaste, puisque j'y peux faire neuf pas par la diagonale. Elle est éclairée par des impostes de dix pouces de hauteur, qui lui donnent à cause de leur élévation et des barreaux de fer qui la ferment au dehors une agréable apparence de cave. Ils laissent cependant passer quelques rayons de soleil en cette saison où il est bas. J'ai deux expositions, l'une à l'est, l'autre au sud, et comme je suis juché sous le toit, en grimpant sur une chaise, je découvre un horizon fort étendu; debout sur le carrelage, je touche le plafond, non pas avec la main, mais avec le poignet. Un petit-poêle que j'ai fait poser me donne assez de chaleur. Il y a une cour étroite où je pourrais aller avec les autres à certaines heures, mais je n'y vais point, et je n'irai jamais; j'aime mieux rester dans mon donjon et pour plus d'une cause. On accorde assez facilement la permission de venir m'y voir. Quant aux lettres, celles que l'on m'adresse par la poste sont d'abord portées à la police ; sur quoi, j'ai déclaré que ne voulant pas donner la main à une aussi infâme pratique, je n'en recevrais aucune, quelle qu'elle fût... Vers neuf heures, je fais mon café ; quatre heures après, je mange un petit morceau de pain et de beurre ; à six heures, on m'envoie d'un restaurant voisin les deux plats de mon dîner. La journée se passe sans ennui, car on ne s'ennuie pas quand on a des livres... »

A sa sortie de Sainte-Pélagie, Lamennais fixa son domicile au numéro 13 de la rue Tronchet ; dans cet appartement, il avait conservé une statue de la Très Sainte Vierge à laquelle il tenait beaucoup. M. l'abbé Houet, qui raconte ce détail, y voyait la preuve que son infortuné maître, au milieu même de ses plus grands égarements intellectuels, conservait encore un reste de dévotion à Marie (1).

Cette même année parut le premier volume de l'*Esquisse d'une Philosophie*. « Une ontologie, une théologie, une cosmologie, une anthropologie, une esthétique, une philosophie des sciences : telles sont, dit M. Janet, les différentes parties de cet ouvrage. Il n'y manque qu'une politique, qui devait former le cinquième volume, et dont il ne reste que quelques fragments. » Commencée dès les premiers temps de l'École de la Chesnaie, l'œuvre devait porter pour titre *Esquisse de philosophie catholique* (2) ; mais on com-

(1) Roussel, *Lamennais*, t. I, p. vi.

(2) Dès sa première entrevue avec Lacordaire, en 1830, Lamennais avait communiqué à celui-ci les deux chapitres sur la Trinité et sur la création, qui étaient la base de son œuvre. « J'en entendis

prend que l'épithète de catholique dut disparaître dès
que Lamennais fut sorti de l'Église. Bien que l'auteur
ait remis son ouvrage sur le chantier pour substituer
la raison au point de vue catholique, on s'aperçoit au
premier coup d'œil qu'il a été conçu dans un tout autre esprit. Aussi l'*Esquisse*, selon la juste observation
de M. Ravaisson (1), porte-t-elle la marque d'une composition heurtée, disparate, résultat d'un travail ir-
régulier, sans cesse interrompu, sans cesse recom-
mencé.

Dès l'apparition de l'ouvrage, M. Jules Simon en
avait porté le même jugement dans un article de la
Revue des Deux-Mondes. « Qui ne voit au premier coup
d'œil, en lisant l'*Esquisse*, qu'elle a été conçue dans
un point de vue catholique auquel il a fallu, bon gré
mal gré, substituer ensuite la raison? Les amis de
l'auteur vantent à tout propos la magnifique unité de
sa vie, et nous sommes prêts à y souscrire s'il ne s'agit
que de la constante sincérité de ses opinions; néanmoins, quand on démontrerait que les mêmes principes qui faisaient autrefois de M. de Lamennais un ultramontain et un absolutiste en font aujourd'hui un
républicain et un incrédule, il ne sera jamais facile de
faire admettre l'unité d'un système de philosophie qui
va de saint Anselme à Jean-Jacques Rousseau, et qui

la lecture avec étonnement, écrit Lacordaire ; son explication de la
Trinité me parut fausse, et celle de la création encore plus. »
(*Notice sur le rétablissement des Frères prêcheurs.*)

(1) *Rapport sur la philosophie en France au dix-neuvième
siècle.*

s'appuie sur le dogme de la Trinité pour arriver à la théorie du progrès indéfini. »

Rien de plus vrai que cette appréciation qui nous montre Lamennais sapant dans son *Esquisse* toutes les doctrines qu'il avait défendues dans l'*Essai sur l'Indifférence*. « Lamennais, dit M. Spuller, nie en termes formels la chute de l'homme, et, par suite, l'incarnation, la rédemption, la divinité de Jésus-Christ. Il nie les mystères et les sacrements. Il nie les peines éternelles; en un mot, il nie tout l'ordre surnaturel, qu'il accuse d'être la source de toute erreur et de toute obscurité. » Seule, la partie esthétique du livre, ou le traité *de l'Art et du Beau*, échappe à la décadence du grand écrivain et peut être considérée comme une des productions les plus achevées de l'auteur.

Sans doute, la théorie de Lamennais dans cette partie de son ouvrage n'est pas irréprochable pour les vues d'ensemble; mais elle se distingue par la grâce des détails. L'auteur y fait du temple chrétien une description magnifique où le sentiment religieux qui l'avait jadis animé semble respirer encore. Il nous le montre enveloppant dans son ample sein toutes les formes de l'existence, depuis la plante jusqu'à l'homme, et donnant successivement naissance à tous les arts, à la sculpture, à la peinture, à la musique, à la danse, à la poésie, à l'éloquence elle-même (1).

Signalons enfin parmi les dernières productions de Lamennais une traduction des *Évangiles* avec des *Ré-*

(1) Ferraz, *Histoire de la philosophie en France au dix-neuvième siècle*, p. 258.

flexions à la fin de chaque chapitre. L'auteur osait affirmer que Jésus n'était pas venu sur la terre pour apporter les dogmes chrétiens, et qu'il avait laissé une liberté entière aux spéculations de l'esprit, au travail perpétuel de la pensée d'où naît la science (1). « Concevez-vous, écrivait à ce sujet l'abbé Jean à un ami, qu'un homme qui ne se croit pas fou vienne, au bout de dix-huit cents ans, donner à la divine parole une interprétation à laquelle oncques ne songea *un seul* chrétien depuis l'origine du christianisme? En vérité, ce pauvre Féli extravague; il n'y a pas d'autre mot. O mon Dieu, quelle pitié! »

Lamennais, suivant sa coutume, s'était empressé d'envoyer le nouvel ouvrage à M. Marion, chrétien fidèle qui n'avait jamais désespéré de ramener un jour au bercail son ami dévoyé. « Vous ne serez pas obligé, lui écrivait-il, de lire ce livre; mettez-le seulement sur un des rayons de la bibliothèque qui meuble votre joli cabinet. »

Ainsi qu'il l'avait prévu, le nouvel ouvrage ne fut pas bien accueilli. « Ah! cher ami, répondit M. Marion, je vous en conjure par la tendre et si vive amitié que je vous porte, par l'inaltérable attachement qui m'unit à vous, prenez garde de vous tromper, car l'erreur, en matière de foi, ne peut avoir que des suites funestes. Qui l'a dit mieux que vous? Qui mieux que vous a démontré la faiblesse et la faillibilité de la raison humaine même dans les plus hautes intelli-

(1) Spuller, *Lamennais*, p. 306.

gences!... Adieu, cher ami, pensez à vous et pensez aussi à votre vieil ami... »

Quel effet produisit sur le cœur de Lamennais cette noble protestation de simplicité et de foi chrétienne, en même temps que de franchise et de véritable amitié? On vit une fois de plus se réaliser cette parole des Proverbes : *Impius cum in profundum venerit..., contemnit.* N'est-ce pas lui, cependant, qui avait jadis prononcé d'avance sa propre condamnation, en écrivant cette réflexion de l'*Imitation :* « Qu'est-ce que la raison comprend? Presque rien, mais la foi embrasse l'infini. Celui qui croit est donc bien au-dessus de celui qui raisonne, et la simplicité du cœur bien préférable à la science qui nourrit l'orgueil. C'est le désir de savoir qui perdit le premier homme; il chercha la science, il trouva la mort. »

En perdant la foi, remarque M. de Pontmartin, Lamennais perdit tout. En dehors même de toute considération théologique, ce ne fut plus une décadence, mais une débâcle. M. Louis Veuillot put alors écrire : « Il a fait un fouillis de toutes ses philosophies, de toutes ses incrédulités, de toutes ses apostasies et de tous ses styles. Rien n'y reste de ses primitives croyances, rien ne s'y montre de son ancien talent. Ce grand écrivain finit par le ridicule (1). » Il y avait encore quelques pages d'un beau style descriptif dans les *Affaires de Rome*, livre qui commença son apostasie, « à dater des *Amschaspands et Darvands* (2), que les Parisiens

(1) *Mélanges*, 16 avril 1851.
(2) Sous le voile transparent d'une lutte des bons génies contre

du boulevard prononçaient Chenapans et Dévorants,
ce ne fut plus qu'un chaos sinistre, où l'injure, suivant
l'expression de Sainte-Beuve, devenait *crasseuse*, où le
cheval de l'Apocalypse galopait dans les ténèbres, où la
haine empruntait son langage tantôt aux Furies, tantôt
aux sorcières de Macbeth, tantôt aux tricoteuses de
93... »

Dans ses polémiques, observe M. l'abbé Roussel,
l'écrivain fut souvent violent jusqu'à la brutalité, mais
il se garda toujours de la calomnie qui pourtant l'é-
pargna si peu. Parmi ces calomnies aussi graves que
peu motivées, il en est une que nous ne pouvons passer sous silence, parce qu'elle tend à imprimer sur
son front l'infâme stigmate du vice.

Durant les dernières années du règne de Louis-Philippe, le gouvernement apprit qu'un groupe de républicains, dont Lamennais faisait partie, se rassem-
blait en conciliabules secrets, chez l'éditeur Pagnerre.
Pour s'en débarrasser, on inventa contre le prêtre démocrate l'accusation d'immoralité; mais, malgré leur
habileté consommée, les limiers de la police ne purent rien établir. « Nous sommes loin, ajoute M. l'abbé
Roussel, de nous porter garant de la conduite de Lamennais après sa chute. Qu'il ait cessé de pratiquer
dans toute sa pureté la morale du christianisme, alors
qu'il avait cessé de croire à sa doctrine, il n'y aurait
rien là d'étonnant... Mais de là au vice monstrueux qui

les mauvais, ce livre n'est qu'une violente satire contre les hommes et les choses du règne de Louis-Philippe.

lui fut attribué, il y a une distance qu'il ne convient pas de lui faire franchir, sans preuves dûment établies (1). »

On sait que Sainte-Beuve n'éprouva jamais beaucoup de sympathie pour Lamennais qu'il a parfois sévèrement jugé (2); on ne lira donc pas sans intérêt le récit de sa dernière entrevue avec le grand écrivain.

« Je me rappelle, dit-il dans ses *Causeries du Lundi* (3), un dernier entretien que j'eus avec Lamennais. Après l'avoir beaucoup connu, je m'étais éloigné et l'avais perdu de vue pendant près de dix ans. Le retrouvant au printemps de 1846, il avait oublié quelques critiques de moi un peu vives, et me les avait pardonnées; il me parut aimable, gai, comme il l'était volontiers dans ses bonnes heures, fécond de vues et joyeux d'esprit; et entre autres choses il me dit ces propres paroles qui étaient une manière d'apologie à des objections qu'il devinait au dedans de moi et que je me gardais bien d'exprimer; je ne donne d'ailleurs l'apologie que pour ce qu'elle vaut.

« — J'ai reçu de la Providence, me dit-il, une faculté heureuse dont je la remercie, la faculté de me passionner toujours pour ce que je crois la vérité, pour ce qui me paraît tel actuellement. Je m'y porte à l'instant comme à un devoir, sans trop me soucier

----

(1) *Lamennais d'après des documents inédits*, t. II, p. 353.

(2) Sainte-Beuve n'aimait guère Lamennais, surtout depuis que celui-ci s'était permis de dire que « sa critique n'était que du marivaudage ».

(3) T. XV, p. 65 (octobre 1860).

de ce que j'ai pu dire autrefois. On arrangera tout cela un jour après moi, on en tirera ce qu'on pourra; je ne m'en charge pas, et je laisse ce soin aux autres! On dira : *il fut sot, tel jour,* ce qui ne m'étonnerait pas beaucoup, si j'étais là pour l'entendre. »

Quoi qu'il en soit de la prétendue apologie, il ressort du moins de ces paroles ce que Sainte-Beuve écrivait en 1850 : « De lui (Lamennais), on peut dire tout ce que l'on voudra, mais non pas qu'il est un homme calculé. »

A partir de ce moment, Lamennais rompit toute relation avec la plupart de ses anciens amis. Il ne voyait dans leurs avances les plus désintéressées que des sentiments de *pure politique* (1). « Ce pauvre Féli, écrivait Mlle de Lucinière à l'abbé Jean, est brouillé avec M. de Montalembert. Il veut ravoir son portrait. Je crois aussi qu'il n'existe plus d'intimité entre lui et M. Eugène Boré. » Cependant, il écoutait encore les avis de cette pieuse amie, sentant bien que *son langage venait du cœur.* « Je parle, disait-elle, à tort et à travers, le plus que je puis : je rappelle l'heureux passé, l'orageux présent, et le triste, l'épouvantable avenir! Tout cela, comme Dieu me l'inspire, sans ordre ni méthode : tout passe, et l'on s'attendrit, et l'on me revient toujours, sans avoir changé d'un iota. » Mlle de Lucinière ne se faisait pas illusion sur l'inutilité de ses efforts; Lamennais se contentait de répondre « qu'elle n'entendait rien à ces matières, qu'elle

(1) Roussel, *Lamennais,* t. II, p. 323.

était dupe, mais qu'il se garderait bien de la détromper. »

Mgr Bruté, évêque de Vincennes, de retour en France, au lieu d'imiter la prudente réserve de l'archevêque de Paris (1), avait cru mieux faire, « en y allant, comme il disait, *à tour de bras;* » et dans ces dispositions il se rendit à la Chesnaie où se trouvait alors Lamennais. « Je crains bien, écrivait l'abbé Jean, que ces *tours de bras* n'enfoncent davantage, dans les fausses voies où il marche, notre pauvre égaré, et ne soient un obstacle à son retour, plutôt qu'un moyen de le ramener. » Ses prévisions ne furent pas trompées, et les brusques démarches de Mgr Bruté produisirent les plus fâcheux résultats. Mécontent de son insuccès, l'évêque de Vincennes ne ménageait nullement son ancien ami ; ce qui lui attira de la part de Lamennais deux lettres fort sévères (2). « M. Féli, écrivit M. de Kertanguy à l'abbé Jean, a pour Mgr Bruté l'estime et l'affection la plus réelle et la plus sincère ; et comme il est convaincu que la sienne est bien réelle et bien sincère aussi, il se plaît à voir en lui un bon et vieil ami de vingt-cinq ans, et non pas un juge d'instruction ou un grand inquisiteur... Mais si les bruits erronés que Mgr Bruté paraît décidé à répandre le plus qu'il pourra, venaient à s'établir dans le public, M. Féli serait dans l'impossibilité de garder désormais aucun ménagement (3). »

Ainsi toutes les tentatives de zèle ardent ou discret

(1) Voir plus haut, p. 231.
(2) *Œuvres posthumes*, t. II, p. 414 et 450.
(3) Roussel, *Lamennais*, t. II. p. 301.

pour ramener l'infortuné Lamennais échouaient successivement. Son frère, qui seul peut-être aurait pu réussir dans cette difficile mission, se voyait, par suite de circonstances indépendantes de sa volonté, dans l'impossibilité de faire aucune démarche avec quelque chance de succès. « Les deux frères, remarque M. l'abbé Roussel (1), ne se voyaient plus et ne devaient plus se revoir. Jean ayant dû plusieurs fois, dans l'intérêt de ses œuvres, se prononcer ouvertement et publiquement contre les erreurs de Féli, celui-ci, qui d'abord avait reconnu les exigences réclamées par la situation de son frère, finit par se sentir profondément blessé de toutes ces déclarations; la plaie s'envenima de plus en plus et devint incurable. »

Le 28 mai 1837, Féli écrivait à M. Marion qu'il avait invité à venir le voir : « J'ai, mon ami, une grâce à vous demander : c'est, pendant que nous serons ensemble de ne me parler ni de la Chesnaie que je suis résolu à ne pas revoir, ni de la personne que vous savez (2). » Cette personne était son frère dont, pendant longtemps, il ne voudra plus entendre parler. L'abbé Jean dut donc se contenter de prier et de faire prier pour le retour du malheureux égaré. « Je n'ai de lui aucune nouvelle, écrit-il à Mgr Bruté, pas plus de rapports entre nous, et encore moins, que si l'un était au Kamtchatka et l'autre au fond des déserts de l'Afrique. Cela est dur pourtant. »

(1) *Lamennais,* t. II, p. 297.
(2) *Confidences,* p. 138.

Plus tard, néanmoins, Féli consentira sur les instances de M. Blaize, son beau-frère, à renouer des rapports qui, pour son plus grand bonheur en ce monde et dans l'autre, n'auraient jamais dû subir d'interruption (1). Quand l'abbé Jean, le 16 décembre 1847, fut frappé de paralysie, Féli lui écrivit comme si leur vieille amitié ne se fût jamais démentie. On conçoit la joie du frère aîné qui avait toujours aimé son cadet d'une affection paternelle. Mais aussi quelle ne fut pas sa douleur de ne pouvoir aller trouver l'infortuné, qu'il avait une première fois conquis à la religion, et qu'il désirait tant ramener dans le chemin de la vérité! Féli se crut abandonné de son frère, et il finit par le ranger au nombre de ses ennemis. Et cependant quelle n'était pas la vive affection de l'abbé Jean pour le malheureux dévoyé! « Oh! si pour sauver mon bien-aimé frère, s'écriait-il un jour, il n'avait fallu que le sacrifice du peu que je possède, le sacrifice de ma vie même, Dieu sait de quel cœur je l'eusse fait (2). »

Au mois de mai 1846 mourut le pape Grégoire XVI, qui avait condamné l'*Avenir* et les *Paroles d'un Croyant*. Le conclave pour le choix de son successeur s'ouvrit le 15 juin, et le lendemain, le cardinal-évêque d'Imola, Jean Mastaï Feretti, élu par acclamation, prit le nom de Pie IX. Ce fut un moment solennel pour le monde catholique, qui entrevit dans cette élection si rapide

(1) Roussel, *Lamennais*, t. II, p. 309.
(2) Id., *ibid.*, p. 444.

le doigt de la Providence. On ne peut se rappeler sans émotion l'enthousiasme qu'excitèrent partout les premiers actes du nouveau Pontife : « Courage, Saint-Père, courage! » lui criait M. Thiers du haut de la tribune française. Il ne paraît pas que Lamennais se soit vivement associé à ces universelles espérances. « Nous verrons, écrivait-il au baron de Vitrolles, jusqu'où le nouveau pape poussera cette vertu qui sera mise chez lui à plus d'une épreuve. Il aura fort à faire entre l'Autriche et les autres puissances, entre les puissances et ses sujets, dont l'irritation croît chaque jour. Il me semble impossible qu'il ne fasse pas quelques concessions. Mais comme forcément elles seront insignifiantes, elles n'apaiseront point le mécontentement, et, trois mois après, la guerre recommencera. Il faut que le vieux monde s'en aille, et il s'en va de fait. »

Au milieu des applaudissements qui saluèrent son avènement au trône pontifical, Pie IX n'oublia pas la brebis égarée qu'il espérait ramener au divin bercail. Le bon pasteur se mit à sa recherche; il fit savoir à son enfant prodigue qu'il le bénissait, qu'il l'attendait pour le presser sur son cœur de père. « J'ai une ambassade à vous faire, écrivit à Lamennais le P. Ventura, en adressant l'ouvrage qu'il venait de publier sur le grand agitateur de l'Irlande : C'est de la part de l'ange que le ciel nous a donné, de Pie IX, que j'ai vu ce matin. Il m'a chargé de vous dire « qu'il vous bénit et vous attend pour vous embrasser... Aussi je ne désespère pas de vous voir revenir à l'ancien drapeau, pour travailler ensemble, comme nous l'avions déjà fait, à la gloire de la religion et au bonheur de la pauvre humanité. » Le P. Ventura envoyait avec son livre et sa lettre le portrait du nouveau pape.

Mais Lamennais n'était plus homme à revenir en arrière. « Je n'ai jamais douté un seul instant, répondit-il, de vos sentiments à mon égard; vous ne pouvez douter non plus de ceux que je vous ai voués depuis si longtemps et qui ne s'éteindront qu'avec moi. Mais toujours unis par le cœur, nous avons cessé de l'être complètement par les convictions de l'esprit. Celles que vous savez être les miennes — et que vous ne pouvez partager, je le comprends — sont mon être même, ma foi, ma conscience, et j'y trouve plus de bonheur que je n'en goûtai jamais en aucun temps de ma vie (1). Elles me consolent des maux présents par l'espérance, certaine à mes yeux, de l'avenir digne de lui, de sa puissance et de sa bonté, que Dieu prépare au monde. Il s'agite et se transforme sous sa main. Nous assistons à une grande mort et à une grande naissance : seulement, nous voyons la tombe, et le berceau est encore voilé.

« Je prie de tout mon cœur Celui qui dispose souverainement des choses humaines, de bénir les desseins qu'il inspire lui-même au Pontife vénérable dont les peuples, en ce moment, encouragent les efforts par

---

(1) « C'est une vérité incontestable, dit Bourdaloue, que Dieu aveugle quelquefois les hommes, et quand l'aveuglement des hommes entre dans l'ordre des divins décrets, il est de la foi que c'est un effet du péché, parce que c'est une des peines dont Dieu punit le péché. » (Carême, *sur l'Aveuglement spirituel*.)

leurs acclamations unanimes. La mission que la Providence a confiée à son zèle est immense. Il ne marchera point en arrière ; il marchera jusqu'au bout avec fermeté dans la route glorieuse ouverte devant lui. Veuillez mettre à ses pieds mes vœux et mes respects.

« Je garderai le portrait comme un souvenir précieux de l'ami tendre à qui je suis heureux de redire avec quelle sincère et vive affection je lui serai toujours dévoué. »

Ainsi Lamennais restait sourd à la voix des pontifes comme aux prières de ses amis, pour prêter l'oreille au parti révolutionnaire qui lui tendait les bras et le proclamait, par l'organe de M. Lerminier, « courageux, nouveau, grand, sublime, le seul prêtre de l'Europe. »

A partir de ce moment, l'étude que nous avons entreprise n'offre plus le même intérêt ; la lutte est terminée ; l'avenir a triomphé du passé. La *Revue des Deux-Mondes* déclare Lamennais « le seul homme qui soit sorti de cette soutane noire, linceul de nos gloires passées ; » George Sand et Béranger deviennent les intimes amis du prêtre apostat. Un jour on le voyait au bras de Jean Reynaud, un autre jour c'était au bras de Charles Didier, qui s'était fait son introducteur d'office dans le monde nouveau où il se lançait. « Je voudrais bien, écrivait Béranger au pasteur protestant, M. Peyrat, retirer Lamennais du bourbier où d'autres semblent vouloir l'enfoncer ; mais je crains qu'il ne tombe de Charybde en Scylla... Le voilà sans carte et sans boussole, et rien ne garantit qu'il n'échouera pas au premier écueil. Cet homme avait besoin d'une route toute tracée d'avance. Hors du catholicisme, car il en est sorti, il n'a pas ce qu'il faut pour s'orienter... Il eût dû naître en des temps de terreur. Aujourd'hui on ne peut être ni Luther, ni même Savonarole. Que sera-t-il? Un homme d'un immense talent, ce qui ne préserve pas des sottises individuelles et des embûches des roués. »

Pourquoi n'est-il pas resté tel que nous le dépeignait un vénérable prêtre, M. Pasco, qui fut promu avec lui au diaconat? « C'était, nous disait-il, un ange de piété. » O jouet de la destinée humaine! Ce même prêtre, devenu professeur de Renan au petit séminaire de Tréguier, devait être témoin d'une autre chute non moins déplorable. Et cependant l'auteur de la *Vie de Jésus* fut aussi proposé pour modèle à ses jeunes compagnons d'étude.

Qu'il est triste de voir l'auteur de l'*Essai sur l'Indifférence*, écrivant pour le peuple des ouvrages incompris, se transformer en pédagogue de philosophie! Pour devenir l'*ami du peuple*, il faut qu'il explique à un *cher monsieur Dessoliaire*, tailleur, la différence qui existe entre le multiple, le relatif et le contingent, entre le droit et le devoir, entre homme et un homme; puis, comme les éclaircissements demandés deviennent trop nombreux, il s'excuse de répondre en prétextant l'impossibilité de le faire convenablement dans les bornes d'une lettre.

Dans les lettres à ses amis, Lamennais traite le gouvernement de Juillet avec la même violence qu'au-

trefois la Restauration ; il continue de maudire la société et de prophétiser sa ruine prochaine.

« Mes forces s'en vont et moi avec elles, écrit-il le
10 août 1847 : *Quasi aquæ delabuntur quæ non rever-
tentur.* C'est l'histoire de toutes choses, et il est grand
temps que ce soit celle des choses présentes, de tout ce
que nous voyons et qu'on ne peut voir sans un dégoût
tel, qu'il n'est pas dans l'espace de monde si lointain où
l'on ne se crût encore trop près de cette infecte pourriture. Au reste, il se prépare visiblement en Europe des
événements qui en changeront la face. Il ne faut pas
être surpris de l'apparente lenteur de ce mouvement,
c'est qu'il part de loin, des dernières profondeurs
de la société. Aux grandes époques géologiques les
montagnes n'ont pas été soulevées en un jour. »

A la veille même de la révolution de Février, il écrit
encore : « La bassesse, la lâcheté, la fourbe ignoble,
sont aujourd'hui les caractères les plus marqués du
pouvoir et de tout ce qui l'entoure. Cependant, sous
cette couche infecte de boue et de pourriture, il se
fait un travail puissant. Ces bruits qui grondent au sein
des peuples, c'est le souffle de Dieu qui les ranime et
les prépare à une grande action, à l'effort suprême qui
sauvera l'avenir... »

Lamennais n'avait jamais cru à la durée du régime
constitutionnel qu'il avait toujours haï et méprisé ; aussi
fut-il peu ému des catastrophes privées qui signalèrent
la fin de la monarchie orléaniste. On réclamait alors la
réforme parlementaire, et, pour l'obtenir, on entreprit
la campagne des banquets. Invité à paraître au ban-

quet qui fut organisé à Dijon en novembre 1847, par
les électeurs radicaux, Lamennais, ne croyant pas à
l'efficacité de la propagande réformiste, invoqua des
raisons de santé pour se dispenser d'un long et pénible
voyage.

« La réforme, écrivait-il à M. de Vitrolles, dîne par
toute la France et harangue au dessert. Je ne vois pas
clairement ce qui pourra sortir de cette éloquence
d'automne semée autour de tables bourgeoises et
arrosées de vin du cru. Pour ma part je n'ai de foi
qu'en la grande joie du peuple, qu'on éloigne soigneusement de ces banquets. Le thème au surplus de ces
discours, dont les journaux sont pleins, est singulièrement uniforme : « Vous avez, messieurs, un gouver-
« nement corrompu, corrupteur et usurpateur. Gardez-
« vous d'y toucher, mais suppliez-le de se corriger, s'il
« est possible. » Nous vivons, cher ami, au milieu
d'une bien drôle de génération. »

Quand éclata le révolution de 1848, Lamennais jouissait d'un grand prestige dans le parti républicain. Un
jeune homme avec lequel il était nouvellement lié,
M. Villiaumé, essaya en vain de l'entraîner à l'Hôtel
de Ville, où on espérait le faire entrer dans le gouvernement provisoire. « Si nous faisions un journal, dit-il, cela vaudrait mieux. » Le 27 février fut
décidée la fondation du *Peuple constituant* dont la rédaction, formée d'éléments fort hétérogènes, ne brilla
ni par la cohésion ni par la fixité des doctrines.

Devenu l'apôtre de la licence et de la révolte, après
avoir été le héraut de l'absolutisme le plus pur, Lamen-

nais, avec sa diction superbe, ne transmettait point à ses lecteurs la fièvre révolutionnaire dont son âme était tourmentée. « Sorti brusquement de sa retraite au bruit du tocsin, remarque Daniel Stern, il apportait dans la lutte quotidienne du journalisme, où l'avaient jeté la fougue de son caractère et l'ardeur du sang breton, des habitudes de style d'une majesté toute philosophique... Le peuple, qui ne connaît pas les contradictions du génie, demeurait insensible à une éloquence dont le caractère était opposé à l'inspiration et qui n'empruntait rien ni au temps ni à la circonstance. »

Béranger, lui aussi, appréciait sévèrement le nouveau journaliste. « Ce n'est pas ma faute, disait-il, mais le brave homme a perdu la boussole... C'est un enfant dont les intrigants et les fous se font un moyen, et qu'ils abandonneront, après l'avoir usé. »

Élu, le 4 mai, représentant du peuple par le département de la Seine, Lamennais devint membre de l'Assemblée constituante où il devait retrouver un de ses plus illustres disciples. Lorsque Lacordaire entra pour la première fois dans la salle des délibérations, vêtu de sa robe blanche de Frère prêcheur, Lamennais baissa les yeux dès qu'il l'aperçut.

« Savez-vous qui nous arrive là? » lui dit un de ses voisins.

Il ne répondit pas, tenant les yeux fixés sur une feuille de papier placée sur son pupitre.

« Mais retournez-vous donc. C'est Lacordaire...

— Eh! pour Dieu, laissez-moi, repartit Lamennais. Ne comprenez-vous pas que cet homme me pèse sur les épaules, comme un monde? » Il n'osa pas dire : comme un remords!

Une autre fois, rencontrant M. Berryer dans un couloir de la Chambre, Lamennais ouvre spontanément les bras, comme pour embrasser son ami. « Mais à ce moment il voit venir un de ses collègues démocrates qui le regarde avec surprise et d'un œil farouche. Aussitôt Lamennais, se rejetant en arrière, s'arrache à l'étreinte de Berryer et s'éloigne la tête baissée et le front chargé de nuages, tel qu'un réprouvé (1). »

A quelques jours de là, Lamennais était à la tribune. De cette voix sombre et caverneuse qui faisait tressaillir, il lisait une de ces harangues enfiellées, où la haine de l'Église, qu'il avait si glorieusement servie, débordait en une sorte de torrent de rage et de fureur mal concentrée.

Tout à coup, il s'interrompit, et, enveloppant la Chambre entière d'un regard enflammé, il s'écria d'une voix stridente comme un sarcasme : « Quand j'étais prêtre!...

— Monsieur, repartit aussitôt un interrupteur, prêtre, on l'est toujours! »

Ce ne fut pas la seule humiliation que Lamennais eut à subir, mais sans aucun profit pour sa conversion. « Dans son discours sur les desservants, en 1850, Berryer, entraîné par son éloquence, venait de flétrir l'apostasie, lorsqu'il aperçut un de ses collègues qui se

____

(1) De Janzé, *Souvenirs*, p. 193.

levait brusquement et se glissait le long des bancs
pour quitter la salle : « Je regardai dit-il; c'était La-
« mennais. Mon cœur se serra et j'éprouvai une vive
« douleur, car en parlant je n'avais nullement songé à
« lui (1). »

Lamennais, vêtu d'une longue redingote noire, dernier vestige de la soutane du prêtre, avait pris place
sur les gradins de l'Extrême-gauche et frappait tous les
regards par la maigreur de son visage et l'air de tristesse répandu sur toute sa personne. Il fut élu des premiers membre du comité de Constitution. Quand il
voulut faire connaître sommairement son projet, c'est
à peine s'il fut écouté; il le retira et n'en parla plus.
Depuis lors, aussi longtemps que dura la République,
il assista régulièrement aux séances de l'Assemblée,
votant silencieusement avec son parti; mais pour lui,
c'était déchoir que de se condamner à l'inaction et au
silence (2).

Le décret qui rétablissait le cautionnement porta un
coup fatal au *Peuple constituant*. Le dernier numéro
parut le 11 juillet 1848, encadré de noir, comme une
sorte de document funèbre. « Quant à nous, soldats de

---

(1) Lecanuet, *Berryer, sa vie et ses œuvres*, p. 81.

(2) « L'impérieux penseur, observe M. Caro, était frappé d'une
radicale timidité au milieu des autres hommes. Il ne parvint jamais à surmonter ce malaise, cette souffrance. Pour avoir tous
ses moyens, il fallait qu'il fût assuré d'avance de l'assentiment
plein de déférence de ses disciples, ou au moins de l'amitié préalable de ceux qui l'écoutaient. Hors de ce centre choisi et préparé,
il se troublait et balbutiait; il n'était plus que l'ombre de lui-
même. » (*Nouvelles Études sur le temps présent*, p. 224.)

la presse, écrivait Lamennais, dévoués à la défense des libertés de la patrie, on nous traite comme le peuple, on nous désarme... On voulait à tout prix nous réduire au silence. On y a réussi par le cautionnement. Il faut aujourd'hui de l'or, beaucoup d'or, pour jouir du droit de parler. Nous ne sommes pas assez riches. Silence au pauvre ! »

Après avoir lutté contre l'Église et contre le pouvoir, Lamennais eut à lutter contre lui-même. Sa correspondance nous le montre comme un forçat de la pensée, traînant partout sa lourde chaîne. Fatigué de Paris, fatigué de l'Europe, il veut fuir et songe au Liban dont Lamartine lui a dépeint les merveilles; mais, rivé à Paris par de multiples exigences, c'est là qu'il se voit contraint d'user sa vie en des excitations malsaines, en de perpétuelles contradictions. « Je ne sais plus s'écrie-t-il, ce que c'est que le grand air, je ne connais plus la couleur de l'herbe ni la senteur des bois et des champs... La boue, c'est Paris, et Paris, c'est la boue. »

Un reste de pudeur l'empêchait de songer aux ombrages de la Chesnaie où il aurait pu rafraîchir son âme. « Je n'y puis retourner, disait-il à un ami, tant qu'il me sera absolument possible d'être ailleurs. Vous connaissez le pays, et vous concevez ce que ce serait que mon existence là, après avoir entièrement renoncé à toute fonction ecclésiastique. »

En suivant Lamennais pas à pas dans sa correspondance, on reconnaît que sa vie s'assombrit de plus en plus, à mesure qu'elle approche de la fin. « Le véritable enfer, s'écrie-t-il, c'est le monde tel qu'on nous l'a fait. » Encore est-ce un enfer « où l'on ne voit pas même de Satan pour régulariser le désordre. »

La place de Lamennais n'était pas au sein des assemblées politiques. « Jamais, dit M. Spuller, on n'a connu d'homme plus dénué de sens pratique, plus étranger à la connaissance des hommes et des partis, plus résolument chimérique et plus naïvement idéatiste (1). » Il aurait dû, comme le fit Lacordaire, profiter de l'invasion de l'Assemblée, le 15 mai, pour quitter le Palais-Bourbon. Mais il ne comprit rien à ce mouvement socialiste qui allait amener les terribles et sanglantes journées de Juin. « Je ne crois pas, avait-il écrit au sujet des théories communistes, que jamais idées plus désastreusement fausses, plus extravagantes et plus dégradantes, soient entrées dans l'esprit humain, et, ne méritassent-elles pas ces qualifications qui, à mes yeux du moins, ne sont que justes, il n'y en aurait point encore de plus radicalement impraticables. » Cependant, malgré son aversion pour les doctrines politiques et sociales des combattants de Juin, il embrassa avec une telle passion la cause de l'insurrection, qu'il ne voulut plus jamais revoir, même à ses derniers moments, son neveu, Ange Blaize, qui avait combattu contre les insurgés (2).

Après les journées de Juin, les nécessités de la vie matérielle contraignirent Lamennais à entrer à la *Ré-*

(1) Spuller, *Lamennais*, p. 357.
(2) Id., *ibid.*, p. 334.

forme, dont il fut quelque temps rédacteur en chef, mais sans y jeter aucun éclat. C'était fini pour lui ; il comprit qu'il n'avait plus qu'à se taire, et, dès ce temps-là, il disait : « J'ai trop vécu. »

Le coup d'État du 2 décembre frappa comme une massue sur la tête de Lamennais devenu démocrate. « Atterré pendant près de six semaines, écrit le baron de Vitrolles (1), il ne s'était relevé qu'en employant toutes les facultés de son esprit à se rassurer sur l'avenir qu'il désirait, par des espérances vives et prochaines qu'il avait réduites en système. Il ne sortait plus de ce cercle — *circa unum et idem*, — et ses conversations les plus intimes étaient de longues tirades sur ce sujet et qui duraient bien trois quarts d'heure ou une heure, sans permettre qu'on l'interrompît. En même temps il s'exaltait dans ses idées et arrivait sur les sujets politiques et religieux à ces extrèmes que la raison humaine la plus forte ne peut aborder sans tomber dans l'absurde. »

Tels étaient les sentiments qui accablaient l'àme de Lamennais, lorsque vint fondre sur lui la maladie qui devait terminer ses jours. Qu'il est douloureux de voir mourir dans l'impénitence finale, celui qui avait ramené tant d'âmes dans les voies du salut ! L'introduction à la *Divine Comédie*, que la maladie l'empécha d'achever, et qui doit être considérée comme son testament politique et religieux, ne laisse malheureusement aucun doute sur ses doctrines démocratiques et

____

(1) Roussel, *Lamennais*, t. II, p. 427, lettre à l'abbé Jean.

anticatholiques, professées jusque dans les bras de la
mort (1).

(1) « Un de ceux qui le fréquentaient dans les derniers temps
de sa vie, écrit Mgr Ricard, nous a raconté que, pendant qu'il
traduisait Dante, Lamennais lui donna un jour le spectacle d'une
scène vraiment saisissante. Il en était à cet endroit où le poète,
arrivé au troisième degré du septième cercle de l'enfer, aperçoit
Capanée, l'impie dont les tortures n'ont pas brisé l'orgueil, et qui
blasphème encore. Il interroge Virgile, son guide; et le pécheur de
s'écrier :

> « ... Tel je vécus, tel je suis mort.
> Quand même Jupiter lasserait le ministre
> Qui lui forgea sa foudre, et, dans un jour sinistre,
> Arma pour me frapper son furieux transport;
> Quand il fatiguerait tour à tour mains et forges...
> Quand il épuiserait ses flèches et sa haine
> La joie à sa vengeance aura manqué toujours! »

« A ce dernier vers Lamennais bondit de sa chaise, et sa physionomie s'éclaira d'un feu sinistre. « Qu'avez-vous, monsieur de Lamennais, s'écria son interlocuteur. Serait-ce parce que vous vous
reconnaissez là? » Lamennais le regarda fixement, et laissa échapper
un oui! dont M. E. ne perdra jamais le souvenir. » (*Lamennais*,
p. 289.)

CHAPITRE XI

1854.

M. de Lamennais avait l'habitude de venir déjeuner
chez M. de Vitrolles les mercredis; mais vers la fin du
mois de janvier, la maladie l'empêcha d'aller au rendez-vous. Son ami, apprenant qu'il était violemment
atteint, se transporta auprès de lui.

« Il trouva à son chevet, raconte M. le comte de B***,
deux personnes qui en écartaient tout le monde, le
médecin et un homme qui, depuis plusieurs années,
s'était souverainement emparé de son esprit : M. Barbet, l'un des rédacteurs du *Peuple constituant*, le plus
extrême des journaux démagogiques de 1848. Le malade était soigné par une garde protestante. Il n'était
pas jusqu'à la portière qui ne participât à la même
pensée... Elle disait dans son grossier langage : Je ne
laisserai entrer aucun prêtre. il n'en a pas besoin; il
est prêtre aussi; il peut se suffire à lui-même. »

« J'ai appris, dit le visiteur à M. Barbet, que M. Martin de Noirlieu est venu pour voir M. de Lamennais et n'a pas été reçu, mais il reviendra; le P. Ventura se propose aussi de venir, et je vous prie d'en prévenir le malade (1).

« — Je comprends, répondit M. Barbet, vous voulez faire démentir M. de Lamennais: cela ne doit pas être; cela ne sera pas. Il ne verra pas ces messieurs; je prends sur moi la responsabilité.

« — La responsabilité! repartit M. de Vitrolles, mais envers qui? Qui êtes-vous pour vous donner ici une responsabilité? Notre devoir à nous tous est de laisser à M. de Lamennais le choix et la liberté de voir qui il voudra, de faire ce qu'il voudra.

« — Eh bien, répliqua M. Barbet, si vous voulez savoir ce qu'il pense, voici ce qu'il m'a donné ce matin.

« M. Barbet tira alors de sa poche une demi-feuille de papier sur laquelle M. de Lamennais avait écrit : que son intention était qu'on ne présentât son corps à aucune église; qu'il demandait à être enterré avec les pauvres; qu'il ne voulait être suivi que de cinq amis, parmi lesquels M. de Vitrolles.

« Vous savez maintenant ce qu'il veut, » dit M. Barbet. M. de Vitrolles répondit qu'il ne voyait rien là qui indiquât le refus de recevoir M. de Noirlieu et le P. Ventura; qu'il tenait absolument à ce que M. Barbet annonçât leur intention au malade, et qu'il resterait présent pendant qu'il le ferait.

(1) Tous deux s'étaient ménagé des relations avec Lamennais dans l'attente de ce dernier moment.

« MM. de Vitrolles et Barbet entrèrent alors et celui-ci dit à M. de Lamennais :

« — M. le curé de Saint-Louis (et sa voix prit en prononçant ce mot un singulier accent d'ironie), M. le curé de Saint-Louis et le P. Ventura demandent à venir vous voir. Voulez-vous les recevoir? — Non, non, » répondit M. de Lamennais; puis il se tut. Et se tournant, après quelques moments, vers M. de Vitrolles : « La simultanéité des deux visites, dit-il, fait assez connaître quel en est l'objet (1). »

Le 28 janvier 1854, l'abbé Jean reçut une lettre alarmante qui lui apprenait l'état extrêmement critique où se trouvait son cher Féli, et les précautions prises par ses amis de la dernière heure pour le laisser mourir privé des consolations de la religion. L'un d'eux avait même dit : « Il serait affreux que M. de Lamennais se démentît à la mort (2). »

« Nous n'avons appris qu'hier soir, écrivait M. de Cornulier, la maladie de M. votre frère, et nous venons de nous présenter chez lui, mais, *malgré les plus vives instances*, ma sœur (Mme de Grandville) n'a pas été admise à voir le pauvre malade. *Plusieurs hommes, se disant ses amis, se relèvent pour le garder et assurent aux personnes qui se présentent, que le médecin défend qu'il voie personne...* Évidemment ils veulent l'entourer de telle sorte que nulle parole n'arrive jusqu'à lui... M. de Vitrolles que ma sœur a vu est outré contre ces

____

(1) Cf. *Univers,* 19 sept. 1893. — Roussel, *Lamennais,* t. II, p. 436.

(2) Roussel, *Lamennais,* t. II, p. 378.

gardiens qui voulaient aussi l'empêcher d'entrer, mais il l'a fait malgré eux. » Quelques jours après, on permit à Mme de Grandville de voir le malade, mais « à la condition de ne pas lui dire une parole (1) ».

Cette défense, rigoureusement maintenue, devait rendre inutiles les généreux efforts des personnes dévouées à Lamennais. « Au nombre des souvenirs que M. de Lamennais avait en d'autres temps comptés parmi les pensées douces et consolantes de sa vie, était l'heureuse impression que sa parole alors chrétienne avait produite sur Mme Cottu, née de Sainte-Olympe. Mme Cottu, après l'avoir, dans une maladie, soigné avec une affection toute filiale, lui avait demandé la permission de revenir s'il retombait malade « désirant lui rendre tout le bien qu'il avait fait à elle-même. » Malgré l'autorisation reçue, M. Barbet lui avait chaque fois répondu que M. de Lamennais ne pouvait voir personne, lorsqu'un jour elle réussit à pénétrer près du malade. Elle s'agenouilla au pied du lit et demanda s'il voulait qu'on priât pour lui? « Oui », répondit-il. Elle n'osa demander davantage.

M. Berryer, après bien des tentatives infructueuses, parvint à se glisser, on pourrait dire furtivement, jusqu'à son ami. Sentant qu'il n'avait que peu de moments pour emporter la décision d'un retour, l'illustre orateur rappela quelques paroles pieuses que le mourant lui avait dites autrefois. M. de Lamennais arrêta la conversation par ces mots : « J'ai réfléchi depuis (2). »

(1) Roussel, *Lamennais*, t. II, p. 385.
(2) Cf. *Univers*, 19 sept. 1893. — Roussel, *Lamennais*, t. II, p. 436.

« Dans sa dernière maladie, raconte l'abbé Rohrbacher, je me suis transporté à son logis ; des messieurs qui se trouvaient là me dirent qu'on lui parlerait de ma visite, et que, sans nul doute, il me recevrait dans huit jours. J'y retournai, j'y trouvai son neveu, Ange Blaize, qui promit de m'écrire quand son oncle serait en état de me recevoir. Je n'ai pas reçu d'avertissement (1).

On vit alors un touchant spectacle qui atteste la reconnaissance des catholiques pour les anciens services de Lamennais. De tous côtés en France, dans les villes et dans les hameaux, des prières montaient sans cesse vers le ciel. Des prêtres au saint autel, des religieuses au fond du cloître, des enfants dans les écoles et des femmes mêmes du peuple offraient spontanément leurs vœux et leurs sacrifices pour fléchir la divine justice, pour obtenir à l'ange déchu repentir et miséricorde, et épargner ainsi à l'Église une tristesse et une injure. Je sais, dit M. le comte de B***, une femme qui a été se loger près de l'église pour pouvoir y passer les journées entières et faire violence au ciel. Dans une ville du midi, à Nîmes, depuis la première annonce de la maladie, une confrérie d'artisans faisait célébrer chaque jour une messe. A Notre-Dame des Victoires à Paris, toutes les intentions de messes étaient engagées « pour la conversion d'un prêtre ». Dans tous les pays catholiques de l'Europe on priait pour Lamennais : à Bruxelles, on ne cessait de dire des messes et de faire des communions dans tous les couvents (2).

(1) Roussel, *Lamennais*, t. II, p. 386.
(2) *Univers*, 19 septembre 1893 : *Lettre de M. le comte de B.*

C'était une préoccupation bien douloureuse pour tous les anciens amis de Lamennais, de le savoir en si grand danger et de ne pouvoir, une dernière fois, faire une tentative pour ramener son cœur à tous les sentiments de la première partie de sa vie. « Le Pape lui-même, dit M. le comte de B***, allait faire entendre au mourant sa voix paternelle. Un israélite converti avait été frappé de l'idée que M. de Lamennais ayant trouvé l'origine de sa chute dans un ressentiment éprouvé contre le Pape Grégoire XVI, il serait touché d'une avance faite par son successeur. Le Saint-Père avait agréé cette idée, et il avait fait écrire au P. Ventura qu'il le chargeait de dire de sa part à M. de Lamennais que « Père commun des fidèles, il n'aurait pas de plus beau jour dans sa vie' que celui où il pourrait l'embrasser. » Le P. Ventura, n'ayant pu réussir à voir M. de Lamennais, lui avait fait passer le message du Saint-Père. La réponse sembla annoncer une de ses situations fatales, où tout ce que l'on fait pour votre salut aggrave vos misères et vos torts. M. de Lamennais se montra surpris de la démarche de Pie IX, « ne voyant, disait-il, dans le Pape, qu'un homme qui était pour lui ce que sont tous les autres (1). »

Tout espoir n'était cependant pas perdu. La famille de Lamennais avait été prévenue, et l'on comptait que quelqu'un de ses membres pourrait exercer sur le malade une influence salutaire. Mais les étrangers qui le gardaient persistèrent à faire les maîtres et ils

(1) *Univers*, 19 sept. 1893 : *Lettre de M. le comte de B.*

le firent jusqu'au bout. M. Barbet prétendit même avoir *un écrit* de Lamennais, le rendant absolument *maître chez lui*, « afin de lui éviter les importunités auxquelles il pourrait être exposé (1) ». Ce qui faisait dire à Mme de Grandville : « Le malade me paraît entouré comme l'était Voltaire dans ses derniers moments (2). »

Quand il avait connu, à la fin de janvier, la grave maladie de son frère, l'abbé Jean se trouvait lui-même réduit, par l'épuisement de ses forces, à garder presque toujours la chambre. Quelle ne fut pas l'angoisse de son cœur aimant, en apprenant que Féli se mourait loin de tout secours religieux! Il résolut, malgré la distance, de se rendre à son chevet, dût-il tomber en chemin. La nouvelle d'une amélioration sensible dans l'état du malade retarda seule son voyage. « Lorsque après huit jours de maladie, écrivait M. de Vitrolles, les médecins ne laissaient plus d'espérance, le flambeau de la vie a paru tout à coup se ranimer. Le retour progressif du malade à la santé nous donnait l'espoir de son rétablissement. *Mais il n'en est pas moins resté séquestré de tout le monde* (3). »

« Il est certain, écrivit à son tour M. Benoit d'Azy à l'abbé Jean, le 7 février 1854, qu'antérieurement à la maladie, la disposition de son esprit était aussi mauvaise que possible. Si ce n'est pas Dieu qui touche son cœur, il n'y a rien à espérer de raisonnement sur son

(1) Roussel, *Lamennais*, t. II, p. 446.
(2) *Ibid.*, p. 377.
(3) *Ibid.*, p. 437.

esprit. Je crois que Dieu lui a fait une grâce tout à fait inespérée en lui rendant un peu de temps pour revenir encore... En réunissant toutes les paroles échappées aux gens qui l'entourent, je crois que ce désir de la mort qu'il a si souvent exprimé avait été remplacé par une véritable crainte de mourir, et une vive satisfaction de tous les indices qui le ramenaient à l'espérance de vivre (1)... »

Hélas! Lamennais ne sut pas profiter de ce moment de répit que la miséricorde de Dieu lui avait accordé. Averti par une rechute de sa fin prochaine, il fit appeler M. Forgues et lui dit : « Je vous laisse mes manuscrits et ma correspondance; je vous charge de les faire publier. On voudra vous en dissuader; ne les écoutez pas : soyez ferme, soyez ferme (2). » Le 24 février, l'abbé Jean reçut une lettre qui ne laissait plus aucun espoir de guérison. « Partez donc, cher Père, lui écrivait M. l'abbé de Kermoalquin; rendez-vous, à petites journées, vers ce frère bien-aimé, vous le ramènerez à Dieu; vous seul le pouvez. Notre-Seigneur vous donnera force et courage, et ne permettra pas que, dans votre position, ce voyage soit inutile. Oh!

(1) Roussel, t. II, p. 392, 394. — Lamennais s'était montré assez faible dans cette première période de la maladie. M. de Vitrolles, avec la liberté d'une liaison intime de trente-cinq ans, l'en avait un peu plaisanté en lui disant : « Ce n'a été heureusement que la *répétition*, la *représentation* ira mieux. » (*Univers*, 19 sept. 1893.)

(2) En 1859, M. Forgues publia deux volumes de « correspondance »; mais il lui fut interdit par arrêt de la cour d'appel de Paris d'en publier d'autres, et de passer outre sur ce point à l'opposition de la famille.

non! soyez-en sûr : et vous aurez sauvé un frère, réjoui l'Église, une fois de plus vaincu l'enfer (1). »

Malgré son état de faiblesse, l'abbé Jean se mit aussitôt en route, sans écouter ceux qui essayaient de le
retenir; mais il n'eut pas le temps d'arriver au chevet
du pauvre malade. C'est à Rennes qu'il apprit la triste
fin de celui pour lequel il aurait volontiers sacrifié sa
vie (2). Ce fut comme un coup de foudre, et il revint
à Ploërmel plus mort que vif. « Grâce à la divine Providence, écrivait M. Ruault, le bon Père nous est rendu!
Hélas! qu'il est à craindre que ce ne soit pour peu de
temps! Il ne voit plus que son pauvre frère, et rien
ne peut le distraire de cette pensée, la nuit comme le
jour (3). »

Inutile de nous appesantir sur les derniers instants
de la vie de Lamennais; ils sont trop tristes pour un
cœur chrétien. « Conservant toute sa connaissance, il
restait dans un état d'affaiblissement complet; immobile, et le visage ordinairement recouvert à demi
de sa couverture, et comme se cachant sous ses plis,
aucune de ces paroles auxquelles l'approche de la mort
prête son imposante sanction et qui vont élever ou
consoler les âmes : rien de l'immortalité, rien de la
vie future. Rien même pour expliquer ou justifier sa
vie passée : nul sentiment d'affection pour les hommes
qu'il allait quitter, nulle élévation vers Dieu qu'il allait

(1) Roussel, *Lamennais*, t. II, p. 405.
(2) Voir plus haut, p. 265.
(3) *Lettre du 6 mars* 1854.

trouver (1). » Il se coucha dans son obstination et dans sa colère; sa mort eut toutes les apparences de l'impénitence finale. Sans doute les gardiens du moribond, dont plusieurs affichaient hautement leur impiété, avaient intérêt à le montrer incrédule jusqu'au trépas; malheureusement ils trouvèrent en lui un complice déterminé. « S'il n'est pas mort en chrétien, écrivait Béranger, le 19 avril 1854, c'est qu'il ne l'a pas voulu; car, bien qu'on ait dit, l'on a obéi à toutes ses volontés: la lucidité de son esprit ne l'a pas abandonné, et personne n'eût pensé à lui désobéir (2). »

« Pouvons-nous aller plus loin que ne va la correspondance, se demande M. Caro, et tenter de surprendre le secret de cette âme, qu'elle a voulu emporter jusque dans la mort en redoublant à la dernière heure de dignité sombre et de fierté farouche? L'excès même de ce stoïcisme, cette insensibilité impénétrable sur le lit funèbre, cette obstination dans l'attitude choisie, une attitude presque dure comme celle d'un lutteur qui se roidit en tombant, tout cela prouve bien la force, mais une force qui s'applique et s'emploie tout entière. Certes ce n'est pas l'attitude d'une âme médiocre. Mais qui oserait dire que c'est l'attitude d'une volonté sûre d'avoir bien choisi? La sérénité est bien loin d'une pareille mort (3). »

Depuis longtemps Lamennais appelait la mort; le moment approchait où le souverain juge allait lui de-

(1) *Univers*, 19 sept 1893 : *Lettre de M. le comte de B.*
(2) *Correspondance*, t. IV, p. 202.
(3) *Nouvelles Études morales sur le temps présent*, p. 246.

mander compte de toute sa vie : *Redde rationem vil-
licationis tuæ.* La nièce du malade, lisons-nous dans le
procès-verbal dressé par ses nouveaux amis, Mme de
Kertanguy lui ayant demandé : « Féli, veux-tu un
prêtre? Tu veux un prêtre, n'est-ce pas? » il répondit :
« Non. » Celle-ci ayant repris : « Je t'en supplie! » il
dit d'une voix plus forte : « Non, non, non, qu'on me
laisse en paix. » On l'avertit une autre fois que l'archevêque de Paris demandait à le voir. Il voulut parler; mais ne pouvant déjà plus se faire comprendre,
il se retourna vers la muraille avec un mouvement
d'impatience découragée. Que se passa-t-il alors dans
son âme? Ne fut-elle pas éclairée de « cette lumière
pénétrante, inexorable, qui, comme il l'avait dit si
éloquemment autrefois, nous apparaît aux derniers
moments comme un crépuscule de l'éternité? » C'est
le secret de Dieu. « Une longue larme venue du fond
du cœur (une larme de repentir peut-être) coula en
silence sur la joue du malade; mais elle sécha aussitôt dévorée par le feu brûlant de la douleur : ce fut
tout (1). » Hélas! il n'y avait plus qu'à tomber à genoux et à s'écrier comme le fit plus tard M. l'abbé
Gerbet : « Seigneur, grâce et miséricorde (2)! »

(1) Pelletan, le *Siècle*, 4 mars 1854.
(2) A l'évêché d'Amiens où Mgr de Salinis occupait le siège épis-
copal, avec l'abbé Gerbet pour grand vicaire, la nouvelle de la
mort de leur ancien maître fut apportée aux deux premiers disciples de Lamennais, par un de leurs amis et commensaux de la Chesnaie, Joseph d'Ortigue. « Mon Dieu! que ce jour fut triste, dit
l'abbé de Ladoue. Je vois encore la figurée atterrée de l'abbé Gerbet.
Trop affecté pour pouvoir parler, il se contenta de dire à Dieu:
Seigneur, grâce et miséricorde! » (Spuller, *Lamennais,* p. 349.)

Miséricorde! ce fut le cri général des âmes chrétiennes. Espérons donc qu'une grâce suprême aura touché le cœur de celui qui combattit si longtemps pour l'honneur de l'Église! « Les pensées de Dieu, dirons-nous avec M. de Kermoalquin écrivant à l'abbé Jean, ne sont pas les pensées des hommes... Si la mort a tout terminé, elle n'a pas brisé en nous toute espérance... Dieu a pu vouloir sauver secrètement cette chère âme, et cependant laisser aux hommes un exemple propre à nous tenir dans la plus profonde humilité (1). »

Lamennais avait écrit dans son testament : « Mon corps sera porté directement au cimetière, sans être présenté à aucune église. » Il avait aussi demandé à être enterré dans la fosse commune, ajoutant : « on ne mettra rien sur ma tombe, pas même une simple pierre. » Décédé le 27 février, au troisième étage d'une maison de la rue du Grand-Chantier, Lamennais fut enterré le 1er mars 1854. Les funérailles eurent lieu presque furtivement. L'heure en fut avancée par la po-

(1) Roussel, *Lamennais*, t. II, p. 420. — « Je me rappelle très bien, écrivait M. de Guitaut, le 24 août 1890, que, quelque temps après la mort de M. de Lamennais, l'abbé Combalot avait entendu raconter à sa nièce, qu'au moment où la vie était à peu près éteinte en lui, où il était sans parole et sans mouvement, elle s'était penchée vers lui, et lui avait entendu murmurer distinctement ces mots : *Mon Dieu! ayez pitié de moi!* » (Ricard, *Vie de l'abbé Combalot*, p. 133.) M. Montanelli, l'ancien ministre révolutionnaire florentin, qui avait passé près de Lamennais une partie de la dernière nuit, assurait qu'il l'avait entendu prier et offrir ses souffrances à Dieu. (*Univers*, 19 sept. 1893 : *Lettre de M. le comte de B.*)

lice, qui craignait des troubles (1). L'enterrement offrit un aspect étrange : le jour était triste et brumeux; tout se fit en silence et sans aucune prière. Six personnes suivirent jusqu'au cimetière du Père-Lachaise le corbillard dont la force armée écartait la foule. Le cercueil, raconte l'exécuteur testamentaire des volontés du défunt, fut descendu dans une de ces longues, hideuses tranchées où l'on enterre le peuple. Lorsqu'il fut recouvert de terre, le fossoyeur demanda : « Y a-t-il une croix? » Barbet répondit : « Non. » Pas un mot ne fut prononcé sur la tombe.

Qu'ils sont incompréhensibles, les jugements de Dieu! En 1829, Lamennais, conduit par la maladie aux portes du tombeau, léguait à son frère la défense de l'Église; en 1854, il ne voulait pas même une croix sur sa tombe!

« Quelle mort! écrivait Lacordaire à l'abbé Perreyve. Aucune dans l'histoire ecclésiastique ne m'a fait une si douloureuse impression, pas même celle d'Arius. Arius fut foudroyé honteusement dans un lieu destiné aux plus vils besoins du corps; mais il n'avait pas lui-même écrit le testament de ses funérailles. Cet abandon, ce cercueil des pauvres, cette fosse commune sans aucun signe laissé à un seul ami, ce silence uni-

(1) La note suivante avait été communiquée aux journaux : « Les obsèques de M. de Lamennais auront lieu demain matin à huit heures. L'autorité a été avertie que quelques perturbateurs se proposaient de profiter de cette triste circonstance pour faire une manifestation antireligieuse, dont le caractère hostile n'échappera à personne. Des ordres sont donnés pour que les membres de la famille et les amis du défunt désignés par les exécuteurs testamentaires soient seuls admis à suivre le convoi. »

versel sur une tombe qui devait être illustre, tout cela me fait un spectre qui me poursuit. »

Le dimanche qui suivit la mort de Lamennais, le P. Gratry prêchait dans la chapelle de l'Oratoire. « Devons-nous, s'écria-t-il, désespérer du salut de cette pauvre âme? Devons-nous cesser de prier pour elle? Non. Nous ignorons les desseins de Dieu; il n'est donné à aucun homme de sonder les profondeurs de la miséricorde infinie. Malgré toutes les apparences, malgré le refus, persistant jusqu'à la fin, de recevoir les secours de la religion, j'espère... Pour que ce grand exemple servît d'enseignement, Dieu a permis que cette fin fût dépourvue de toute espérance; mais cette âme avait contribué à relever le sentiment religieux dans notre pays : à raison du bien qu'elle avait fait avant sa chute, ne pouvons-nous penser qu'il y aura eu un retour caché à nos regards, avant de paraître devant Dieu, et qu'elle aura obtenu miséricorde!... »

Et maintenant que quarante années ont passé sur la tombe de Lamennais, que reste-t-il de lui dans la mémoire des hommes? Avant tout, dirons-nous avec M. Schérer, un souvenir, et ce souvenir est une énigme. Inhabile à comprendre tant de mobilité, le public ne sait trop que penser de ce fougueux défenseur de l'absolutisme papal, devenu l'avocat non moins fougueux du radicalisme démocratique. Lamennais est là, dans l'histoire de la première moitié du siècle, comme le héros équivoque d'une éclatante apostasie (1).

(1) *Le Temps*, 29 novembre 1866.

Mais « Dieu l'a jugé. Silence! » Incapables que nous sommes de sonder les impénétrables jugements de Dieu, nous n'avons plus qu'à nous incliner avec terreur devant le redoutable mystère de la vie et de la mort de Lamennais.

Essayons de recueillir dans les pages qui précèdent les principaux traits de la physionomie de Lamennais, afin d'en composer, d'après nature, une esquisse aussi ressemblante que possible.

CONCLUSION

Né à la veille de la terrible commotion qui, à la fin
du siècle dernier, bouleversa la société française en
déracinant la vieille foi religieuse et monarchique,
Félicité de Lamennais fut élevé au sein d'une noble
et pieuse famille, aussi dévouée à son roi qu'à son
Dieu. Il grandit au milieu des orages de la Révolution et en face des tempêtes dont les côtes de la Bretagne sont incessamment assaillies. Son imagination
et son cœur demeurèrent toujours sous l'impression
de ce qu'il y a de tumultueux dans le monde physique
et dans la société. Sa nature ardente et inquiète fut,
comme l'Océan lui-même, toujours en mouvement,
tantôt paisible et douce, tantôt et le plus souvent violente et inapaisée.

L'orgueil, nous l'avons vu, formait dès l'enfance le
fond de son caractère, et cet orgueil, lorsqu'il était con-
trarié, se manifestait par des signes d'impatience et
de colère. Pour réprimer ces inclinations mauvaises,
il eût fallu substituer l'humilité à l'orgueil, et l'affabi-
lité, qui en est la manifestation habituelle, aurait insensiblement pris la place de l'irascibilité. Il n'en fut
pas ainsi. L'absence du cœur maternel et de la main

sacerdotale se fait partout sentir dans cette éducation abandonnée au libre développement de la nature. Les défauts de l'enfant croissent et se fortifient sans rencontrer aucun obstacle et le rendent bientôt à charge à lui-même.

Deux voies se sont ouvertes devant les pas de l'adolescent : l'une, étroite et facile, promettait un doux repos; l'autre, large et rude, laissait entrevoir d'immenses travaux, mais aussi une gloire immortelle. Dans la première, l'irascibilité concentrée sur elle-même rencontrerait peu d'occasions de se développer; dans la seconde, tout deviendrait un aliment à l'orgueil. Comme Hercule entre le Vice et la Vertu, il hésite entre ces deux voies, ballotté par la double inclination de la nature qui le porte à se satisfaire, et de la raison qui lui fait craindre le danger. De là cette sombre mélancolie qui épuise toutes ses forces. Il gisait dans ces poignantes incertitudes, lorsqu'une main charitable le relève, le guide un instant dans sa marche et l'abandonne en le poussant en avant. En vain essaie-t-il de reculer. Marche! marche! lui crie la voix de son guide; et il avance, il avance toujours.

Une fausse vocation sacerdotale, qui lui fut imposée par le zèle indiscret d'amis imprudents, aurait, d'après lui, fait le malheur de sa vie. Le vrai malheur de Lamennais fut plutôt, nous l'avons dit, son éducation sans maîtres, sans règle ni discipline. Nous l'avons montré franchissant la barrière du sacerdoce qui lui interdit le retour; nous l'avons suivi pas à pas, en racontant ses luttes, ses triomphes et ses défaites. En-

gagé dans la lice, il se déclare d'abord le champion
de l'Église et de ses droits, et il attaque la société moderne et la philosophie dont elle est issue, avec toute
la fougue d'une âme aussi impétueuse que sincère. Il
croit que la Révolution dérive de la philosophie du
dix-huitième siècle, et que celle-ci dérive à son tour
de la philosophie de Descartes; et persuadé que la
première n'a fait qu'appliquer aux questions politiques et religieuses la souveraineté de la raison que la
seconde avait proclamée dans l'ordre métaphysique,
c'est contre ce principe qu'il dirige tous ses efforts.
Aucun adversaire, quelque redoutable qu'il soit, ne
résiste à son impétuosité. Mais bientôt, emporté par
son ardeur, il s'avance un peu trop; on l'avertit de revenir sur ses pas. Il n'avait, ce semble, qu'à s'incliner
devant cette suprême autorité à laquelle il avait voulu
soumettre toutes les intelligences; il n'en fit rien. Alors
commencent les récriminations de l'orgueil froissé.
Reculer, jamais! Il lui faut à tout prix la domination :
le catholicisme refuse de marcher à sa suite, eh bien,
lui marchera à la tête de la Révolution!

A partir de ce moment, observe M. Laurentie (1),
« la vie du prêtre s'est altérée, un changement s'est
fait dans ses idées, dans sa foi, dans tout son être in-
telligent; tout ce qu'il avait pensé quand il était dans
la plénitude de son entendement, il ne l'a plus pensé;
tout ce qu'il avait voulu dans sa force, il a cessé de le
vouloir; tout ce qu'il avait glorifié, il l'a maudit; tout

____

(1) *Souvenirs inédits*, p. 218.

ce qu'il avait maudit, il l'a exalté. C'est un autre homme, en un mot, qui a paru, homme dépouillé de tout ce qui le faisait grand ; gardant toutefois sa nature, gardant l'éclat de l'esprit et de la parole, mais ne sachant où se prendre pour exercer les prodigieuses facultés dont Dieu l'avait orné. Sa pensée n'avait plus de base, ni de règle, ni d'inspiration, ni de but. Il a donc flotté dans l'espace, et enfin il est tombé. »

Mais comment est-il tombé? *Quomodo cecidit?* Lamennais avait expliqué d'avance les contradictions de l'intelligence humaine, une fois que Dieu lui manque : c'est dans son propre témoignage que nous puiserons une explication éclatante de ses étonnantes contradictions.

Sous quelles formes éloquentes, et souvent outrées, le prêtre apologiste n'avait-il pas dit à l'homme que, seul, il était condamné à ne pouvoir pas même affirmer son être! Il concluait que l'homme avait besoin de s'appuyer sur Dieu, et que si Dieu lui manquait, il allait à toutes les erreurs; il concluait aussi que toutes les erreurs tenaient à l'orgueil de l'homme, qui veut se suffire par sa raison propre (1). Oui, « l'orgueil, avait-il dit dans l'*Essai* (2), voilà le crime de l'athée, le crime du déiste et du sectaire. Au moins implicitement tous trois nient le témoignage de Dieu, se déclarent plus grands, plus parfaits que lui, en s'érigeant en juges de sa parole : véritable idolâtrie de la raison

(1) Laurentie, *Souvenirs inédits*, p. 218.
(2) T. I, ch. XII.

humaine, dont nous avons vu le dernier développement et l'aveu public dans le culte de la désse Raison. — Sitôt qu'on méconnaît la règle, ajoutait-il, il faut aller jusque-là; nul moyen de s'arrêter : le principe entraîne, et plus l'esprit a de vigueur et de rectitude, plus il s'égare. »

Nous avons dans ces paroles la triste explication de la chute de Lamennais. Il n'a fait qu'obéir à cette logique de l'orgueil qu'il avait exposée avec un si grand éclat. Dès que sa raison a cessé d'être soumise, elle a couru à toutes les extrémités de la révolte.

Ce serait une triste et longue histoire que de retracer la marche de cet esprit par les degrés ascendants qui l'ont conduit à l'abîme; il suffit de la rappeler brièvement (1). La gloire et l'humilité, tel fut le point de départ de M. de Lamennais. Il y a là tout le secret de la première partie de sa vie; c'est ainsi que le christianisme fait les hommes grands. Mais bientôt la nature s'éveilla, et l'applaudissement fit naître l'orgueil. Comme c'est l'ordinaire, l'envie se plut en même temps à dénigrer cette gloire, à mesure qu'elle sortait de son silence. L'abbé de Lamennais, avec ses pétulances, heurtait des traditions d'école; on le traita en ennemi, presque en hérétique. De son côté, il avait senti sa force, et il en abusa. Alors vinrent les luttes; il y entra avec la fougue d'un homme irrité par les résistances, mais aussi enivré par les adulations.

Déjà commençaient à fermenter dans cet esprit,

<hr>

(1) Laurentie, *Souvenirs inédits*, p. 223-229.

comme dans une fournaise, des pensées hardies. Après avoir frappé à outrance la philosophie humaine, il conçut à son tour une philosophie. Il en laissait échapper les lueurs dans ses entretiens intimes, où sa parole coulait lumineuse, éblouissante, effrayante parfois, mais jamais contredite, car Lamennais ou s'irritait, ou se taisait, dès qu'il n'était pas assuré d'un assentiment absolu. En marchant dans cette triste voie, l'humilité disparut peu à peu, et bientôt l'orgueil régna seul en maître.

Voilà en quelques mots toute l'histoire de la transformation de Lamennais, dans laquelle, selon Renan, « la politique et la passion eurent plus de part que la froide raison (1). » Suivez cette vie, vous aurez peine à saisir le point où éclate la rupture soudaine avec lui-même ; c'est par degrés qu'il se transfigure, et que sa

(1) Le changement de Lamennais, écrivait le P. Lacordaire à M. Foisset, « a été de passer de l'idée absolutiste à l'idée libérale, puis du catholicisme au scepticisme absolu. Mais cette double révolution ne s'est pas faite par un progrès, elle s'est faite brusquement sous l'empire d'une violente passion : la première fois, parce que l'épiscopat et le parti monarchique (lisez le gouvernement royal) l'avaient délaissé, la seconde fois, parce que la papauté s'était déclarée contre lui. » Ce jugement de Lacordaire est une réfutation de la thèse de M. Spuller, qui ne veut voir dans les changements de Lamennais qu'une évolution progressive d'un esprit sincère à la recherche de la vérité. Quand ces esprits ardents, comme celui de Lamennais, sont amenés à se modifier, ajouterons-nous avec M. Caro, « ce n'est pas une évolution qu'ils accomplissent, c'est une révolution, violente comme eux-mêmes, et qui imprime dans l'imagination populaire l'idée instinctive de quelque grand scandale. » (*Nouvelles Études morales sur le temps présent*, p. 243.)

raison se met en révolte. Il avait dit que la raison n'avait qu'une loi, c'était d'obéir, et c'est pour ne pas obéir qu'il allait d'erreur en erreur, jusqu'à rejeter enfin la vérité complète, la vérité chrétienne, de qui il avait reçu toutes les illuminations de son esprit.

Est-il vrai, comme le prétend M. Forgues, que le monde n'est plus ni assez catholique, ni assez monarchiste pour que Lamennais, déserteur de la papauté et devenu républicain, demeure sous le coup d'une condamnation sans appel? La question nous semble délicate et complexe. Il s'agit de savoir si Lamennais doit être compté parmi les apostats, ou bien, s'il faut reconnaître en lui un homme de bonne foi et de bon vouloir.

M. l'abbé Roussel, dans son recueil de documents inédits, n'a pas hésité à poser la question de *bonne foi*, dès la première page de l'introduction, et à répondre qu'il la croyait *indiscutable*. « Lamennais, dit-il ailleurs, fut un idéologue de génie, sans doute, mais un idéologue; dès lors il devait croire fermement, non seulement à la possibilité, mais à la réalisation future et peut-être prochaine de ses utopies. Comme pour tous les monomanes, ses opinions du moment lui paraissaient autant d'axiomes qui s'affirment et ne se prouvent pas (1). » La bonne foi de Lamennais, tel est, nous semble-t-il, le principal objet des explications dont M. l'abbé Roussel a cru nécessaire d'accompagner les documents inédits. Après avoir pris

______

(1) T. II, p. 429.

connaissance de son travail, un des arrière-neveux de Lamennais lui écrivait : « La *thèse* que vous voulez soutenir me paraît *absolument* juste (1). »

Nous n'avons pas l'intention de discuter la thèse de M. l'abbé Roussel : les preuves sont exposées devant les yeux du lecteur; à celui-ci de juger si elles lui paraissent absolument convaincantes. A raison des services rendus par Lamennais à la cause catholique, nous savons gré à l'auteur d'avoir songé moins à condamner qu'à plaindre l'infortuné apostat.

Cependant, la question nous semble mal posée dans l'introduction, lorsque M. l'abbé Roussel s'écrie avec M. le chanoine Houet : « Comment! M. de Lamennais n'était pas de bonne foi? Mais c'était l'homme le plus franc, le plus loyal que j'aie jamais rencontré (2). » Nous ne recherchons point ici quel fut le caractère de Lamennais après comme avant sa chute, il s'agit de savoir si Lamennais tomba de bonne foi dans l'erreur et s'y obstina de bonne foi. — Oui, répond de nouveau M. l'abbé Roussel : « Si Lamennais patronna l'erreur, c'est lorsqu'elle se fut à ses yeux affublée du manteau de la vérité, et qu'il la prit pour la vérité elle-même (3). » — Mais alors, il y eut seulement erreur de jugement, et non de volonté, et Lamennais n'est que matériellement coupable.

Hélas! la culpabilité formelle de Lamennais ressort évidente pour quiconque parcourt sans parti pris les

(1) T. II, p. 459.
(2) P. III.
(3) T. I, p. XII.

documents inédits publiés par M. l'abbé Roussel. Aussi, dans l'épilogue de son ouvrage, l'auteur pose-t-il la question de bonne foi d'une manière moins absolue, et par là même plus acceptable. Quel fut, se demande-t-il, le degré de culpabilité de Lamennais, lors de son premier pas dans la voie de l'erreur? Jusqu'à quel point la bonne foi put-elle alors lui faire défaut (1)?

« Tout d'abord, répond-il, nous observerons que nul chrétien, à plus forte raison nul prêtre, ne tombe dans l'apostasie sans qu'il y ait de sa faute, car il est évident que Dieu ne saurait permettre que l'un de ses serviteurs s'égare à ce point malgré lui et en dépit d'une bonne volonté absolue. Si donc Lamennais cessa de croire, c'est qu'il ne fut pas toujours ce serviteur irréprochable; mais qui oserait se flatter de l'être! » Et il ajoute : « Lorsque nous prétendons que Lamennais fut sincère, nous voulons *tout simplement* dire qu'il se laissa glisser sur la pente de l'abîme sans trop s'en douter, et qu'il finit même par prendre cette pente pour le chemin véritable. »

Nous n'entrerons pas dans la discussion de cette indulgente explication; nous préférons conclure avec M. l'abbé Roussel : « L'histoire de la chute de Lamennais est, au fond, un de ces mystères impénétrables dont seule la justice divine a le secret. Nous n'en connaissons que les dehors; l'œil humain le plus perspicace ne saurait aller au delà; Dieu, et Dieu seul, pouvant se dire « le scrutateur des cœurs et des consciences. »

____

(1) T. II, p. 438.

Aussi, après avoir suivi Lamennais dans ses trans-
formations successives, nous réservons la question de
bonne foi, qui dépend du domaine de la conscience,
pour affirmer le fait qui peut être constaté par tous.
La langue française stigmatise d'un seul mot quiconque renie sa foi religieuse ou politique : c'est un apostat! Peu importent les motifs connus ou inconnus de
l'apostasie, ce mot, à moins de disparaître de la langue, restera deux fois gravé sur le front de Lamennais (1).

(1) « Les philosophes, observe Barbey d'Aurevilly, auront beau
prendre leur aplomb et leurs airs vainqueurs en parlant de cette
évolution philosophique, on sera toujours en droit de leur dire :
Pourquoi toujours laver ce linge, s'il est blanc? Pourquoi toujours
répéter comme lady Macbeth, mais en frottant la main que l'on
veut faire admirer : « Hé! disparais donc, tache maudite, » si réellement il n'y en a pas?... Si Lamennais est grand pour avoir manqué à une parole d'honneur donnée à Dieu, devant son autel (la
seule parole d'honneur à laquelle on puisse manquer apparem-
ment!), pourquoi le justifier et ne pas passer outre? » (*Les Prophètes du passé*, p. 202.) Quels que soient les bouleversements
du monde, on n'effacera pas de la vie de Lamennais ce mot effroyable d'apostat, attaché désormais à son nom.

APPENDICE

APPENDICE

Portrait de Lamennais

Par M. Guizot.

Extrait des Mémoires pour servir à l'Histoire de mon temps (1).

« Je n'ai point connu, je n'ai jamais vu l'abbé Félicité de la Mennais; je ne le connais que par ses écrits, par ce qu'ont dit de lui ses amis, et par cette image bilieuse, haineuse, malheureuse qu'a tracée de lui Ary Scheffer, le peintre des âmes. J'admire autant que personne cet esprit élevé et hardi qui avait besoin de s'élancer jusqu'au dernier terme de son idée, quelle qu'elle fût, ce talent grave et passionné, brillant et pur, amer et mélancolique, âpre avec élégance et quelquefois tendre avec tristesse. J'ai la confiance qu'il y avait dans cette âme, où l'orgueil blessé à mort semblait seul régner, beaucoup de nobles penchants, de bons désirs et de douloureux

---

(1) « Un homme que Lamennais combattit toute sa vie, dit Sainte-Beuve, et qui ne le rencontra jamais en face, M. Guizot, a tracé de lui un portrait supérieur, éloquent, ressemblant, généreux d'intention jusque dans sa sévérité, admirable de talent, pour tout dire. » (*Nouveaux Lundis*, t. I, p. 42.)

combats. A quoi ont abouti tous ces dons ? Ce sera l'un des griefs les plus sérieux contre notre époque que ce qu'elle a fait de cette nature supérieure, et de quelques autres de même rang que je ne veux pas nommer, et qui, sous nos yeux, se sont également perverties et perdues. Sans doute, ces anges déchus ont eu eux-mêmes leur part dans leur chute; mais ils ont subi tant de pernicieuses tentations, ils ont assisté à des spectacles si troublants et si corrupteurs, ils ont vécu au milieu d'un tel dérèglement de la pensée, de l'ambition et de la destinée humaines; ils ont obtenu, par leurs égarements mêmes et en flattant les passions et les erreurs de leur temps, de si faciles et si brillants succès, qu'il n'y a pas à s'étonner beaucoup que les mauvais germes se soient développés et aient fini par dominer en eux. Pour moi, en contemplant ces quelques hommes rares, mes illustres et funestes contemporains, je ressens plus de tristesse que de colère, et je demande grâce pour eux, au moment même où je ne puis m'empêcher de prononcer dans mon âme, sur leurs œuvres et leur influence, une sévère condamnation (1).

« L'abbé Félicité de la Mennais avait débuté et brillé en attaquant indistinctement les principes comme les tendances de la société moderne, et en soutenant les maximes comme les souvenirs théocratiques; il inspira plus de surprise que de confiance, quand on le vit réclamer, au profit de l'Église, tous les droits de la liberté; on le soupçonnait d'y chercher un moyen plutôt qu'un but, et de ne vouloir l'Église si libre que pour la rendre souveraine maîtresse. Il laissa bientôt éclater, je ne dirai pas son dessein, mais sa nature personnelle, et, comme on eût dit dans d'autres temps, le démon intérieur qui le possédait. Esprit aussi superficiel qu'élevé,

(1) Nouvelle édition in-12, t. III, p. 82.

logicien aussi aveugle que puissant, très ignorant de l'histoire, capable d'aperçus et d'élans sublimes, mais incapable d'observer les faits réels et divers, de les mettre à leur vraie place et de leur assigner leur juste valeur, il pensait et écrivait toujours sous l'empire d'une idée exclusive qui devenait pour lui la loi, toute la loi divine ; il érigeait en droit les plus extrêmes conséquences d'un principe incomplet, et s'enflammait d'une violente haine contre les adversaires de son absolue domination. Il était de plus sujet à cette séduction que le talent supérieur exerce souvent sur l'homme qui le possède, encore plus que sur ceux qui l'écoutent. L'idée qui avait sa foi, le sentiment dont il était pénétré se présentaient à lui sous de si beaux aspects, il était si vivement frappé de leurs mérites et de leurs charmes, qu'en se livrant au plaisir de les contempler ou de les peindre il perdait toute faculté d'en apercevoir les erreurs ou les lacunes, même les plus graves, et que, dans son enthousiasme idolâtre, il méprisait et détestait, comme des barbares et des impies, quiconque ne partageait pas ses adorations et ses sympathies. Les effets naturels de cette passion du logicien et de l'artiste ne tardèrent pas à se manifester dans l'abbé de la Mennais : quand une fois il se fut plongé dans le spectacle des misères de la société humaine, des imperfections et des torts des gouvernements, des souffrances matérielles et morales du peuple, quand il eut appliqué à les peindre toute la puissance de son imagination et de son âme, il ne vit plus rien hors de là, nul autre fait, nulle autre question ; le monde fut entier, pour lui, dans les sombres tableaux où se déployait son talent. Cet ardent défenseur de l'autorité ecclésiastique absolue, qui avait fondé l'*Avenir* pour la conquête des libertés de l'Église, devint peu à peu l'apôtre de la liberté absolue et universelle ; avec une sincérité tantôt arrogante, tantôt mélancolique, le théoricien théocratique se transforma en libéral, républicain, démocrate, révolutionnaire, et les esprits clairvoyants purent de bonne heure pressentir le jour où les doctrines et les passions les plus anarchiques trouveraient en lui leur plus éloquent et plus amer interprète.

« Les hommes sensés de l'Église catholique, entre autres la plupart des évêques, ne s'y trompèrent point. Compromettant par ses violences, même quand il soutenait leur cause, l'*Avenir* leur parut bientôt dangereux par ses doctrines, et tout en admirant encore l'abbé de la Mennais, ils le regardèrent comme un allié suspect qui pourrait bien devenir un ennemi. La cour de Rome les mit à l'aise en donnant raison à leurs méfiances et à leurs alarmes. Quand l'abbé de la Mennais et ses deux principaux collaborateurs dans l'*Avenir,* le comte de Montalembert et l'abbé Lacordaire, portèrent à Rome la question du mérite et de la durée de leur entreprise, le pape Grégoire XVI les traita avec de grands égards, loua leurs intentions, et essaya d'assoupir ou de laisser tomber la contestation; il lui en coûtait de condamner un homme qui avait naguère défendu avec tant d'éclat l'autorité ecclésiastique, et il espérait sans doute le ramener en le ménageant. Mais poussé à bout et par l'insistance intraitable de l'abbé de la Mennais, et par la nécessité de mettre un terme au trouble de l'Église, le pape en vint enfin, dans son encyclique du 15 août 1832, à un blâme formel et péremptoire, bien qu'exprimé en termes généraux et bienveillants. L'abbé Lacordaire, avec une sagacité rare dans un esprit brillant et passionné, avait pressenti ce résultat, s'était efforcé d'engager ses deux amis à le prévenir par une soumission modeste, et ne pouvant les y décider, il avait seul quitté Rome, laissant l'abbé de la Mennais de plus en plus irrité dans son âme, et M. de Montalembert encore charmé et retenu par son influence. Quand l'encyclique du 15 août eut paru, une nouvelle scission s'opéra ; M. de Montalembert, et, si je ne me trompe, tous les autres rédacteurs de l'*Avenir* se soumirent à leur tour, pleinement et sans équivoque, bien résolus, quelles que fussent leurs pensées intimes, à se conduire en catholiques fidèles. Resté seul en proie à la lutte intérieure de son ancienne foi et des idées nouvelles qui grandissaient en lui sous le souffle de l'orgueil offensé, l'abbé de la Mennais essaya d'abord de quelques apparences de docilité mêlées aux réserves d'une colère mal contenue ; et trouvant la cour de Rome décidée à ne s'en point contenter, il s'engagea enfin, par la publication des *Paroles d'un Croyant*, dans une révolte déclarée qui devint bientôt une guerre implacable contre le pape, l'Église romaine, l'épiscopat français, les rois, la monarchie, toutes les autorités, religieuses ou politiques, qui, selon lui, tenaient sous un joug odieux les esprits et les peuples, et leur ravissaient la liberté et le bonheur auxquels ils avaient droit (1). »

Appréciation de la correspondance de Lamennais

Par M. Caro.

« Un des traits de cette *Correspondance*, c'est la personnalité impérieuse qui y règne d'un bout à l'autre. Il n'y a qu'un personnage présent, c'est l'auteur. Les autres ne semblent être là que pour donner la réplique ou l'occasion au discours.

« Les principaux correspondants sont (de 1825 à 1836, l'époque la plus agitée de sa vie) Mme la comtesse de Senfft,

(1) T. III, p. 96-99.

M. Berryer, M. de Vitrolles, M. Coriolis. Mais on se douterait à peine, en passant d'une lettre à l'autre, que l'on passe d'une personne à une autre, que M. de Lamennais adresse ses réflexions à la pieuse Allemande (femme d'un diplomate autrichien, ambassadeur à Turin), ou à sa fille, la comtesse Louise, ou au grand avocat de la légitimité, qui marquait déjà sa place au premier rang du barreau, ou à cet homme d'État en disponibilité pour qui la Restauration fut si ingrate, ou à cet aimable marquis gascon, moitié personnage politique et moitié homme de lettres, qui avait plus d'esprit dans sa prose que dans ses vers, le ton de la correspondance ne change pas sensiblement. Chaque lettre porte la trace du grand écrivain et de sa force d'imagination; mais à toutes manque cette grâce insinuante et souple, cet art délicat de parler à chacun son langage, de donner aux idées le tour particulier qui convient aux différentes personnes. Sauf les premières et les dernières phrases où passe hâtivement quelque formule plus affectueuse de salutation ou d'adieu, toutes ces lettres se ressemblent par le même ton de dogmatisme amer. L'écrivain ne se désintéresse pas de lui-même; il ne détend jamais ses muscles ou ses nerfs. Il ne se relâche pas de sa passion fixe, et quand parfois il s'abandonne, c'est pour lancer à l'adversaire qu'il a en vue quelque trivialité énorme. La *Correspondance* n'est donc, à vrai dire, qu'une longue série de courts pamphlets. De là une fatigante monotonie et le défaut de charme.

« En cherchant bien, on trouverait cependant quelques rares dérogations à cette habitude d'un esprit qui s'impose tel qu'il est, incapable de se plier aux circonstances, aux situations, aux caractères variés des personnes. Deux ou trois lettres nous offrent des ménagements inattendus pour la piété orthodoxe et effrayée de Mme de Senfft. C'est au moment où il produit dans le monde cette œuvre de colère, les *Paroles d'un Croyant :* « Il va paraître, écrit-il, un petit livre « qui vous déplaira fortement; vous en entendrez parler : *je* « *vous supplie de ne le pas lire,* quelques-uns ne doivent pas « l'entendre, d'autres ne le pourront pas; ce n'est point un « livre du présent, c'est un livre d'instinct, de pressentiment « et de conscience. Les paroles de l'auteur sont âpres; il ne « les croit pas injustes. Cependant elles blesseront, elles « doivent blesser; il le sent à regret. Encore un coup, je « vous supplie de ne le point lire. Il y a peut-être, au fond de « tout cela, comme un devoir mystérieux, comme un entier « sacrifice de soi, que l'on ne cherche point, que l'on fait « plutôt, et qui tire de l'âme affaissée d'angoisse cette pa- « role : *Transeat calix iste.* Cet amer calice, il le faut boire « pourtant, et boire jusqu'à la lie. » On aperçoit, dans ces lignes émues, une attention délicate pour une âme de femme, dont il faut savoir gré à ce dominateur superbe, qui d'ordinaire, lors même qu'il change d'idée, n'admet aucune transaction avec les idées d'autrui.

« Le fond de toutes ces lettres, c'est d'abord l'intérêt de l'Église, le souci de la situation qu'elle doit prendre devant le siècle, la préoccupation jalouse de son indépendance qui ne lui semble assurée qu'à la condition qu'elle domine les couronnes; plus tard, c'est l'intérêt de l'humanité, son ave- nir, son affranchissement de toutes les formes de la tyran- nie, c'est toujours la politique. Toutes les questions philoso- phiques ou religieuses viennent se résoudre pour lui en appréciations sur les hommes et les événements contempo- rains, dans leur rapport avec sa pensée dominante. Même dans le temps de la plus grande ferveur catholique, on cher- cherait en vain dans ces lettres quelque trace de direction des âmes ou quelque effusion de vie intérieure. Il s'engage au plus avant de la mêlée humaine, avec son drapeau, ne se détachant qu'avec regret de ce tumulte et de cette arène, où il combat en idée, quand il n'y descend pas en armes. Quant au christianisme spirituel, celui qui se préoccupe moins de régler les destinées des empires que de toucher les ressorts délicats et secrets de l'âme pour la porter à la perfection religieuse, cette sollicitude mystique semble tout à fait étrangère à l'auteur de la *Correspondance*. On ne se douterait guère que l'on a affaire au traducteur du *Guide spirituel* de Louis de Blois, et de l'*Imitation de Jésus-Christ*.

« La politique seule lui met la plume à la main, et le jette dans ces entretiens épistolaires, qui ne sont guère que des jugements improvisés avec une fiévreuse ironie sur les choses publiques. C'est tout son temps, vu à travers les illusions d'un pessimisme injurieux et désolé.

« S'il n'y a pas de nuances dans ces lettres selon les personnes auxquelles elles sont écrites, il n'y en a pas davantage selon les événements ou les personnes que le hasard de la politique jette sous la prise de cet implacable juge. La France paraît livrée à l'imbécillité, à la folie, au charlatanisme. Le système représentatif est bafoué; ce n'est qu'une *grande parade;* le gallicanisme n'est que le représentatif de l'Église. A la date de 1825, Chateaubriand et les *Débats* sont traités avec un mépris furieux.

« Les trois pouvoirs de l'État semblent être une *émanation de la Force, de Sainte-Pélagie, de Charenton.* M. Frayssinous, en sa double qualité de prélat et de ministre, porte tous les coups. C'est le persécuteur de l'Église. Il tombe malade. Voici le cri de M. de Lamennais : « On ne croit pas que désormais il puisse aller loin; *Quel compte terrible il aura à rendre!* » Tous ses adversaires sont des *possédés,* rien que cela. M. de Vatimesnil lui-même a faim et soif de persécutions : c'est sur l'Église qu'il assouvit sa rage. Les ministres ont invariablement les passions féroces : « C'est en grand le chariot « de Thespis, avec cette différence que les acteurs aspirent « au moment où, au lieu de lie de vin, ils pourront se barbouiller de sang. » C'est l'hallucination du crime. Il finit par voir partout l'enfer déchaîné.

« Les plus sinistres prédictions accompagnent toutes ces tirades comme un refrain lugubre. Non seulement il annonce à chaque page la chute prochaine des Bourbons devenus (qui le croirait?) les bourreaux de l'Église; mais c'est la France elle-même, c'est la société tout entière qui va sombrer ! Nous touchons à des catastrophes. Le monde s'en va, les trônes chancellent dans la boue, glissent dans le sang. Le schisme va éclater (Lamennais ne se doute guère par qui ce schisme doit s'accomplir); il y a dans l'air des *tempêtes de crimes*. Si la cause qu'il défend ne triomphe pas, c'en est fait du genre humain : « Si notre drapeau ne flotte pas au sommet de la « société régénérée, il flottera sur les débris du monde. — « *La vieille société est pourrie. La société est idiote; elle s'en va* « *à la Morgue en passant par la Salpêtrière.* »

« Tant d'images sombres pressées l'une contre l'autre, tant de déclamations violentes se renvoyant, pour ainsi dire, d'une page à l'autre, l'écho monotone de la même âme irritée, tout cela à propos des incidents les plus simples de la vie politique ou de la vie parlementaire, de quelque débat ou de quelque vote à la Chambre, d'une mesure administrative, moins que cela, d'un article de journal ! — Ces citations sont prises dans la partie de la *Correspondance* antérieure à la révolution de 1830, antérieure à la situation extrême qu'il prit dans l'*Avenir*, et, par conséquent à tout désaccord même lointain avec l'Église; elles appartiennent à cette période relativement calme où l'on croirait trouver, au moins dans

quelque intervalle de la vie militante de Lamennais, un peu
d'apaisement, quelques méditations tournées vers l'intérieur
de l'âme ou vers le monde idéal, comme il semble qu'il con-
viendrait à un prêtre.

« Ce n'est assurément ni l'éloquence ni l'esprit qui man-
quent dans ces lettres, c'est la justesse, la proportion, le
sens lucide des choses. Il n'y a ni nuance dans les jugements,
ni degrés dans cette colère qui se porte tout de suite au pa-
roxisme et qui s'y maintient durant mille pages. Tous les
hommes qui n'agissent pas dans le sens de certaines idées
très particulières, ne peuvent être que des criminels ou des
fous, sans distinction ou sans rémission. M. de Lamennais
n'a pas deux manières de classer les hommes, il n'en a qu'une.
Toute situation moyenne lui échappe. Par une singulière illusion d'optique morale, il ne voit que les deux extrémités de
la grande ligne : le bien, le mal; il ne voit pas l'entre-deux,
et quand un historien ou un observateur ne saisit pas d'une
vue nette ce point intermédiaire, il ne comprend rien au
monde ni à la vie.

« C'est une maladie de ce grand esprit. Il ne s'aperçoit
pas qu'il s'enlève à lui-même, par son exagération, tout
crédit sur l'esprit de ses lecteurs. Quel est le vrai nom de
cette infirmité violente et déréglée du jugement? C'est le
fanatisme. Mais ici le fanatisme se complique et s'aggrave
de rhétorique. On peut aisément noter les procédés littéraires; c'est l'hyperbole et la prophétie; cela finit par ressembler à un jeu tristement puéril. On sent l'effort de l'imagination
qui se guinde jusqu'à l'expression la plus injurieuse, jusqu'à
l'image la plus tragique. Ce ne sera pas assez d'appeler ses
adversaires des méchants, cela est banal et froid; pas même
assez de les appeler des âmes viles, l'effet n'est pas assez
fort; on surchargera l'expression, on arrivera jusqu'à cette

hyperbole de la haine : *des âmes cadavéreuses.* Voilà le procédé.

La haine ciselée dans l'expression avec un si grand soin littéraire! Tant de sollicitude à bien écrire, la préoccupation de l'effet au milieu de si violents mouvements d'âme! Il y a ainsi dans tout ce que Lamennais écrit un mélange singulier d'images, de métaphores préparées, soutenues, graduées par les plus savants artifices de style, et en même temps d'anathèmes revêtus d'un tour biblique. La passion de Rousseau, parfois même la rhétorique de Thomas se mêlant aux premières impressions de cette âme nourrie de la Bible, alternant avec des prédictions mystiques, apocalyptiques, et produisant cette succession d'effets qui vont toujours en s'exagérant et cherchant à se surpasser, telle est l'impression que nous laisse cette correspondance (1). »

Dilecto Filio F. Lamennejo.

GREGORIUS PP. XVI.

Dilecte fili, salutem et apostolicam benedictionem.

Quod de tua in Nos et apostolicam sedem fide pollicebamur Nobis, id demum te peregisse læti conspeximus humili simplicique declaratione, quam per venerabilem fratrem Nostrum Bartholomæum cardinalem episcopum Ostiensem ad Nos perferendam curasti.

Benediximus quidem Patri luminum, a quo est tanta hæc consolatio, quam vere dicimus cum Psalmista *secundum multitudinem dolorum* lætificasse animam Nostram.

Paternæ hinc charitatis viscera dilatamus ad te, dilecte fili, ovantesque in Domino, gratulamur tibi veram nunc et plenam pacem indepto, ex Illius liberalitate qui salvat hu-

---

(1) *Nouvelles Études morales sur le temps présent,* p. 232-240.

miles spiritu et eos repellit qui secundum elementa mundi sapiunt, non secundum scientiam quæ ex ipso est. Hæc quippe illustrior, hæc vera victoria est quæ vincit mundum, perennemque tuo nomini gloriam pariet, nullis te humanis rationibus abductum, nullaque insidiantium hostium machinatione detentum, eo duntaxat contendisse, quo parentis amantissimi voces, ex veri honestique præscripto arcesserunt.

Perge igitur, dilecte fili, hisce virtutis, docilitatis fideique itineribus, læta id genus Ecclesiæ exhibere; eaque ipsa, qua præstas, ingenii ac scientiæ laude connitere, ut cæteri etiam ex tradita Nostris Encyclicis Litteris doctrina, idem sentiant ac testentur unanimes. Magnus quidem gaudio Nostro jam ex eo cumulus accessit, quod illico curaveris ut declarationem, quam accepimus, ederet de ea re probatissimam dilectus filius Gerbetius, alter ex tuis alumnis, quem idcirco **Nostra** hac epistola volumus præcipue commendatum.

At dissimulare haud fas est, inimicum hominem super seminaturum adhuc esse zizania. Attamen, macte animo, fili, sanctique propositi tenax, eo fidenter te recipias, *ubi universis murus est*, inclamat S. Innocentius pontifex, *ubi securitas, ubi portus expers fluctuum, ubi bonorum thesaurus innumerabilium*. Ibi siquidem ad petram consistens, quæ Christus est, præliaberis strenue ac tuto prælia Domini, ut sana ubique doctrina floreat, nullisque novitatum commentis honestissimo quovis prætextu convectis catholica pax perturbetur.

Finem hic facimus epistolæ, quam Nostræ erga te voluntatis testem mittimus; id porro unum ab omnium bonorum largitore Deo impensissime efflagitamus, ut, exorante Virgine sanctissima, quæ in teterrima temporum asperitate spes Nostra est, dux et magistra, confirmet ipse opus, quod operatus es, tantique præsidii auspicem apostolicam tibi benedictionem amantissime impertimur.

Datum Romæ apud Sanctum Petrum, die xxviii decembris MDCCCXXXIII, pontificatus Nostri anno tertio.

La Compagnie de Jésus et le système philosophique de Lamennais.

En divergence d'opinions sur plusieurs points avec la Compagnie de Jésus, Lamennais n'en resta pas moins jusqu'à sa chute un ami dévoué; on le vit souvent combattre, avec un courage égal à son talent, les préjugés dont elle ne cessait d'être l'objet de la part des ennemis de l'Église. Qui ne se rappelle en quels termes éloquents il en avait fait l'éloge dans ses *Réflexions sur l'état de l'Église en France pendant le dix-huitième siècle?*

« J'ai parlé de dévouement, s'écriait-il, et à ce mot la pensée se reporte avec douleur sur cet Ordre, naguère florissant, dont l'existence tout entière ne fut qu'un grand dévouement à l'humanité et à la religion. Ils le savaient, ceux qui l'ont détruit, et c'était pour eux une raison de le détruire, comme c'en est une pour nous de lui payer du moins le tribut de regrets et de reconnaisance qu'il mérite pour tant de bienfaits. Eh! qui pourrait les compter tous? Longtemps encore on s'apercevra du vide immense qu'ont laissé dans la chrétienté ces hommes avides de sacrifices comme les autres le sont de jouissances, et l'on travaillera longtemps à le combler. Qui les a remplacés dans nos chaires? qui les remplacera dans nos collèges? qui, à leur place, s'offrira pour porter la foi et la civilisation, avec l'amour du nom français, dans les forêts de l'Amérique ou dans les vastes contrées de l'Asie, tant de fois arrosées de leur sang?

« On les accuse d'ambition : sans doute ils en avaient, et quel corps n'en a pas? Leur ambition était de faire le bien, tout le bien qui était en eux; et qui ne sait que c'est souvent ce que les hommes pardonnent le moins? Ils voulaient dominer partout : et où donc dominaient-ils, si ce n'est dans ces régions du Nouveau-Monde, où, pour la première et la dernière fois, l'on vit se réaliser sous leur influence ces chimères de bonheur que l'on pardonnait à peine à l'imagination des poëtes? Ils étaient dangereux aux souverains : est-ce bien à la philosophie à leur faire ce reproche? Quoi qu'il en soit, j'ouvre l'histoire, j'y vois des accusations, j'en cherche les preuves, et ne trouve qu'une justification éclatante. »

Quelle fut, au milieu des discussions soulevées par l'*Essai sur l'indifférence,* l'attitude de la Compagnie de Jésus? Elle a été diversement appréciée par les différents partis, selon qu'ils étaient favorables ou hostiles à M. de Lamennais. Une simple exposition des faits suffira pour rétablir toute la vérité. On verra que la Compagnie de Jésus, en attendant la décision de l'autorité souveraine, se maintint, par respect pour la gloire de l'illustre écrivain, dans les bornes d'une stricte neutralité.

Les Jésuites, comme tout le monde, avaient admiré sans réserve le premier volume de l'*Essai sur l'indifférence;* mais à l'admiration succéda l'inquiétude, lorsque parut le second volume. Lamennais, néanmoins, continua de compter dans la Compagnie, à Rome comme en France, plusieurs partisans de son système philosophique sur les conditions de la certitude. Mais si, dans quelques maisons d'études, les thèses sur la doctrine du *sens commun* étaient publiquement soutenues et défendues, elles étaient ailleurs vivement attaquées, comme contraires à l'enseignement traditionnel. Une pareille situation offrait un grand danger. Permettre à qui voudra d'attaquer ou de défendre un même système, n'était-ce pas introduire dans la Compagnie la diversité de doctrine,

contrairement aux recommandations formelles de l'Institut
et à la volonté manifeste du saint fondateur? Le P. Richardot, provincial de France, le comprit et intervint le premier,
en interdisant toute controverse publique sur ces délicates
matières. Il fut encouragé dans cette voie par le P. de Rozaven (1), homme d'un grand savoir et d'une rare distinction,
qui lui écrivit de Rome, le 12 octobre 1821 :

« Vous avez parfaitement fait de supprimer les thèses où
l'on combattait le système de M. de la Mennais. Outre qu'il
ne nous convient en aucune manière de nous déclarer contre
un homme justement célèbre, et à qui la religion a des obligations, c'est un fort mauvais moyen pour faire triompher
la vérité. Les disputes ne font que piquer et aigrir les esprits.
Des discussions pacifiques où l'on ménage l'amour-propre et
la délicatesse sont des moyens plus sûrs. Il faut réserver
toute sa chaleur pour combattre les ennemis de la religion
et de l'Église. »

Ce n'est point que le P. de Rozaven s'aveuglât sur les erreurs de Lamennais; car, dans cette même lettre, il ajoute :
« Vous me demandez ce que je pense de la *Défense de l'Essai :*
je vous avoue, entre nous, que je n'en suis pas satisfait. Il
me paraît que tout porte sur un principe faux. M. de la Mennais se plaint qu'on ne l'a pas compris, et il a raison jusqu'à
un certain point; il est certain qu'on lui attribue des sentiments qu'il n'a pas, ce qui lui donne lieu de se défendre avec
avantage; mais, de son côté, il tire des principes de ses adversaires des conséquences qui ne suivent pas de ces principes. Dans ces matières de pure métaphysique, il n'y a rien

(1) **Jean-Louis de Leissègues de Rozaven**, né à Quimper le 9 mars
1772, mort à Rome le 12 avril 1852. — Mgr Dupanloup a dit du
P. de Rozaven que « depuis Bossuet, l'Église de France n'a point
possédé peut-être un théologien aussi consommé. »

de si facile, je dirai de si commun, que de se disputer sans s'entendre. On a tort et raison des deux côtés. Quand je lis ces sortes d'ouvrages, il me semble entendre se disputer un avare et un prodigue. Le premier déclame contre les funestes suites de la prodigalité, et s'étend à prouver la nécessité et les avantages d'une sage économie; le second a un champ non moins vaste pour dépeindre l'avarice dans toute sa laideur et pour faire l'éloge de la générosité et du détachement des biens de ce monde. L'avare a parfaitement raison contre le prodigue et le prodigue contre l'avare; mais l'un n'en a pas moins tort d'être avare et l'autre d'être prodigue. »

Plus tard, comme le système de Lamennais menaçait d'entraîner les esprits dans des voies dangereuses, le P. Fortis, général de la Compagnie, intervint à son tour et défendit d'enseigner ou de combattre les nouvelles doctrines. « Il est bien entendu, disait-il dans son encyclique du 4 octobre 1823, qu'il n'entre nullement dans notre intention de censurer et de condamner aucune de ces propositions ou autres semblables, ou de vouloir que ceux qui les soutiennent perdent aux yeux des nôtres quelque chose de leur réputation de piété et d'attachement à la religion. Mais nous jugeons qu'il ne convient pas d'enseigner dans nos écoles ces propositions avant qu'elles aient été approuvées par celui à l'autorité duquel nous faisons profession de rendre une entière soumission d'esprit.

« Nous ne nous donnons pas pour les disciples de Descartes ou d'aucun autre philosophe. Nous ne défendons le système d'aucun d'eux en particulier; mais nous suivons les principes qui sont communs à toutes les écoles et qui étaient soutenus communément avant que Descartes vînt au monde. Nous reconnaissons cependant deux docteurs auxquels nos écoles se font gloire d'être attachées : saint Thomas, dont l'autorité est si grande parmi les docteurs chrétiens, et saint Augustin, philosophe aussi subtil que profond théologien. »

L'année suivante, Lamennais se rendit à Rome, où il eut de fréquents entretiens avec le P. de Rozaven, mais le Jésuite et l'écrivain ne purent s'entendre sur les points controversés. De retour en France, on lui dit que son système philosophique avait été l'objet de critiques et de censures de la part des supérieurs de la Compagnie, et, le 25 octobre 1825, il écrivit au P. Provincial pour se plaindre de l'opposition faite à ses idées, et conclut en demandant copie de cette censure ou de ce jugement, quel qu'il fût. Dans sa réponse en date du 5 novembre, le P. Godinot lui affirma que sa doctrine n'avait été ni censurée, ni suspectée par le général de l'Ordre. Lamennais ne se contenta pas de cette réponse, et, le 14 novembre, il voulut exiger que la lettre du P. Général lui fût livrée. « On ne défend pas, disait-il, de soutenir des propositions supposées indifférentes, et ainsi qui défend accuse. »

Évidemment on ne pouvait céder à pareille sommation, et le P. Godinot répondit, le 8 décembre : « Monsieur l'abbé, je ne puis m'empêcher de commencer par l'expression du regret que j'éprouve que notre correspondance porte sur un objet aussi peu agréable que celui qui nous occupe. Je suis vivement affecté que nos lettres soient très probablement pour l'un comme pour l'autre une occasion de peine.

« N'y aurait-il donc pas moyen de se communiquer sa pensée sans que le cœur en souffre ?

« J'ai bien compris votre demande, Monsieur, dans votre lettre précédente; mais, je vous l'avoue, la demande de communiquer la correspondance de mon supérieur m'a étrangement surpris, et j'ai cru que mon silence vous suffirait pour comprendre ma réponse.

« Vous insistez, et vous désirez que je m'explique. Il faut

donc que je vous dise que je ne puis en aucune manière vous rien communiquer de ce que le P. Général croirait devoir nous écrire. N'a-t-il pas d'ailleurs quelque droit d'espérer qu'on ne le soupçonnera pas de manquer dans sa correspondance, quelle qu'en soit la matière, à ce que lui prescrivent la justice, la prudence et la charité? Vous invoquez le principe *qui défend accuse*. Il est possible qu'en certains cas ce principe soit vrai; mais il est certain que ce n'est pas ainsi que la Compagnie entend user du droit qu'elle a de défendre; il est même notoire qu'elle a très souvent défendu de soutenir des opinions sans les accuser le moins du monde. La nécessité et le prix de l'uniformité lui suffisent pour proposer les défenses.

« Me permettez-vous, monsieur l'abbé, de hasarder encore un mot? Où en sommes-nous, et quelle est notre position respective? La bonne intelligence qui a régné entre nous viendrait-elle donc à s'altérer? Nous avons des opinions différentes sur des questions laissées à la liberté; usons de cette liberté les uns et les autres, mais avec simplicité, sans amertume et même sans vivacité. Dans un temps où la cause commune doit nous réunir et nous réunit certainement de cœur, je veux, de mon côté, éviter, et travailler efficacement à ce que tous ceux sur lesquels je puis influer évitent tout ce qui peut tendre à donner le spectacle, dont les ennemis de la religion ne manqueraient pas de se prévaloir, d'une division qui nuirait aux deux partis devant Dieu et devant les hommes. Et je vous prie de ne pas regarder comme compliment l'assurance formelle des sentiments les plus intimes de vénération, d'estime et de profond respect avec lesquels j'ai l'honneur d'être, » etc.

Après la réception de cette lettre dont la fermeté n'exclut ni la gratitude ni l'affection, l'abbé Lamennais aurait dû, ce semble, ne pas pousser plus loin ses réclamations; mais on lui persuada qu'il ne devait pas reculer devant une neutralité qui cachait, disait-on, des desseins hostiles. Il s'adressa donc encore une fois au provincial, et le P. Godinot ne jugea pas à propos de répondre à cette dernière lettre. A partir de ce jour, les feuilles du parti dévoué à Lamennais se joignirent aux libéraux pour faire campagne contre la Compagnie de Jésus.

Quand, à la mort du P. Fortis, le P. Roothaan fut élu général, il se maintint strictement dans la ligne de conduite tracée par son prédécesseur, ne prenant parti ni pour ni contre M. de Lamennais. « Notre intention, disait-il dans une lettre adressée aux PP. provinciaux le 30 août 1829, n'est pas de noter de censure aucune de ces propositions; ce qui ne nous appartient pas. Nous ne voulons point non plus rendre suspects d'erreur en matière de foi ceux qui les soutiennent. Aussi, en n'adoptant pas de semblables doctrines dans nos écoles, il n'est pas pour cela dans nos intentions que les nôtres les attaquent et les combattent. Bien plus, notre volonté expresse est que l'on évite toute dispute qui pourrait blesser ou altérer la charité. »

Sans doute cette neutralité apparente cachait un éloignement véritable, et Lamennais ne s'y était pas trompé; mais, plus perspicace que ses adeptes, il tint compte aux Jésuites de leur modération. Dès le 2 août 1829, il appelait la Compagnie à prendre part aux combats qu'il allait livrer en faveur des nouvelles destinées du monde catholique. « Et qui donc, écrivait-il au P. François Manera, à Turin, peut entreprendre, avec plus d'avantages et de succès que les Jésuites, cette grande guerre, cette guerre sacrée ? » Le P. Manera, dans sa réponse, n'eut pas de peine à lui démontrer que les Jésuites n'avaient jamais été en avant ou en arrière de leur siècle, mais qu'il ne leur appartenait pas de prendre en tout l'initiative. Les événements de 1830 et les conséquences qui en surgirent ne tardèrent pas à lui donner raison.

C'est alors, mais alors seulement, que le P. de Rozaven éleva publiquement la voix pour dénoncer le péril (1). « Dans un écrit admirable de sagacité, de modération et de force, dit Mgr Dupanloup, il eut l'honneur de contribuer plus que personne à la ruine de ces doctrines intempérantes qui, détruisant au cœur de l'homme le principe même et les derniers restes de la raison, abattaient du même coup les fondements de la foi... Le P. de Rozaven maintint contre l'auteur de l'*Essai sur l'indifférence* et son école fatale les droits légitimes de la raison, comme, un siècle et demi auparavant, d'autres Jésuites, si étrangement calomniés, s'étaient trouvés être les plus énergiques représentants de la liberté humaine contre les sombres emportements de Jansénius et de Port-Royal (2). »

(1) L'*Examen* « des doctrines philosophiques sur la certitude, dans leurs rapports avec les fondements de la théologie, » parut pour la première fois vers la fin de 1831. L'ouvrage obtint un grand succès, et, dès l'année 1833, l'auteur se trouva dans la nécessité d'en donner une seconde édition. L'*Ami de la Religion* avait consacré deux articles au compte rendu de la première édition de cet ouvrage (t. LXX, p. 481 et 593). « Tout se réunit pour donner plus de poids aux observations du P. de Rozaven, lisons-nous à la fin du second article : les connaissances théologiques de l'auteur, son talent pour la discussion, la clarté de son style. Il n'y a rien d'ambitieux, rien d'outré dans son langage, comme il n'y a rien d'amer ni de violent dans sa critique ; et puis, ce qui est désespérant pour ses adversaires, c'est qu'il n'y a pas moyen de s'en tirer avec lui, comme on l'a fait avec tant d'autres auxquels, pour dernier argument, on a donné l'épithète de *Gallicans*. Il serait aussi par trop ridicule d'appliquer cette qualification à un théologien qui a écrit à Rome avec l'approbation du maître du sacré palais. »

(2) Lettre au prince A. Galitzin.

Objection fondamentale contre le système de **M.** *de la Mennais,*
proposée à l'auteur et qu'il a laissée sans réponse.

Dans une lettre adressée en 1821 au P. Richardot, provincial de France, le P. de Rozaven, assistant de France, lui
disait : « Je travaille, pour mon propre usage, à réduire
cette controverse à quelques points précis, que l'on puisse
discuter sans s'écarter à droite ou à gauche, et je pense que
j'enverrai mes réflexions à M. de la Mennais qui, je crois,
ne viendra pas à bout de renverser l'ancienne méthode. »
Le petit travail du P. de Rozaven fut, en effet, envoyé à
l'auteur de l'*Essai sur l'indifférence*, qui le laissa sans réponse. On nous saura gré de le reproduire (1).

« Quoique, selon vous, la raison générale *seule* soit le
principe de certitude, le sceau de la vérité, il faut néanmoins
convenir que la certitude, la vérité connue se trouve dans
la raison individuelle, ou, en d'autres termes, que c'est la
raison individuelle qui est certaine, qui connaît la vérité.
Cela est incontestable; car c'est, évidemment, la raison individuelle qui produit l'acte de foi, lequel, dans vos principes,
est la certitude. En un mot, c'est l'individu, c'est moi qui
dis : je sais, ou je crois certainement que Dieu existe, que
j'existe moi-même, qu'il existe d'autres hommes, etc. — Vous
me direz que j'ai une entière certitude de toutes ces choses,
parce que le sentiment commun, qui ne peut pas me tromper, me dit que je dois les croire, que c'est la même raison
individuelle qui, tant qu'elle est isolée et ne fait usage que
des moyens qui lui sont propres, reste dans l'ignorance, le

(1) V. *Notices historiques sur quelques membres de la Société*
des Pères du Sacré-Cœur et de la Compagnie de Jésus, par le
P. Achille Guidée, t. I, p. 141-145.

doute, l'hésitation, et qui, appelant à son secours une raison plus puissante, sort de cet état fâcheux et parvient à la certitude. — C'est fort bien; mais il reste à expliquer comment se fait ce passage, et s'il est possible, comment, après *avoir désespéré toutes nos croyances, même les plus invincibles,* vous pouvez, comme par enchantement, nous présenter tout à coup la certitude. Pour moi, bien loin de concevoir la chose, je crois y voir une contradiction manifeste.

« Pourquoi dites-vous que la raison individuelle ne peut avoir par elle-même aucune certitude, pas même celle de sa propre existence? J'en trouve deux raisons dans vos écrits : 1° parce que nous n'avons en nous que trois moyens de connaître, les sens, le sentiment et le raisonnement, et que chacun de ces trois moyens peut nous tromper; 2° parce que toute raison finie est faillible en tout et toujours.

« Or, en premier lieu, puisque la raison individuelle n'a que trois moyens de connaître, n'est-ce pas une conséquence nécessaire qu'elle ne pourra connaître l'autorité ou la raison générale que par quelqu'un de ces trois moyens? Et puisque ces trois moyens sont, de leur nature, trompeurs, sans que nous puissions savoir quand ils ne nous trompent pas, n'est-ce pas encore une conséquence également évidente que la raison individuelle ne peut jamais parvenir à avoir une connaissance certaine de l'autorité? Mais, si la raison individuelle ne connaît pas certainement l'autorité, il est bien impossible que l'autorité lui donne jamais aucune certitude. Je connais ma propre existence par mon sentiment intime; mais cette connaissance, tant qu'elle ne repose que sur ce fondement, est, selon vous, incertaine; or, je ne connais l'existence des autres hommes que par mes sens qui, assurément, ne sont pas plus infaillibles que mon sentiment intime; cette connaissance est donc aussi nécessairement incertaine. Vous me parlez de conformité de mes sensations avec les sensations des autres hommes; mais cette conformité ne peut m'être connue que par mes sens trompeurs. Vous le dites vous-même, et c'est une chose évidente, que nous n'avons reçu d'autre moyen de communiquer avec les autres hommes que nos organes, ou nos sens. Ainsi donc, nous ne connaissons l'existence des hommes, nous ne connaissons leurs affections, leurs rapports avec nous, que par un moyen trompeur, par nos sens qui peuvent nous tromper en tout et toujours; et néanmoins, ce sont ces rapports qui sont la base de toutes nos certitudes. J'admire l'intelligence qui comprend cela; mais j'avoue que la mienne n'y saurait atteindre, sans une bonne explication qui le mette à ma portée.

« Descartes ne pouvait pas dire : *Je pense, donc je suis: c'était poser une pierre au milieu des airs.* Cette pierre reposait néanmoins sur son sentiment intime, dont il croyait ne pouvoir récuser le témoignage. Au lieu de cela nous devons dire : *Nous croyons tous, ou tous les hommes croient.* Voilà la pierre que vous voulez que nous substituions à celle de Descartes. Mais ne puis-je pas aussi demander sur quel fondement est posée cette pierre par rapport à moi qui dois la prendre pour base de l'édifice de mes certitudes ? — C'est un fait, dites-vous; mais mon existence est bien aussi un fait, et si mon sentiment intime ne suffit pas pour m'en rendre certain, comment mes sens suffiront-ils pour me rendre certain du fait de l'existence des autres hommes et de leurs croyances ? Est-ce que mes sens, qui sont faillibles en tout et toujours, deviennent tout à coup infaillibles, lorsqu'il s'agit d'attester la conformité de mes affections avec celles des autres hommes ? De plus, n'y aurait-il pas ici quelque équivoque dans les paroles ? C'est un fait, dites-vous; et ailleurs, s'il m'en souvient, vous dites qu'avant de connaître Dieu, nous pouvons bien *constater des faits*, mais non avoir des certitudes. Est-ce donc qu'un fait ne serait pas une vérité? Peut-on constater un fait sans connaître une vérité, ou connaître une vérité sans en être certain? Ce serait là pour moi un second mystère.

« En second lieu, l'autre raison pour laquelle vous prétendez que la raison individuelle ne peut pas avoir en elle-même le fondement de ses certitudes, c'est que toute raison finie peut se tromper en tout et toujours. Je me permettrai encore de vous demander si la raison générale, celle du moins que vous nous donnez pour la base de nos certitudes, n'est point aussi une raison finie. Je sais qu'en plusieurs endroits de votre ouvrage vous dites qu'elle est infinie, et que vous allez même jusqu'à dire que c'est la raison de Dieu, c'est-à-dire Dieu lui-même. Mais voici une difficulté. Il s'agit de prouver l'existence de Dieu, et cette existence nous est prouvée, dites-vous, par le consentement commun. Mais ce consentement commun ne peut être ici que l'accord des raisons individuelles des hommes, et je ne conçois pas que cet accord puisse jamais former une raison infinie. L'infini, je pense, ne se forme pas par addition. Si la raison d'un individu est une raison finie, vous aurez beau joindre les raisons de tous les hommes, il n'en résultera jamais quelque chose d'infini. Toute collection est un nombre, et tout nombre est, non seulement fini, mais petit, insignifiant et comme nul relativement à un nombre beaucoup plus grand que l'on peut toujours concevoir. L'autorité qui m'atteste l'existence de Dieu est donc toujours sujette à l'erreur, et par conséquent ne peut me donner aucune certitude. Joignez à cela que je ne puis connaître cette autorité elle-même que par un moyen incertain et trompeur. Comment donc en pourra-t-il jamais résulter aucune certitude?

« *N. B.* Je sais que M. de la M., qui n'a pas trouvé le temps de répondre à mes difficultés, quoiqu'il m'eût promis de le faire, mais qui a eu celui d'en causer fort longtemps avec une certaine personne, a comparé mon raisonnement à celui-ci : la faible lumière d'un flambeau prêt à s'éteindre ne suffit pas pour m'éclairer, donc dix mille lumières semblables réunies ne suffiront pas. Oh! sans avoir fait un cours de logique, on sait fort bien que dix mille lumières éclairent plus qu'une seule; mais on sait bien aussi que dix mille ou cent mille flambeaux allumés ne donneront jamais une lumière infinie, ni même une grande lumière, si vous la comparez à celle du soleil, ou de ce grand flambeau qui nous éclaire; or il est ici évidemment question de trouver une lumière infinie, une autorité infinie, une raison infinie, puisque c'est un principe de l'auteur que toute raison finie est faillible en tout et toujours. S'il veut que son système subsiste, il doit prouver que ce qu'il appelle raison générale est une raison non seulement plus grande que la raison particulière, mais absolument *grande,* c'est-à-dire infinie. Il n'est pas digne d'un homme tel que M. de la M., de prendre ou de vouloir donner le change, et il se ferait plus d'honneur en abordant franchement la difficulté. Il n'est point ici question de quelques expressions sur lesquelles on épilogue, comme il se plaît à le dire, mais du fondement même de tout l'édifice qu'il veut élever. Le style oratoire ne rendra jamais vrai un principe qui ne peut pas soutenir une discussion rigoureuse. Pourquoi donc éluder cette discussion? N'est-ce pas avouer qu'on ne se sent pas en état de la soutenir? Si M. de la M. est convaincu de la vérité de son système, ou, comme il l'appelle, de sa méthode, si son principe fondamental est, à ses yeux, une vérité incontestable, pourquoi n'avoir pas la condescendance de répondre clairement et

19..

directement à une difficulté exposée clairement et sans verbiage? Combien de partisans n'acquerrait-il pas par là. Pour moi, je déclare que, ma difficulté résolue, je deviendrai un des plus zélés défenseurs de sa doctrine; mais je ne puis le voir éluder une explication, sans tirer la conséquence qu'il reconnaît son système insoutenable. »

NOTICE BIBLIOGRAPHIQUE [1]

I. — Ouvrages de Lamennais.

Réflexions sur l'état de l'Église en France pendant le dix-huitième siècle, et sur sa situation actuelle, in-8, 1808.

Guide spirituel, ou le Miroir des âmes religieuses, trad. du latin du B. Louis de Blois, petit in-12, 1809.

De la Tradition de l'Église sur l'institution des évêques, 3 in-8, 1814.

Essai sur l'indifférence en matière de religion, 4 in-8, 1817-1823.

Mélanges religieux et philosophiques, in-8, 1819. (Recueil d'articles et de petits écrits.)

Défense de l'Essai sur l'indifférence, in-8, 1821.

L'Imitation de Jésus-Christ, traduction nouvelle, avec des Réflexions à chaque chapitre, in-18, 1824.

De la Religion considérée dans ses rapports avec l'ordre politique et civil, 2 part. in-8, 1825-1826.

Nouveaux Mélanges religieux et philosophiques, in-8, 1826. (Recueil d'articles et de petits écrits.)

(1) Cf. Quérard : *Les Supercheries littéraires dévoilées*, 2ᵉ édition, Paris, Paul Daffis, 1870.

In quatuor articulos declarationis anno 1682 *editæ aphorismata, ad juniores theologos,* in-8, 1826.

Dangers du monde dans le premier âge, in-18, 1827.

Le Guide du premier âge, in-18, 1828.

Journée du chrétien, in-16, 1828.

Recueil de piété, in-16, 1828.

Des Progrès de la Révolution et de la guerre contre l'Église, in-8, 1829.

Lettre (première) *à* Mgr *l'archevêque de Paris,* in-8, 1829.

— *Seconde lettre au même,* in-8, 1829.

Déclaration présentée au Saint-Siège par les rédacteurs de « *l'Avenir.* » in-8, 1831.

Hymne à la Pologne, 1833 (Imprimé à la suite du « *Livre des pèlerins polonais,* » d'Adam Mickiewicz, traduit par M. de Montalembert.)

Paroles d'un Croyant, in-8, 1834.

De l'Absolutisme et de la Liberté, 1834. Imprimé dans la « *Revue des Deux-Mondes* ».

Troisièmes Mélanges, in-8, 1835. (Recueil d'articles.)

Affaires de Rome, in-8, 1836.

Le Livre du peuple, in-8, 1837.

Politique à l'usage du peuple, 2 in-32, 1838. (Recueil des articles publiés dans le *Monde*).

De l'Esclavage moderne, in-32, 1839.

Le Pays et le Gouvernement, in-32, 1840.

Questions politiques et philosophiques, 2 in-16, 1840. Recueil des articles publiés dans l'*Avenir*.

Esquisse d'une philosophie, 4 in-8, 1841-1846.

Discussions critiques et pensées diverses sur la religion et la philosophie, in-8, 1841.

De la Religion, in-32, 1841.

Du Passé et de l'Avenir du peuple, in-32, 1841.

Amschaspands et Darvands, in-8, 1843.

Les Évangiles, traduction nouvelle, avec des notes et des réflexions à la fin de chaque chapitre, in-12, 1846.

Une Voix de prison, in-32, 1846. (Écrit à Sainte-Pélagie en 1841.)

Projet de constitution de la République française, in-18, 1848. — *Projet de constitution du crédit social*, in-18, 1848. — *Question du travail*, in-18, 1848. — *De la Famille et de la Propriété*, in-18, 1848. (Extraits du *Peuple constituant*.)

La Divine Comédie (traduction.) 3 in-8, 1855.

Correspondance : A. Blaize, *Œuvres inédites*, 2 in-8, 1866. — Em. Forgues, *Œuvres posthumes*, 2 in-8, 1859. — De Courcy et de la Gournerie, *Lettres inédites adressées à* Ms^r *Bruté.* — Eug. Forgues, *Lettres à M. le baron de Vitrolles.* — Arthur du Bois de la Villerabel, *Confidences de la Mennais : Lettres inédites de 1821 à 1848 adressées à M. Marion*, in-18, 1886.

II. — Éditions dues aux soins de Lamennais.

Bibliothèque des Dames chrétiennes, 20 in-32, 1820-1824.
Collection des apologistes de la religion, 24 in-8.

III. — Ouvrages faussement attribués à Lamennais.

Dernier Mot de la Mennais (par M. Alph. Violet), in-8, 1834.
Nouvelle Journée du chrétien, ou Moyen de se sanctifier au milieu du monde (par l'abbé Letourneur, publié avec une préface de la Mennais), in-32, 1840.

IV. — Ouvrages de Lamennais condamnés par l'Église.

Paroles d'un Croyant. (Epist. Encycl. Greg. XVI, 25 jun. 1834, et decret. 7 jul. 1836.)

Affaires de Rome. (Decret. 14 febr. 1837.)

Le Livre du peuple. (Decret. 13 febr. 1838.)

Esquisse d'une philosophie. (Decret. 30 mart. 1841.)

Amschaspands et Darvands. (Decret. 17 aug. 1843.)

Les Évangiles. (Decret. 17 aug. 1845.)

V. — Biographies de Lamennais.

A. BLAIZE. — *Étude biographique sur* M. *Féli de la Mennais*, in-8, 1858. — Introduction aux Œuvres inédites.

EM. FORGUES. — *Notes et Souvenirs* (en tête des Œuvres posthumes.)

DE LOMÉNIE. (UN HOMME DE RIEN). — *Notice sur* M. *l'abbé* **F.** *de la Mennais*, in-18, 1840. (Imprimée dans la *Biographie des hommes illustres*).

MANET. — *Notice sur* MM. *(Jean-Marie et Félicité)* Robert de la Mennais, in-8, 1824. (Imprimée dans la *Biographie des Malouins célèbres*).

MERCIER. — *Lamennais d'après sa correspondance et les travaux les plus récents*, in-18, 1894.

MIRECOURT (Jacquot, dit de). — *Lamennais*. (Imprimé dans la collection des *Contemporains*).

PEIGNÉ (J.-M.) — *Lamennais. Sa vie intime à la Chénaie*, in-12, 1854.

RICARD (Mgr). — *Lamennais*, in-12, 4^c édit. 1887.

ROBINET. — *Études et Notice biographique sur l'abbé* **F.** *de la Mennais*, in-8, 1835.

ROUSSEL. — *Lamennais d'après des documents inédits*, 2 in-12, 1892.

SPULLER. — *Étude d'histoire politique et religieuse*, in-12, 1892.

VI. — Quelques ouvrages à propos de Lamennais.

BARBEY D'AUREVILLY. — *Les Prophètes du passé*, in-12, 1889.

BOYER. — *Examen de la doctrine de M. de la Mennais*, in-8. 1834.

CARO. — *Nouvelles Études morales sur le temps présent. Lamennais d'après sa correspondance*, in-12, 1869.

COMBALOT. — *Première lettre à M. F. de la Mennais, en réponse à son livre contre Rome, intitulé Affaires de Rome*, in-8, 1836; *deuxième lettre*, in-8, 1837.

FERRAZ. — *Histoire de la philosophie en France au dix-neuvième siècle. Traditionalisme et Ultramontanisme*, in-12, 1880.

GERBET. — *Réflexions sur la chute de M. de la Mennais*, in-8, 1838.

GUILLON. — *Histoire de la nouvelle hérésie du dix-neuvième siècle*, 3 in-8, 1835.

JANET. — *La Philosophie de Lamennais*, in-12, 1890.

LACORDAIRE. — *Considérations sur le système philosophique de M. de la Mennais*, in-8, 1834. (T. VII des Œuvres complètes.)

MADROLLE. — *Histoire secrète du parti et de l'apostasie de M. de la Mennais*, in-8, 1834.

PAGANEL. — *Examen critique des opinions de Lamennais*, 2 in-8, 1825.

PEYRAT. — *Béranger et Lamennais*, in-12, 1862.

REGNAULT (Elias). — *Procès de Lamennais et Notice*, in-8, 1847.

SAINTE-BEUVE. — *Portraits contemporains*, t. I. — *Nouveaux Lundis*, t. I; t. XI.

SILVESTRE DE SACY. — *Variétés littéraires*, t. II.

VII. — Principaux articles de revues et de journaux sur Lamennais.

CONTEMPORAINS (LES) 9 avril 1893. — *Félicité Robert de la Mennais* (Francis Courchinoux.)

CORRESPONDANT. — 15 mai 1843, *Amschapands et Darvands* (de Courcy); 25 avril 1846, Le *Néo-Christianisme de M. de la Mennais, et sa traduction des Évangiles* (H. Maret); 25 février, 25 novembre 1854, *Étude sur le système philosophique de Lamennais* (de Chalembert); 25 juin 1854, *Sa Vie et ses Œuvres* (Laroche-Héron); 25 mars, 25 mai 1855, *Sa Vie et ses Écrits* (Rispal); 25 décembre 1855, *Lamennais et Dante* (de Gaillard.)

ÉTUDES RELIGIEUSES. — 15 janvier 1867, *la Doctrine d'autorité de Lamennais* (Matignon); 15 juin, 15 juillet 1867, *Lamennais, étude psychologique* (Mercier).

GAZETTE DE FRANCE. — 10 février 1882, l'*École Menaisienne* (de Pontmartin); 7 juin 1893, *Lamennais* (Edmond Biré).

REVUE DES DEUX MONDES. — 1er février 1832, *M. l'Abbé de Lamennais* (Sainte-Beuve); 15 septembre 1832, *de l'Église et de la Philosophie catholique, M. de Lamennais* (Lerminier); 1er mai 1834, *Paroles d'un Croyant* (Sainte-Beuve); 1er septembre 1834, *les Adversaires de M. de Lamennais* (Lerminier); 15 novembre 1836, *Affaires de Rome* (Sainte-Beuve); 15 janvier 1838, *du Radicalisme évangélique, le Livre du peuple* (Lerminier); 1er février, 1er mars 1838, *Lettres à M. Lerminier sur son examen du Livre du peuple de M. de Lamennais* (George Sand); 15 février 1838, *Réponse à George Sand, au sujet du Livre du Peuple* (Lerminier); 15 février 1841, *Esquisse d'une philosophie* (J. Simon); 1er février 1846, *de la Critique philosophique, M. Bordas-Dumoulin et M. de Lamennais* (Lerminier); 1er avril 1846, *Compte rendu des Évangiles;* 1er décembre 1856, traduction de la *Divine Comédie* (Saint-René-Taillandier) ; 15 août 1857, *Lamennais et ses Œuvres posthumes* (Renan) ; 15 février 1893, *Lamennais d'après des documents inédits* (Brunetière).

Revue du Monde catholique, t. II. — *Lamennais* (Ch. Sainte-Foi).

Temps (le). — Le 25 novembre 1866, *Jeunesse de Lamennais* (Schérer).

Univers. — 5 septembre 1893, *A propos de Lamennais* (Geoffroy de Grandmaison) ; 19 septembre 1893, *la Mort de Lamennais* (id.).

Vérité. — 29 janvier 1894, 25 février 1894, *Deux Biographes de Lamennais* (Édouard Pontal).

VIII. — Ouvrages à consulter.

Outre les grands recueils de biographie et de bibliographie contemporaines,

Chocarne. — *Vie du P. Lacordaire*, 2 in-8, 1866.

Foisset. — *Vie du R. P. Lacordaire*, 2 in-8, 1870.

Guizot. — *Mémoires pour servir à l'histoire de mon temps*, 8 in-8, 1858-1868.

Ladoue. — *Mgr Gerbet, sa vie, ses œuvres et l'école Menaisienne*, 3 in-8, 1870. — *Vie de Mgr de Salinis*, in-8.

Laurentie. — *Souvenirs inédits publiés par son petit-fils*, in-12, 1893.

Maupoint. — *Vie de Mgr de Hercé.*

Montalembert (de). — *Le Père Lacordaire*, in-12, 1862 (t. IX des *Œuvres complètes*).

Nettement. — *Histoire de la littérature française sous la Restauration, sous le Gouvernement de Juillet*, 4 in-8, nouv. édit. 1858, 1876.

PAGUELLE DE FOLLENAY. — *Vie de M. Tesseyre.*

RALLAYE (DE LA). — *Eugène Boré,* in-8, 1893.

RAVAISSON. — *Rapport sur la philosophie en France au dix-neuvième siècle,* in-8 , 1867.

RICARD (Mgr). — *L'Abbé Combalot,* in-12, 1891.

RIGAULT. — *Œuvres,* t. III.

RIO. — *Épilogue à l'Art chrétien,* t. II.

ROPARTZ. — *La Vie et les Œuvres de M. J.-M. de la Mennais,* in-8.

SALINIS (DE). — *La Divinité de l'Église,* 4 in-8, 1865, t. II, 16e conférence.

THUREAU-DANGIN. — *Histoire de la Monarchie de Juillet,* 7 in-8, 1888-1892.

Vie de l'abbé Carron, par un Bénédictin de la Congrégation de France, 1866.

Vie de Mgr de Quélen.

WISEMAN. — *Souvenirs des quatre derniers papes,* traduct. in-8, 1858.

FIN.

TABLE DES MATIÈRES

20

FIN DE LA TABLE.

www.ingramcontent.com/pod-product-compliance
Lightning Source LLC
LaVergne TN
LVHW011901180726
843502LV00003B/539